"中观经济学"系列教材

陈云贤 主编

CHANYE JINGJI GAISHUO

# 产业经济概说

刘楼 编著

中山大学出版社
·广州·

## 版权所有　翻印必究

### 图书在版编目（CIP）数据

产业经济概说/刘楼编著 . —广州：中山大学出版社，2022.7
"中观经济学"系列教材/陈云贤主编
ISBN 978-7-306-07529-1

Ⅰ. ①产… Ⅱ. ①刘… Ⅲ. ①产业经济—教材 Ⅳ. ①F26

中国版本图书馆 CIP 数据核字（2022）第 076525 号

出 版 人：王天琪
策划编辑：嵇春霞
责任编辑：麦晓慧
封面设计：曾　斌
责任校对：蓝若琪
责任技编：靳晓虹
出版发行：中山大学出版社
电　　话：编辑部 020-84110283，84113349，84111997，84110779，84110776
　　　　　发行部 020-84111998，84111981，84111160
地　　址：广州市新港西路 135 号
邮　　编：510275　　传　　真：020-84036565
网　　址：http://www.zsup.com.cn　E-mail：zdcbs@mail.sysu.edu.cn
印 刷 者：佛山市浩文彩色印刷有限公司
规　　格：787mm×1092mm　1/16　15.75 印张　260 千字
版次印次：2022 年 7 月第 1 版　2022 年 7 月第 1 次印刷
定　　价：66.00 元

如发现本书因印装质量影响阅读，请与出版社发行部联系调换

## "中观经济学"系列教材
## 编委会

**主　编**　陈云贤
**副主编**　李善民　徐现祥　鲁晓东
**编　委**　（按姓氏笔画排序）
　　　　　才国伟　王贤彬　王顺龙　刘　楼
　　　　　李建平　李粤麟　陈思含　顾文静
　　　　　顾浩东　徐　雷　徐现祥　黄秋诗

## "中观经济学"系列教材

# 总 序

1955年，威廉·阿瑟·刘易斯（William Arthur Lewis）面对世界各国的经济发展情况，指出了一个矛盾的现象，即著名的"刘易斯悖论"——"政府的失败既可能是由于它们做得太少，也可能是由于它们做得太多"[①]。如今，面对中国经济改革开放的成功，新制度经济学者运用产权理论、交易费用理论、制度变迁理论和县际竞争理论等进行了解释；新古典经济学者做出了政府有针对性地选择新古典的"药方"，并采取渐进的实施方式等的解释；发展经济学者做出了对外开放论、后发优势论、"二元经济"发展论和经济发展阶段论等的解释；转轨经济学者做出了由易到难推进、通过利益补偿化解改革阻力、通过"价格双轨制"演绎市场关系、通过分权转移改革成本和由局部制度创新带动全局制度创新等的解释。[②] 笔者认为，关于政府与市场的关系，或政府在中国经济改革开放进程中的作用，经济学同人做出了积极的探讨和贡献，但不管是刘易斯还是各主流经济学者，他们的研究仍然存在碎片化和外在性问题。[③] 纵观经济学说发展的历程，不难发现以下三点：第一，19世纪及以前的经济学基本上把市场作为配置资源的唯一力量，认为政府只是维护市场自由竞争的政府，是在经济生活中无所作为的政府；第二，20世纪以来的经济学对市场配置资源的唯一性提出了质疑，并开始探讨政府在市场失灵时的相关作用，以及应当采取的措施和策略；第三，在世界各国经济得到发展尤其

---

① Lewis W A. "Reflections on Unlimited Labour". in Marco L E (ed.). *International Economics and Development*. New York: Academic Press, 1972, p.75.

② 黄剑辉：《主要经济学流派如何阐释中国改革开放》，载《中国经济时报》2018年6月14日第A05版。

③ 陈云贤：《市场竞争双重主体论——兼谈中观经济学的创立与发展》，北京大学出版社2020年版，第16～31页。

是在中国经济改革开放取得显著成效的今天，经济学理论的研究仍然远远滞后于或外在于经济实践的发展。现实经济运行中反馈出来的多种问题，并没有完全表明"市场失灵"或"政府失灵"，而是更多地反映了传统经济学体系或传统市场理论的缺陷。当然，也可以这样认为，深化探讨政府与市场的关系，将开启现代经济学体系的构建或拓展现代市场理论的空间。中观经济学学科也由此产生。

中国经济改革开放的全过程，始终贯穿着如何处理好政府与市场的关系问题。20世纪50年代，中国实施高度集中的计划经济体制，把政府作为配置资源的唯一主体。1978年开始，中国实施从农村到城市的经济体制改革：一方面，扩大企业自主权，承接发达国家和新兴工业化国家及地区的产业转移，开展"三来一补"外资企业投资，等等；另一方面，开始建立股份制企业和现代企业制度，它既厘清了政府与（国有）企业的产权关系，又界定了政府与企业在资源调配中各自的作用。中国经济在继20世纪80年代劳动密集型轻纺工业迅速发展，以及90年代资本密集型的原材料、能源等基础工业和交通、市政、水利等基础设施建设迅速发展之后，21世纪开始，中国东部地区地方政府作为市场竞争主体的现象屡屡出现。战略性新兴产业在前10年也得以起步腾飞。中国经济改革开放的实践进程存在四个方面的现象。第一，其焦点集聚在使市场在资源配置中起决定性作用和更好地发挥政府作用的问题上。第二，中国经济的发展，企业是市场竞争主体，但区域政府作为市场竞争主体的现象也屡见不鲜。第三，区域政府在经济领域发挥着扶植产业发展、参与城市建设、保障社会民生的重要作用。第四，区域政府承担了三大经济角色：一是通过掌控资本，以国有企业的股东方式参与项目和市场竞争；二是通过财政政策、货币政策和法律等政策手段，调控产业发展、城市建设和社会民生；三是监督管理市场，维护市场秩序。因此，中国在实践中逐渐成长的市场经济呈现出有为政府与有效市场相融合的效果。作为有为政府，其不仅在有效保障社会民生方面促成了社会稳定、优化了经济发展环境，而且在引领、扶持和监管产业发展方面推进了市场"三公"（公开、公平、公正）原则的落实、提高了社会整体生产效率，还通过直接参与城市建设推动了经济社会的全面可持续发展。有为政府结合有效市场体现出的市场充分竞争、法制监管有序、社会信用健全的客观要求，表现出中国政府在尊重市场规律、维护经济秩序、参与市场竞争的进程中，正逐步沿着中国特色社会主义市场经济方向演进。因此，深化认识现代市场理论、破解政府与市场关系的难题以及探讨经济学体系改革，应该更加注重对系统性和内在性问题的研究。

## 一、现代市场经济具有纵横之分

### （一）现代市场经济横向体系

传统的市场理论主要聚焦于产业经济。亚当·斯密（Adam Smith）在批判了重商主义和重农学派之后，其《国富论》[①] 重点着笔于产业经济来研究商品、价格、供求、竞争与市场。约翰·梅纳德·凯恩斯（John Maynard Keynes），试图通过政府撬动城市基础设施投资建设来解决工人失业和有效需求的问题，但又囿于用产业经济的市场理论去解释城市化进程中的政府行为作用而难以自圆其说。[②] 对此，有关理论提出，应重视对生成性资源领域的研究。在世界各国城镇化进程中，城市经济的形成与发展就是一个例子。它可以解释作为公共物品提供者的政府为什么既是市场规则的维护者，又可以成为城市基础设施投资的参与者和项目的竞争者；也可以解释作为城市基础设施的公共物品，为什么有一部分能够转化为市场体系中的可经营性项目而不断地助推区域经济发展等一系列问题。[③]

生成性资源领域不仅涉及城市经济资源，而且涉及国际经济资源（如深海资源、太空资源、极地资源和深地资源等）的投资开发事宜。在这个高投资可能带来高回报率的领域，大国之间已经展开竞争。针对这种情况，"航天经济学"应该如何立意？如何发展？预估成效几何？可以说，在城镇化进程中以基础设施为主体的城市经济投资开发，以及深海经济、太空经济、极地经济和深地经济等的投资开发，同样面临此类问题。生成性资源具有动态性、经济性、生产性和高风险性四大特征，其投资开发受到前期投资额大、建设周期长、成本高、市场窄小以及可能面临失败或遭遇突发性事件等的影响。因此，在投资开发生成性资源的过程中，一方面需要不断地拓展市场领域，另一方面亟须有与产业经济不同的投资主体和

---

① [英] 亚当·斯密：《国富论》，郭大力、王亚南译，商务印书馆1972年版。
② [英] 凯恩斯：《就业、利息和货币通论：倡导减税、扩大政府财政支山》，房树人、黄海明编译，北京出版社2008年版。
③ 陈云贤：《市场竞争双重主体论——兼谈中观经济学的创立与发展》，北京大学出版社2020年版，第211～229页。

游戏规则用以解读。在现代市场经济横向体系（包括产业经济、城市经济、国际经济）中，不仅有产业经济中的市场主体——企业，而且有城市经济中的市场主体——区域政府，还有在国际经济中提供准公共物品的市场主体、在太空资源和深海资源等领域的投资开发者——政府或企业。这就是说，第一，市场不仅仅存在于产业经济中，而且存在于其他经济形态中；第二，在现代市场经济横向体系中，存在企业和区域政府双重竞争主体；第三，企业作为竞争主体，主要集中在产业经济领域，区域政府作为竞争主体主要集中在城市经济等领域；第四，产业经济是市场经济中的基础性领域，城市经济和国际经济等是市场经济中的生成性领域，二者既相互独立又相互联系，分属于现代市场经济中不同区间的竞争体系。由此可见，多区间的市场竞争体系构成了现代市场经济横向体系的内在性。

（二）现代市场经济纵向体系

与传统市场体系相比，现代市场经济纵向体系强调市场功能结构的系统性，其至少包括六个方面的内容。第一，市场要素体系。它既由各类市场（包括商品市场、要素市场和金融市场等）构成，又由各类市场的最基本元素，即价格、供求和竞争等构成。第二，市场组织体系。它由市场要素与市场活动的主体或管理机构构成，包括各种类型的市场主体、各类市场中介机构和市场管理组织。第三，市场法制体系。规范市场价值导向、交易行为、契约行为和产权行为等法律法规的整体构成了市场法制体系，它包括与市场相关的立法、执法、司法和法制教育等。第四，市场监管体系。它是建立在市场法制体系基础上的、符合市场经济需要的政策执行体系，包括对机构、业务、市场、政策法规执行等的监管。第五，市场环境体系。它主要包括实体经济基础、现代产权制度和社会信用体系三大方面。对这一体系而言，最重要的是建立健全市场信用体系和以完善市场信用保障机制为目标的社会信用治理机制。第六，市场基础设施。它是包含各类软硬件的完整的市场设施系统。其中，市场服务网络、配套设备及技术、各类市场支付清算体系、科技信息系统等都是成熟市场经济必备的基础设施。

现代市场经济纵向体系及其六个子体系具有五大特点。其一，现代市场经济纵向体系的形成是一个渐进的历史过程。其二，现代市场经济纵向体系的六个子体系是有机统一的。其三，现代市场经济纵向体系的六个子体系是有序的。其四，现代市场经济纵向体系的六个子体系的功能是脆弱的。其原因在于：首先是认识上的不完整，其次是政策上的不及时，最后是经济全球化的冲击。其五，现代市场经济纵向体系六个子体系的功能将全面作用于现代市场横向体系的各个领域。这就是说，在历史进程中逐渐完整的现代市场体系，不仅会在世界各国的产业经济中发挥作用，而且伴随着各类生成性资源的开发和利用也会逐渐在城市经济、国际经济（包括深海经济和太空经济等）中发挥作用。区域政府作为城市经济的参与主体，在资源生成领域的投资、开发、建设中首先成为第一投资主体，同企业作为产业经济的参与主体一样，必须同时受到现代市场经济纵向体系六个子体系功能的约束，并在现代市场经济不断提升与完善的过程中逐渐发挥作用。

## 二、成熟的有为政府需要超前引领

成熟的有为政府应该做好超前引领，即企业做企业该做的事，政府则做企业做不了、做不好的事。二者都不能缺位、虚位。政府的超前引领，就是遵循市场规则，依靠市场力量，做好产业经济的引导、调节、预警工作，做好城市经济的调配、参与、维序和民生经济的保障、托底、提升工作。这需要政府运用规划、投资、消费、价格、税收、利率、汇率、法律等政策手段，进行理念、制度、组织、技术等创新，有效推动供给侧或需求侧结构性改革，形成经济增长的领先优势，推动企业科学可持续发展。

在理论上，政府超前引领与凯恩斯主义的政府干预有着本质性区别：一是行为节点不同，二是调节侧重点和政策手段不同，三是政府的职能角色不同，四是运行模式不同，等等。

现实中，世界各国多数区域正处于经济转轨、社会转型或探索跨越"中等收入陷阱"的关键时期，中国政府通过超前引领促进产业转型、城市升级，已为世界各国区域发展探索出一条成功的路径。

每个国家或区域都存在非经营性、可经营性、准经营性三类资源，而如何配置这三类资源则界定了有为政府的类型。对于非经营性资源（民生经济），政府的配套政策应遵循"公平公正、基本托底、有效提升"原则；对于可经营性资源（产业经济），政府的配套政策应体现"规划、引导、扶持、调节、监督、管理"原则；对于准经营性资源（城市经济乃至太空经济、深海经济等），政府的配套政策应遵循"既是竞争参与者，又是调配、监督者"的原则。也就是说，国家或区域政府在配置上述三类资源的过程中，应根据各类资源的不同特点，配制与之相匹配的政策，以促进社会经济的均衡、高质量发展，而这类政策即政府行为就是有为政府的应有之义。中国改革开放40多年来，围绕着区域三类资源的有效配置，促进区域经济增添活力、环境优化、科学可持续发展，区域政府之间竞争与合作、超前引领、有所作为的事例比比皆是。

首先，它表现为区域政府之间开展项目竞争、产业链配套竞争和进出口竞争。这直接决定区域经济的发展水平。

第一，区域政府之间开展项目竞争。这主要包括三类：一是国家重大项目，包括国家科技重大专项、国家科技支撑计划重大项目、国家重大科技基础设施建设项目、国家财政资助的重大工程项目和产业化项目；二是社会投资项目，比如高技术产业、新兴产业、装备制造业、原材料产业以及金融、物流等服务业；三是外资引进项目，比如智能制造、云计算与大数据、物联网、智能城市建设等。区域政府之间展开项目的竞争，一则可以直接引进资金、人才和产业；二则可以凭借项目政策的合法性、公共服务的合理性来有效解决区域内筹资、融资和征地等问题；三则可以通过项目落地，引导开发区域土地、建设城市设施、扩大招商引资、带动产业发展、优化资源配置、提升政策能力，最终促进区域社会经济的可持续发展。因此，项目竞争成为我国区域政府的竞争重点和发展导向，项目意识、发展意识、效率意识、优势意识、条件意识、政策意识和风险意识成为我国区域政府竞争市场化的必然要求。

第二，区域政府之间开展产业链配套竞争。一般来说，每个区域都有自己的产业基础和特色——多数取决于本区域内的自然资源禀赋。如何保持和优化区域内的资源禀赋并汇聚区域外的高端资源，产业结构优化、产业链有效配置是其关键，向产业高端发展、形成产业集聚、引领产业集群是其突破点。我国区域政府的产业链配套竞争主要从两个方面展开：一是在生产要素方面。低端或初级生产要素无法形成稳定持久的竞争力，只有引进并投资于高端生产要素，如工业技术、现代信息技术、网络资源、交通设施、专业人才、研发智库等，才能建立起强大且具有竞争优势的产业。二是在产业集群、产业配套方面。区域竞争力理论告诉我们，以辖区内现有产业基础为主导的产业有效配套，能减少企业交易成本、提高企业盈利水平。产业微笑曲线告诉我们，价值最丰厚的地方集中在产业价值链的两端——研发和市场。培植优势产业，构建配套完整的产业链条，按照产业结构有的放矢地招商引资，是我国各区域可持续发展的重要路径。

第三,区域政府之间开展进出口竞争。在开放型的国际经济体系中,一个国家的区域进出口竞争成为影响各区域竞争力的重要环节之一。这主要体现在四个层面:一是在加工贸易与一般贸易的发展中,各个区域政府力图减少加工贸易占比、提高一般贸易比重,以增强区域商品和服务贸易的原动力;二是在对外投资上,各个区域政府力图推动企业布局海外,竞争海外项目,以促使本区域的利益布局和市场价值链条延伸至海外;三是在资本输出上,各个区域政府力图推进资本项目可兑换,即在国际经常项目投资便利化的情况下,采取各项措施以促进货币资本流通、货币自由兑换便利化等;四是在进口方面,尤其是对高科技产品、项目、产业的引进,各个区域政府全面采取优惠政策措施,予以吸引、扶持,甚至不惜重金辅助对其投入、布点和生产。进出口竞争的成效成为影响我国各个区域经济增长的重要因素之一。

其次,它表现为区域政府之间开展基础设施建设竞争,如人才、科技竞争和财政、金融竞争等。这由区域政府推动的经济政策措施决定。

第一,区域政府之间开展基础设施建设竞争。它包括城市基础设施的软硬件乃至现代化智能城市的开发运用等一系列项目建设。硬件基础设施包括高速公路、铁路、港口、航空等交通设施,电力、天然气等能源设施,光缆、网络等信息化平台设施,以及科技园区、工业园区、创业孵化园区、创意产业园区等工程性基础设施;软件基础设施包括教育、科技、医疗卫生、体育、文化、社会福利等社会性基础设施;现代化智能城市包括大数据、云计算、物联网等智能科技平台。一个区域的基础设施体系支撑着该区域社会经济的发展,其主要包括超前型、适应型和滞后型三种类型。区域基础设施的供给如能适度超前,将不仅增加区域自身的直接利益,而且会增强区域竞争力,创造优质的城市结构、设施规模、空间布局,提供优质服务,从而减少企业在市场竞争中的成本,提高其生产效益,进而促进产业发展。也就是说,我国各个区域基础设施的完善程度将直接影响该区域经济发展的现状和未来。

第二,区域政府之间开展人才、科技竞争。这一领域的竞争,最根本的是要树立人才资源是第一资源、科学技术是第一生产力的理念;最基础的是要完善本土人才培养体系,加大本土人才培养投入和科技创新投入;最关键的是要创造条件吸引人才,引进人才,培养人才,应用人才。衡量科技人才竞争力的主要指标包括该区域科技人才资源指数、每万人中从事科技活动的人数、每万人中科学家和工程师人数、每万人中普通高校在校学生人数、科技活动经营支出总额、科技经费支出占区域生产总值比重、人均科研经费、科技拨款占地方财政支出百分比、人均财政性教育经费支出、地方财政性教育支出总额、高校专任教师人数等。我国各个区域政府通过努力改善、提升相关指标来提高本土的人才和科技竞争力。

第三，区域政府之间开展财政、金融竞争。区域政府之间的财政竞争包括财政收入竞争和财政支出竞争。区域政府财政收入的增长主要依靠经济增长、税收和收费收入等的增加。财政支出是竞争的关键，包括社会消费性支出、转移性支出和投资性支出。其中，财政投资性支出是经济增长的重要驱动力。财政支出竞争发生在投资性支出领域，包括区域政府的基础设施投资、科技研发投资、政策性金融投资（支持亟须发展的产业）等。在财政收支总体规模有限的条件下，我国各个区域政府积极搭建各类投融资平台，最大限度地动员和吸引区域、国内乃至国际各类金融机构的资金、人才、信息等金融资源，为本区域的产业发展、城市建设、社会民生服务。各个区域政府在各种优惠政策上也积极开展竞争，如财政支出的侧重、吸纳资金的金融手段等。

最后，它表现为区域政府之间开展政策体系竞争、环境体系竞争和管理效率竞争。这由区域政府表现出来的经济管理效率所决定。

第一，区域政府之间开展政策体系竞争。它分为两个层次：一是各个区域政府对外的政策体系；二是各个区域政府对内出台的系列政策。由于政策本身是公共物品，具有非排他性和易效仿性的特点，因此，有竞争力的政策体系一般包含五大特征：一是求实性，即符合实际的，符合经济、社会发展要求的；二是先进性，即有预见性的、超前的、创新性的；三是可操作性，即政策是清晰的、有针对性的和可实施的；四是组织性，即由专门机构和人员负责与执行的；五是效果导向性，即有检查、监督、考核、评价机制的，包括发挥第三方作用，有效实现政策的目标。我国各个区域政府政策体系的完善程度对该区域的竞争力具有极大的影响。

第二，区域政府之间开展环境体系竞争。此处的环境主要指生态环境、人文环境、政策环境和社会信用体系等。发展投资与保护生态相和谐、吸引投资与政策服务相配套、追逐财富与回报社会相契合、法制监督与社会信用相支撑等，均是各个区域政府竞争所必需、必备的发展环境。良好的环境体系建设成为各个区域政府招商引资、开发项目、促进经济持续发展的成功秘诀，这已被我国一些区域的成功经验所证明。

第三，区域政府之间开展管理效率竞争。我国各个区域政府的管理效率是其行政管理活动、速度、质量、效能的总体反映。它包括宏观效率、微观效率、组织效率、个人效率四类。就行政的合规性而言，各个区域政府在管理效率竞争中应遵循合法性标准、利益标准和质量标准；就行政的效率性而言，各个区域政府应符合数量标准、时间标准、速度标准和预算标准。各个区域政府的管理效率竞争，本质上是组织制度、主体责任、服务意识、工作技能和技术平台的竞争。我国经济发达区域的政府运用"并联式""一体化"的服务模式，在实践中开创了管理效率竞争之先河。

在此，决定我国各个区域政府竞争的目标函数是各个区域的财政收入决定机制，决定我国各个区域政府竞争的指标函数是各个区域的竞争力决定机制。而影响各个区域政府竞争目标函数和指标函数的核心因素则是各个区域的经济发展水平，其包含三个要素——项目投资、产业链配套和进出口贸易；关键支持条件是各个区域的经济政策措施和经济管理效率，前者包括基础设施投资政策，人才、科技扶持政策和财政、金融支持政策，后者包括政策体系效率、环境体系效率和管理体系效率。笔者将其称为区域政府的"三类九要素竞争理论"①，如图1所示。

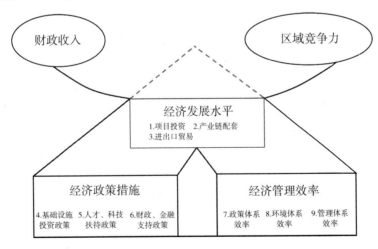

**图1 各个区域政府的"三类九要素竞争理论"**

---

① 陈云贤：《市场竞争双重主体论——兼谈中观经济学的创立与发展》，北京大学出版社2020年版，第108～115页。

从图1中可知，中国经济改革开放40多年的实践表明，区域政府也是现代市场经济的主体。一方面，它通过项目投资、产业链配套和进出口贸易等竞争提升区域经济发展水平，通过基础设施投资、人才科技争夺和财政金融扶持等政策措施提升区域竞争力，通过政策体系、环境体系和管理体系配套改善区域营商环境，从而推动区域的产业发展、城市建设和社会民生投入持续增长。另一方面，随着区域经济社会的发展，需要有为政府超前引领。政府超前引领是区域竞争与发展的关键。竞争需要创新，创新就是竞争力，持续的创新就是持续的竞争力，而政府超前引领则是中国乃至世界各国区域政府竞争的核心。其中，"理念超前引领"是区域经济发展处于要素驱动阶段时的重要竞争力，"管理超前引领"是区域经济发展处于投资驱动阶段时的竞争关键，"制度与技术超前引领"是区域经济发展处于创新驱动阶段时的竞争制胜点，"全面超前引领"是区域经济发展处于财富驱动阶段时的竞争必然选择。

## 三、市场经济存在双重主体

综上分析可知：第一，区域政府与企业都是资源调配的主体。如罗纳德·哈里·科斯（Ronald Harry Coase）所述，企业是一种可以和市场资源配置方式相互替代的资源配置机制，其对拥有的资源按照利润最大化原则进行调配。[1] 相应的，区域政府也拥有一定的公共资源，其运用规划引导、财政预算支出、组织管理和政策配套，形成区域资源调配的主体。第二，区域政府与企业都以利益最大化为初始目标。其中，区域政府作为独立的竞争主体，其主要行为目标是财政收入的最大化。区域政府通过开展理念、技术、管理和制度创新，并通过一系列政策和措施对项目投资、产业链配套和进出口贸易进行引导与调节，促使区域的投资、消费、出口等增长来发展地区生产总值和增加税收等，以达到提高区域内财政收入水平的目的。第三，区域政府竞争与企业竞争成为区域经济发展的双驱动力。企业竞争是产业经济发展的原动力，区域政府竞争则是区域经济发展的原动力。如前所述，区域政府通过项目投资、产业链配套、进出口贸易三要素的竞争来提升区域经济发展水平，通过对基础设施投资、人才科技争夺、财政金融扶持三措施的竞争来提升区域经济政策水平，通过政策、环境、

---

[1] Coase R H. "The Nature of the Firm". *Economica*, 1937, 4 (16), pp. 386–405.

管理三体系的配套竞争来提升区域经济管理效率，从而形成区域间"三类九要素"的竞争与合作，推动区域经济的可持续增长。第四，区域政府行为与企业行为都必须遵循市场规则。企业通过对市场规律的不断探索和对市场形势的准确判断来调配企业资源。区域政府对产业经济实施产业政策，在城市经济发展中充当投资者角色和对民生条件不断改善与提升的过程中，也要遵循市场规则，只有如此，才能促使该区域的经济社会不断发展，走在区域间的前沿。

为此，市场竞争"双重主体"的关系表现在三个方面。

（一）企业竞争主要在产业经济领域展开，区域政府竞争主要在以城市经济为主的资源生成领域展开

企业竞争在产业经济领域展开的过程中，任何政府都只能是企业竞争环境的营造者、协调者和监管者，从政策、制度和环境上维护企业开展公开、公平、公正的竞争，而没有权力对企业的微观经济事务进行直接干预。区域政府间"三类九要素"的竞争，是围绕着企业竞争生存的条件、环境、政策和效率等配套服务展开的。区域政府间的竞争以尊重企业竞争为前提，但不会将企业竞争纳入区域政府竞争层面。因此，在现代市场经济体系中，区域政府竞争源于现代市场体系的健全和完善过程中，政府对区域内重大项目落地、产业链完善、进出口便利和人才、科技、资金、政策、环境、效率等的配套所产生的功能。企业与区域政府共同构成市场经济双重竞争主体。企业竞争是基础，区域政府竞争以企业竞争为依托，并对企业竞争产生引导、促进、协调和监管作用，它们是两个不同层面既各自独立又相互联系的双环运作体系，如图2所示。

图2 市场竞争"双重主体"的关系

图2表明了区域政府竞争与企业竞争之间互不交叉，但二者相互支撑、紧密连接，是两个无缝衔接的独立竞争体系。区域政府竞争与企业竞

争的有效"边界划分",是我们处理好这两个竞争体系关系问题的关键。

(二)企业竞争的核心是在资源稀缺条件下的资源优化配置问题,区域政府竞争的核心是在资源生成基础上的资源优化配置问题

笔者认为,企业竞争行为及其效用研究是在微观经济运行中对资源稀缺条件下的资源优化配置的研究,其研究焦点是企业竞争中的主要经济变量即价格决定和价格形成机制问题,其研究的内容及其展开形成了供给、需求、均衡价格理论,消费者选择理论,完全竞争与不完全竞争市场理论,以及一般均衡、福利经济学、博弈、市场失灵和微观经济政策论,等等。而区域政府竞争行为及其效用研究是在中观经济运行中对资源生成基础上的资源优化配置的研究,其研究焦点是影响区域政府竞争的主要经济变量即区域财政收入决定与财政支出结构机制问题,其研究的内容及其展开形成了资源生成理论、政府双重属性理论、区域政府竞争理论、竞争型经济增长理论、政府超前引领理论、经济发展新引擎理论以及市场竞争双重主体理论和成熟市场经济"双强机制"理论等。它们与宏观经济主体——国家共同构筑成现代市场体系竞争的双重主体脉络图,如图3所示。①

现代市场经济的驱动力不仅有来自微观经济领域的企业竞争,而且有来自中观经济领域的区域政府竞争。它们是现代市场经济体系中的双重竞争体系,共同构成现代市场经济发展的双驱动力,推动着区域经济或一国经济的可持续发展。

(三)企业竞争与区域政府竞争的结果,都出现了"二八定律"现象

美国哈佛大学迈克尔·波特(Michael E. Porter)教授在其《国家竞争优势》一书中描绘了企业竞争发展的四阶段论,即要素驱动阶段、投资驱动阶段、创新驱动阶段和财富驱动阶段②;有关理论清晰地阐述了区域政府竞争的递进同样存在四阶段论,即产业经济竞争导向的增长阶段、城市经济竞争导向的增长阶段、创新经济竞争导向的增长阶段和竞争与合作经

---

① 陈云贤:《市场竞争双重主体论——兼谈中观经济学的创立与发展》,北京大学出版社2020年版,前言第Ⅳ页。
② [美]迈克尔·波特:《国家竞争优势》,李明轩、邱如美译,中信出版社2007年版,第63~68页。

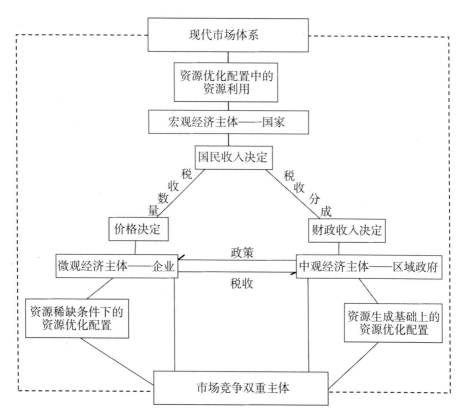

**图 3　市场竞争双重主体理论结构体系**

济导向的增长阶段。① 从经济学理论的分析和中国乃至世界各国经济发展实践的进程看,不管是企业竞争还是区域政府竞争,其实际结果都呈现梯度推移状态,并最终表现出"二八定律"现象。即两类竞争主体在其竞争进程中围绕目标函数,只有采取各种超前引领措施,以有效地推动企业或区域在理念、技术、管理和制度创新上发展并实现可持续增长,最终才能脱颖而出,成为此行业或此区域的"领头羊",而那些滞于超前引领和改革创新的企业或区域将会处于落后状态。此时,在经济发展的梯度结构中,处于领先地位的 20% 的企业或区域将占有 80% 的市场和获得 80% 的盈利,而处于产业链发展中的 80% 的中下游企业和经济发展中的 80% 的

---

① 陈云贤:《市场竞争双重主体论——兼谈中观经济学的创立与发展》,北京大学出版社 2020 年版,第 128～152 页。

滞后区域将可能只占有20%的市场或获得20%的收益。"二八定律"现象会呈现在企业竞争或区域政府竞争的结果上，如图4所示。

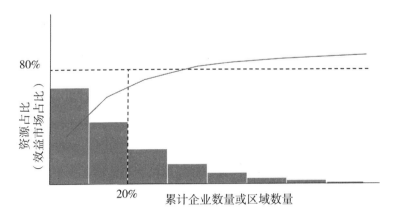

图4 "二八定律"现象

注：图中黑色方块表示资源占比份额，弯实线表示企业（区域）数量（这是一个动态的增长过程）。

当然，在现实经济发展中，随着企业竞争和区域政府竞争的双轮驱动，将在客观上历史地形成世界各国经济社会日益丰富的思想性公共产品、物质性公共产品、组织性公共产品和制度性公共产品，它们将为落后企业或区域带来更多的发展机会，并使企业或区域经济增长成果更多地体现出普惠性、共享性，即企业间发展或区域间发展都将从非均衡逐步走向均衡。但经济学理论和经济实践的发展清晰地告诉我们，此时的均衡应该是经济发展梯度结构的均衡，而非经济发展平面结构的均衡。

## 四、区域竞争呈现三大定律

在中国乃至世界各国，现代市场经济的双重竞争体系——企业竞争与区域政府竞争，成为一国推动产业发展、城市建设和社会民生的双驱动力。它们在实际经济运行中呈现出三大定律。

一是二八效应集聚律。二八效应集聚律是"二八定律"在区域政府竞争过程中的一个翻版。此定律表现出三大特征：第一，企业竞争与区域政府竞争同生共长。也就是说，微观经济在研究资源稀缺条件下的资源优化配置问题时企业是资源调配的主体，中观经济在研究资源生成基础上的资源优化配置问题时区域政府是资源调配的主体（宏观经济在研究资源优化配置前提下的资源利用问题时国家是资源利用的主体）；二者在现代市场经济纵横体系中，各自在产业经济和城市经济领域发挥着不同作用，在现代市场经济的竞争体系中同生共长。第二，企业竞争与区域政府竞争的发展轨迹不同。企业竞争在经济发展的要素驱动阶段、投资驱动阶段、创新驱动阶段和财富驱动阶段的运行轨迹，主要体现为企业完全竞争、垄断竞争、寡头垄断竞争和完全垄断竞争的演变与争夺过程，企业完全竞争的轨迹在区域经济发展各个阶段的递进过程中呈现出"由强渐弱"的迹象；而区域政府竞争从一开始就表现在产业经济竞争导向的增长阶段，而后逐渐进入城市经济竞争导向的增长阶段、创新经济竞争导向的增长阶段和竞争与合作经济导向的增长阶段，因此区域政府竞争的范围及其"三类九要素"竞争作用在区域经济发展各个阶段的递进过程中呈现的是"由弱渐强"的轨迹。第三，企业竞争与区域政府竞争最终形成"二八定律"现象。也就是说，在中国乃至世界各国区域经济的发展过程中，或者说在市场经济条件下，区域经济发展首先表现的是竞争型的经济增长，区域经济增长呈现出梯度发展趋势，产业链集聚、城市群集聚、民生福利提升等都主要集中在先行发展的区域中。二八效应集聚律表现为随着不同经济发展阶段的历史进程，中国和世界各国区域经济的发展在企业竞争和区域政府竞争的双轮驱动下，正逐渐出现先行发展区域或先行发达国家的产业集群、城市集群和民生福利越来越集中的现象，中国乃至世界经济发展的结果呈现出梯度格局。

二是梯度变格均衡律。此定律的作用表现在三个阶段：第一阶段，区域的资源配置领域出现资源稀缺与资源生成相配对阶段。资源稀缺是企业竞争的前提条件，资源生成是区域政府竞争的前提条件，当经济发展从企业竞争延伸到区域政府竞争、从微观经济延伸到中观经济、从产业资源延伸到城市资源，甚至逐步涉及太空资源、深海资源、极地资源的时候，世界各国区域经济均衡发展将迈出实质性的步伐。第二阶段，区域的资源生成领域出现正向性资源（原生性资源和次生性资源）与负向性资源（逆生性资源）相掣肘阶段。正向性资源领域的开发将为企业竞争和区域政府竞争提供新的平台，并助推区域经济发展和不断创造出新的区域经济增长点；而负向性资源领域的产生则给区域经济增长或人类社会的和谐带来诸多弊端。二者相互掣肘，促使区域经济均衡化发展。第三阶段，区域的经济增长目标由单一转向多元的阶段。此阶段也是实际经济运行中从要素驱动阶段、投资驱动阶段向创新驱动阶段和财富驱动阶段演进的过程。此时，经济增长的目标不仅仅是追求投资、消费和出口的均衡，而是更多地追求产业、生态、民生事业的均衡。产业发展、城市建设、社会进步的均衡和一国各区域宜居、宜业、宜游的全面均衡，对经济增长多元化目标的追求与有效配套相关政策措施的实施，将促进区域经济均衡化发展。梯度变格均衡律既表现为某一区域产业发展、城市建设和社会民生进步的均衡性趋势，又表现为区域间产业发展、城市建设和社会民生进步的均衡性趋势。区域间产业发展、城市建设和社会民生进步的均衡性趋势，在实践中表现出来的是梯度结构的均衡性，我们称之为梯度均衡，它是我们需要在经济学领域认真思考并采取有效分析方法去深化研究的课题。

  三是竞争合作协同律。既然区域间（国家之间）经济发展的均衡性趋势呈现梯度结构的均衡状态，竞争合作协同律作为客观的必然性就将主要集中在区域间经济发展的三大协同上。第一，政策协同性。企业竞争对产业资源起调节作用；区域政府竞争对城市资源和其他生成性资源起调节作用；政府参与某一具体项目的竞争将由其载体——国有企业或国有合资企业或国有股份制企业介入其中。因此，企业竞争中的产业政策适度和竞争中性原则运用问题，区域政府竞争中的系列政策配套与措施推动问题，以及区域间（国家之间）新型工业化、新型城镇化、智能城市开发、科技项目投入、基础设施现代化和农业现代化等推进过程中的政策协同性问题，就显得特别重要。企业竞争和区域政府竞争的结果要求各竞争主体政策的协同性，是一种客观必然现象。第二，创新协同性。它表现在三个方面：一是科技重大项目的突破带来资金投入大、周期长、失败可能性高和风险大等一系列问题，需要各竞争主体的创新协同；二是科技新成果的突破需要综合运用人类智慧，需要各竞争主体的创新协同；三是跨区域、跨领域、跨国域的思想性、物质性、组织性和制度性公共产品不断出现和形成，需要各竞争主体的创新协同。在中国乃至世界各国区域经济发展模式转换和社会转型的深化阶段，区域间的创新协同性也是客观趋势所在。第三，规则协同性。区域间经济竞争规则（公平与效率）、区域间共同治理规则（合作与共赢）、区域间安全秩序规则（和平与稳定）等，也将随着区域经济发展阶段的深化而客观地出现在各竞争主体的议事日程中。竞争合作协同律，实质上就是在区域经济发展的不同阶段，各竞争主体为了共同的发展目标,依靠各种不同产业、投资、创新平台,汇聚人才、资本、信息、技术等要素,实现竞争政策的协同、创新驱动的协同和竞争规则的协同,从而突破竞争壁垒、有效合作、共同发展。该定律促进了中国和其他各国区域间的经济同生共长,发展合作共赢,并且这将成为一种客观必然趋势。

## 五、成熟市场经济是有为政府与有效市场相融合的经济

政府与市场的关系一直以来都是传统经济领域争论的核心问题之一,其焦点便是政府在市场经济资源配置中的作用及其对产业发展、城市建设、社会民生的影响。

当我们回到现代市场体系的市场要素、市场组织、市场法制、市场监管、市场环境、市场基础设施六大功能结构中,当我们直面当代世界各国必须要面对的可经营性资源、非经营性资源、准经营性资源的有效配置时,就会发现,政府与市场的关系并不是简单的一对一的矛盾双方的关系。"弱式有效市场""半强式有效市场"和"强式有效市场"的划分,既是可量化的范畴,更是历史的真实进程;"弱式有为政府""半强式有为政府"和"强式有为政府"的界定,既是世界各国在现实市场经济中的真实反映,又可解决迎面而来的政府与市场关系的一系列疑难杂症。有为政府与有效市场的组合在理论上至少存在九种模式,具体内容如图5所示。

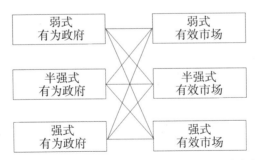

注 模式1:"弱式有为政府"与"弱式有效市场";模式2:"弱式有为政府"与"半强式有效市场";模式3:"弱式有为政府"与"强式有效市场";模式4:"半强式有为政府"与"弱式有效市场";模式5:"半强式有为政府"与"半强式有效市场";模式6:"半强式有为政府"与"强式有效市场";模式7:"强式有为政府"与"弱式有效市场";模式8:"强式有为政府"与"半强式有效市场";模式9:"强式有为政府"与"强式有效市场"。

图5 有为政府与有效市场的九种组合模式

模式1中，政府对经济基本没能发挥调控作用，市场发育也不完善，市场竞争机制常被隔断，法制欠缺，秩序混乱，这类主体通常为中低收入国家。模式2在现实经济中难以存在，因为"半强式有效市场"必定存在市场法制体系和市场监管体系，它不可能由"弱式有为政府"去推动。模式3纯属理论上的一种假定，现实中世界各国并没有实际案例加以支持。模式4表明政府在非经营性资源调配上可以较好地履行职责，提供基本公共产品；同时，政府也开始具备对可经营性资源的调配和相应扶持能力，但对市场发展趋势把握不好，市场运行中出现的问题还有待成熟的市场去解决。这种模式类似于中国改革开放的1978—1984年期间，属于市场经济初期的运行调控模式。模式5属于半成熟市场经济模式，其一方面表明政府规划、引导产业布局以及扶持、调节生产经营与"三公"监管市场运行的机制和力度在加强，另一方面表明市场监管机制、法律保障机制、环境健全机制等在推进。此状况出现在市场经济发展处于中期阶段的国家。中国在加入世界贸易组织（WTO）之前就类似这一模式。模式6与现在的美国很对应。美国政府依靠市场配置资源的决定性力量来获取高效市场收益，在非经营性资源的调配中发挥着重要作用，碍于制度和理念的限制，对可经营性资源的调配和准经营性资源的开发或者界定模糊，或者言行不一，或者难以突破，整体经济增长、城市提升弱于其规划，缺乏系统性与前瞻性。模式7在目前的现实中还难以存在。"强式有为政府"的功能作用起码也是与"半强式有效市场"相对应的。计划经济国家不属于此模式类型。模式8与现阶段的中国相类似，其发展方式通常被世人看作政府主导型的逐渐成熟的市场经济，其经济成就也是世界瞩目的，但又面临着市场竞争、市场秩序、市场信用以及市场基础设施进一步提升与完善的更大挑战。模式9是政府与市场组合的最高级模式，也是最佳模式。它是世界各国经济运行中实践探索和理论突破的目标，也是真正成熟的市场经济所应体现的目标模式。

综上可见，"政府有为"是指：①能对非经营性资源有效调配并制定配套政策，促使社会和谐稳定，提升和优化经济发展环境；②能对可经营性资源有效调配并制定配套政策，促使市场公开、公平、公正，有效提高社会整体生产效率；③能对准经营性资源有效调配并参与竞争，推动城市建设和经济社会全面可持续发展。政府有为，是对上述三类资源功能作用系统的有为，是对资源调配、政策配套、目标实现三者合一的有为。"有为政府"的标准有三个：标准一，尊重市场规律，遵循市场规则；标准二，维护经济秩序，稳定经济发展；标准三，有效调配资源，参与区域竞争。"市场有效"是指：①市场基本功能（包括市场要素体系和市场组织体系）健全；②市场基本秩序（包括市场法制体系和市场监管体系）健全；③市场环境基础（包括市场环境体系和市场基础设施）健全。市场有效，是对现代市场体系六大功能整体发挥作用的表现，是对生产竞争、市场公平、营商有序三者合一的反映。"有效市场"的标准有三个：标准一，市场充分竞争；标准二，法制监管有序；标准三，社会信用健全。

现实中，世界各国的有为政府至少需要具备三个条件：①与时俱进。这里主要强调的是政府有为亟须"跑赢"新科技。科技发展日新月异，其衍生出来的新业态、新产业、新资源、新工具将对原有的政府管理系统产生冲击。新科技带来了生产生活的新需求和高效率，同时也带来了政府治理应接不暇的问题。因此，政府如果要在产业发展、城市建设、社会民生三大职能中，或在非经营性资源、可经营性资源、准经营性资源等三类资源调配中有所作为，其理念、政策、措施应与时俱进。②全方位竞争。即有为政府需要超前引领，运用理念创新、制度创新、组织创新和技术创新等，在社会民生事业（完善优化公共产品配置，有效提升经济发展环境）、产业发展过程（引领、扶持、调节、监管市场主体，有效提升生产效率）和城市建设发展（遵循市场规则，参与项目建设）中，必须全要素、全过程、全方位、系统性地参与竞争。它以商品生产企业竞争为基础，但不仅仅局限于传统概念层面上的商品生产竞争，而是涵盖实现一国经济社会全面可持续发展的目标规划、政策措施、方法路径和最终成果的全过程。③政务公开。包括决策公开、执行公开、管理公开、服务公开、结果公开和重点事项（领域）信息公开等。政务公开透明有利于推动和发挥社会各方的知情权、参与权、表达权和监督权，优化与提升产业发展、城市建设、社会民生等重要领域的资源调配效果。透明、法制、创新、服务型和廉洁型的有为政府将有利于激发市场活力和社会创造力，造福各国，造福人类。

至此，可以说，政府和市场的关系堪称经济学上的"哥德巴赫猜想"。而有为政府和有效市场的有机结合造就了中国改革开放40多年来在产业发展、城市建设、社会民生方面的巨大成效，中国经济改革开放的成功，以及在实践中摸索出来的中国特色现代市场经济具有纵横体系、成熟有为政府需要超前引领、市场竞争存在双重主体、区域竞争呈现三大定律、成熟市场经济是有为政府与有效市场相融合的经济等有关理论，不仅为中国特色社会主义市场经济探索了方向，也为世界各国有效解决政府与市场关系的难题提供了借鉴。

自2019年以来，北京大学、复旦大学、中山大学等十多所高校先后开设了"中观经济学"课程。中山大学等高校已在理论经济学一级学科下设置"中观经济学"作为二级学科，形成相对独立的专业，划分和确定研究方向，招收硕博研究生，建设相关且独特的必修课程体系，从学科体系建设层面系统阐释和研教中观经济学原理。此外，中山大学还专门设立了中观经济学研究院。"中观经济学"系列教材的出版，必将进一步推动并完善该学科的建设和发展。

中山大学对此套教材的出版高度重视，中山大学中观经济学研究院组织编写，成立了以陈云贤为主编，李善民、徐现祥、鲁晓东为副主编的"中观经济学"系列教材编委会。本系列教材共10本。10本教材的撰写分工如下：陈云贤、王顺龙负责《资源生成理论》，陈云贤、顾浩东负责《区域三类资源》，刘楼负责《产业经济概说》，陈思含负责《城市经济概说》，顾文静负责《民生经济概说》，徐雷负责《竞争优势理论》，徐现祥、王贤彬负责《政府超前引领》，李粤麟负责《市场双重主体》，才国伟负责《有为政府与有效市场》，李建平负责《经济增长新引擎》。陈云贤负责系列教材的总体框架设计、书目定编排序、内容编纂定稿等工作。

"中观经济学"系列教材是中山大学21世纪经济学科重点教材，是中山大学文科重点建设成果之一。它作为一套面向高年级本科生和研究生的系列教科书，力求在主流经济学体系下围绕"中观经济学"的创设与发展，在研究起点——资源生成理论、研究细分——区域三类资源（产业经济概说、城市经济概说、民生经济概说）的基础上，探索区域政府竞争、政府超前引领、市场双重主体、有为政府与有效市场相融合的成熟市场经济以及经济增长新引擎等理论,以破解世界各国理论与实践中难以解答的关于"政府与市场"关系的难题。本系列教材参阅、借鉴了国内外大量专著、论文和相关资料,谨此特向有关作者表示诚挚的谢意。

祝愿"中观经济学"系列教材的出版以及"中观经济学"学科建设与理论的发展,既立足中国,又走向世界!

2022 年 3 月

# 目　　录

序言 ·················································································· 1

**第一章　产业资源与配置** ······················································· 1
　第一节　产业资源是可经营性资源 ·········································· 1
　第二节　产业资源类型、特点及作用 ······································· 7
　第三节　产业资源的配置 ······················································ 27
　本章小结 ············································································ 38
　思考讨论题 ········································································· 38

**第二章　区域产业结构** ·························································· 41
　第一节　产业结构及其高度化 ················································ 41
　第二节　区域产业类型 ························································· 48
　第三节　区域产业结构变迁及影响因素 ··································· 58
　本章小结 ············································································ 69
　思考讨论题 ········································································· 70

**第三章　区域产业组织** ·························································· 73
　第一节　组织与产业组织 ······················································ 73
　第二节　产业组织形态 ························································· 77
　第三节　产业组织理论 ························································· 88
　本章小结 ············································································ 102
　思考讨论题 ········································································· 103

**第四章　区域产业经济的市场结构** ········································· 105
　第一节　完全竞争市场 ························································· 105

第二节　完全垄断市场 ································· 113
　　第三节　寡头垄断市场 ································· 124
　　第四节　垄断竞争市场 ································· 133
　　第五节　反托拉斯与相关政策 ··························· 145
　　本章小结 ············································· 158
　　思考讨论题 ··········································· 158

**第五章　区域产业政策** ·································· 162
　　第一节　区域产业政策概述 ····························· 162
　　第二节　典型国家的产业政策 ··························· 175
　　第三节　中国产业政策的历史变迁 ······················· 184
　　本章小结 ············································· 202
　　思考讨论题 ··········································· 203

**参考文献** ············································· 212

**后记** ················································· 222

# 序　言

　　《产业经济概说》是"中观经济学"系列教材中的一册，本书的内容是在陈云贤教授《中观经济学》《区域政府竞争》和《市场竞争双重主题论——兼论中观经济学的创立与发展》等著作的基础上撰写的。陈云贤教授在《中观经济学》中指出，区域资源应分为可经营性资源、非经营性资源和准经营性资源，三种资源的配置方式是不同的，其中可经营性资源应以市场机制为基础，并发挥政府超前引领作用，才能被有效配置。本书把《中观经济学》中的可经营性资源及其配置等内容单独抽离出来，作为产业经济发展以及政府超前引领的理论基础，对区域产业资源、区域产业组织、区域产业资源的市场配置以及区域产业政策进行了较为系统的论述，基本上是围绕陈云贤教授的可经营性资源理论逻辑而展开的。本书既继承了传统经济学的市场理论、资源稀缺理论等经典理论，又超越传统经济学，融合了陈云贤教授《中观经济学》中的资源类型理论、政府超前引领理论的核心思想。本书以中国区域经济发展为背景，肯定了区域政府在经济建设发展中起到的重要作用。本书是对未来经济学理论发展道路的一次尝试性的探索，同时也进一步丰富了中观经济学的内容。

　　本书共分为五章。第一章阐述了产业资源的内涵与配置方式，对可经营性资源的类型、特点与作用进行了介绍，构建了可经营性资源的市场配置和政府超前引领的理论基础，阐明了政府超前引领的理论内涵和实践意义。第二章阐述了区域产业结构、产业类型以及区域产业结构的演变规律，进一步论述了在市场配置的基础之上，区域政府对产业结构变迁的作用。第三章以可经营性资源理论为基础分析了产业组织及其演变规律，并概述了主要产业组织理论及其不足，进一步论述了中观经济学中区域政府在产业组织形成及演变过程中的重要力量，是政府超前引领理论在产业组织理论的延伸。第四章是市场结构理论，阐述了市场对产业经济资源的配置的基础性和不足，为政府超前引领提供了重要理论依据，市场的不足不

能靠市场机制弥补,而是使用政府这"看得见的手"来调节,区域政府应当在这里有所为、有所不为,市场的有效和政府的有为是区域市场配置理论的核心。第五章阐述了区域政府是如何通过产业政策来进行超前引领的,产业政策是弥补市场不足的重要方式,是市场配置之外的有效形式。该章通过国内外的各种案例进一步论证了政府超前引领理论在产业经济资源配置中的重要作用。

本书是在陈云贤教授的指导下完成的,陈教授为北京大学客座教授,同时也在全国多所高校中任教、讲学,对学术孜孜以求,深耕中观经济学的理论与实践,以期能解释中国经济高速发展的根本原因。陈云贤教授也是广发证券公司的创始者,先后在广东顺德、佛山主政,并曾就任广东省人民政府副省长。这种从企业到政府再到学术的独特经历使得陈教授能以独特的视角审视和研究现代经济学体系,使其理论研究的价值弥补了传统经济学理论的不足,而且通过对中国区域政府行为的解释,陈教授为经济学的发展增添了更为鲜活的内容,中观经济学的理论体系也由此得到进一步的完善。

本书适合大学经济和管理类专业学生使用,其教程在学生修完微观经济学和宏观经济学之后进行开设,可用于高年级本科生和研究生教学,也可以在 MBA、MPA 等学位课中设置,对于政府人员和企业高级管理人员的经济学培训亦具有重要的参考价值。在本书的写作过程中,笔者参阅了大量的相关书籍和文献,在此一并致谢。本书观点较传统经济学有一定的突破性,书中难免有疏漏和不足,恳请使用本书的师生提出批评和建议,以使本书不断充实完善。同时,也期待更多学者加入到中观经济学的理论研究中,不断丰富和完善中观经济学理论体系。

刘 楼

2021 年 12 月 22 日

# 第一章　产业资源与配置

本章共分为三部分。第一部分从经营的定义开始，阐述可经营性资源的概念、特点，指出可经营性资源与一般资源相比之下的特殊性和差异性。第二部分分析产业资源的类型、特点及作用。第三部分提出产业资源的配置应该是以市场配置为主、政府超前引领为辅，二者不是非此即彼，而是相辅相成的关系。

## 第一节　产业资源是可经营性资源

### 一、什么是经营

在《现代汉语词典》中，"经营"一词是指筹备、规划并管理企业等机构的过程；也泛指运营或从事某项营利性的工作，通过精心筹划，设法使机构或组织正常运转，从而达成相应的经济目标。对企业而言，经营是在市场框架下，利用内部资源整合外部资源，为目标市场提供产品和服务从而获得经济效益的一系列活动的总称。通俗地说，经营就是赚钱的过程，不赚钱就无所谓经营。这里包括三个含义：第一，经营的基础是存在市场，没有市场就无所谓经营；第二，经营的目的是营利或者是获取经济效益，如果不是出于这个目的，那也无所谓经营；第三，经营是外向性的，即要充分利用各种条件，通过提供相应的产品和服务来获取市场优势地位。

经营不同于管理。经营是利用组织自身的优势匹配环境，强调如何使组织适应环境、利用环境、战胜竞争对手。管理则是管理者利用管理技能，充当管理角色，行使包括计划、组织、协调与控制等管理职能的过程，强调如何利用外部条件提高内部效能。从这个意义上说，经营侧重于外部，管理侧重于内部。

另一种观点认为，经营是根据企业的资源状况和所处的市场竞争环境，对企业的长期发展进行战略性规划和部署，从而制定企业的远景目标和方针等战略层次的活动，解决的是企业的发展方向、发展战略问题。因此，经营的特点是全局性、长远性和方向性。管理则是按照经营确定的方向行使各种职能，从而执行和落实经营战略、规划和决策。

所谓全局性就是从全局、整体出发，通盘考虑，进行顶层设计。长远性就是立足现实，面向未来，构筑愿景，指明方向。对企业来讲，经营的好坏直接关系着企业的成败，因此，从全局性与长远性这两个特点出发来制定企业的经营战略是至关重要的。首先，企业要有良好的经营局面以追求更好的经济效益，就必须统筹全局，以全局性的战略引领企业发展；其次，为了保持战略竞争优势，企业的经营战略不得不考虑长远性的问题。

从全局性和长远性的角度出发，许多企业管理者会采取多元化经营的方式，以保证企业的持续性发展。多元化经营，又称为多角化经营、多样化经营，是指企业在一定的生产技术组织条件下，同时经营两种或两种以上有着不同基本经济用途的产品和劳务，以求达到最佳经济效益的一种发展战略，是企业通过进入新的业务领域以扩大自身规模的行为。在企业内进行适当的多元化经营，从经营的全局性和长远性来看，可以充分发掘企业自身的资源优势，激发组织内部的潜能，使企业的管理协同效应得以充分发挥。

市场经营主体不同于市场主体。市场主体是参与市场活动的一切经济单位：组织机构或自然人，包括政府、单位、企业法人组织、非企业法人组织和自然人等。在经济学领域，市场主体包括政府、厂商和个体户，市场经营主体主要是指厂商，它们充当的市场主体角色主要是投资者、生产者或消费者。

市场经营主体一般是从经济法的角度来界定的。市场经营主体属于经济法主体，指那些取得国家管理机关批准的市场经营资格后，以营利为主要目的，从事商品生产经营和服务活动的经济实体，以及投身于市场，从事具有营利性的经营活动，并且合法享有民事权利、承担相应民事责任的组织。比如，国有企业、集体企业、私营企业、外商投资企业和个体工商户等。因此，市场经营主体具备三个特点：第一，以营利为目的，追求经济效益；第二，按照法律规定获得经营主体资格；第三，具有市场主体性，在市场中有经营决策权。市场主体要想成为市场经营主体，必须要满足以上条件，其中最重要的就是按照法律规定获得市场经营主体资格。

## 二、什么是可经营性资源

资源是一切可利用的、有价值的物质、能量、信息的总称，具有质和量、时间和空间的统一性。在人类历史发展的不同阶段，资源循环与经济循环具有一致性，不同的资源在不同经济发展阶段表现出不同的属性和特征，为经济社会的可持续发展提供要素。按照使用时是否需要代价，可以将资源分为经济资源和自由资源。资源具有稀缺性，这是传统经济学研究的基础，而稀缺性是经济资源的前提。经济资源是市场要素或投入，西方经济学把经济资源或生产要素分为四种类型：土地、劳动、资本和企业家才能。土地是一切自然资源的总称，如土地本身、矿山、森林、阳光、空气等。劳动是人的体力和脑力的总和，也包括一切以教育培训为开发手段而获得的人力资源。资本又称资本品，是土地和劳动生产出来的、用于再生产过程的生产要素，包括机器、厂房、设备、道路、原料等，既可能是投入品也可能是生产品。企业家才能是组织其他生产要素并使之具有活力的生产要素，组织、经营管理、创新和承担风险等都是企业家才能。

资源被某种经济主体占有后，就可能成为其资源性资产，这些资产表现为货币、实际物品，并最终为经济主体带来效用。一般认为，资源性资产有两种属性，即经营性和非经营性，二者在一定的环境条件下可以相互转化。

所谓资源的经营属性，其实就是资源在被使用的过程中，可以为资源使用者带来一定经济利益的特征。如企业为办公而租赁的办公楼，就属于经营性资源。非经营属性的资源在被使用的过程中虽然无法直接为企业创造经济效益，但可以为企业带来间接经济效益，例如租赁公司的非出租房屋就不属于经营性资源，但能给企业员工提供良好的工作环境。

陈云贤、顾文静认为，中观经济学的研究主体是区域政府，区域政府的核心职能是经营城市，所以，区域政府的资源配置主要体现在城市资源上。① 城市资源从广义上划分，有专门由市场配置的可经营性资源，

---

① 陈云贤、顾文静：《中观经济学：对经济学理论体系的创新与发展》，北京大学出版社2015年版，第34～60页。

也有完全由政府掌握的、用于公共产品产出的非经营性资源，还有经过政府投资开发后形成的然后由市场和政府共同经营的准经营性资源。

陈云贤认为，城市资源在经济领域和在经济学的理论上发挥着不同作用。城市资源在广义上包含产业资源、民生资源和基础设施或公用工程资源；而在狭义上，指的是城市基础设施。

在中国的社会主义市场经济体制中，与经济高速发展相对应的资源被称为可经营性资源，属于城市资源的一种，其以产业资源为主。在产业经济的内部，发挥主要作用的是经营的市场主体：企业。以深圳市政府为例，深圳市对可经营性资源的调用政策原则是"搞活"，其方式包括规划、引导、扶持、调节、监督和管理。从中国40多年改革开放的实践成果中，我们可以得出，对于作为可经营性资源的产业经济，政府应当遵守市场配置资源的原则，让市场充分发挥其主动性，通过资本化的手段及措施，使社会、企业以及国内外的各类投资者获得及利用该类资源，而政府需要做的，是贯彻规划、引导、扶持、调节、监督和管理的原则，完善城市相应的资源配置政策。

非经营性资源是与社会、民生福祉相对应的资源，以城市中的社会公益、公共产品为主。例如，城市公共交通设施、城区绿化项目和城市大气污染治理等外部产品，以及城市政府所提供的无形的公共产品，如行政管理和相应的法律法规政策。其区别于可经营性资源是看企业或政府在使用资源时，是否以获取经济利益为目的。

在提供社会公益、保障公共产品时，发挥主体作用的是政府。对于非经营性资源，城市政府调配的政策原则与经营性资源有所不同，其侧重点由"引导"转为"保障"。也就是说，政府对社会保障要有基本底线的意识，保证公平公正，有效利用非经营性资源，并使城市价值在资源使用过程中得以提升。

准经营性资源，是与城市建设相对应的城市资源，以城市的基础设施为主，如能源设施、水电设施及社会基础设施。值得注意的是，准经营性资源之所以得此名，是由于这部分城市基础设施在传统经济学中的定位并未明晰。也就是说，在传统的经济学理论当中，准经营性资源可以被划分在政府和企业的公共领域，在一座城市的基础设施建设当中，参与投资的既可以是企业，也可以是政府。对于该类资源，政府应该做的，是根据城市的财政状况、市场波动以及民众可以接受的程度，结合民意和科学分析，满足城市建设的需要，由政府决定此类资源是按照可经营性资源予以开发，还是按照非经营性资源进行控制。

## 三、可经营性资源的特点

可经营性资源有五个特点：稀缺性、竞争性、排他性、再生性和可创造性。

### （一）稀缺性

稀缺性是指相对于人类无限增长的需求而言，在一定时间与空间范围内，资源总是有限的，相对不足的资源与人类绝对增长的需求造成了资源的稀缺性。稀缺性是所有资源的共性。

资源的稀缺性可以被划分为资源的绝对稀缺和相对稀缺。其中，资源的绝对稀缺是指资源需求超过资源供给的状况；而相对稀缺则是指资源的总需求与总供给可能基本持平，但是因资源的地区分布不均衡导致资源局部性相对稀缺的状况。

正是因为可经营性资源的稀缺性，经济主体总是要思考如何利用有限的资源去创造更高的利润，以实现资源的最佳配置，进而实现经济利益最大化。企业如此，城市经营主体也是如此。城市经营者总是要选择如何发挥有限的城市可经营性资源的最大价值的方式，以最大限度地满足城市建设的需求，从而实现城市利益的最大化。

### （二）竞争性

可经营性资源具有竞争性的特征。竞争表现为需求方愿意为拥有这些经济物品支付货币，通过市场竞争手段实现可经营性资源的有效配置。市场竞争的手段主要包括价格竞争、产品差异化竞争、品牌竞争。生产者通过市场竞争实现利润最大化，消费者通过市场竞争实现效用最大化。由于经济主体对这类经济物品有着"边际效用递减"的消费倾向，所以，需求曲线向右下方倾斜，导致他们在购买数量增加时会不断减弱再购买的动机。可经营性资源之所以需要竞争，是因为它们的使用会发生拥堵与损耗，例如，A 的使用会影响到 B 的使用价值，在资源稀缺性条件下，不可能实现 A 与 B 的使用价值的均衡，因而只能靠竞争来实现。当市场各方参与者通过竞争实现瓦尔拉斯均衡时，市场出清从而实现了资源的有效配置。

### (三) 排他性

可经营性资源具有排他性的特征，即市场上的经济主体通过市场竞争获得了该资源的使用价值后就会排斥其他人对该资源使用价值的获取。生产者通过价格获取生产要素，排除了其他生产者对该生产要素的获取；消费者通过付费获得相应的消费品，从而排除了其他消费者对该消费品的获取。企业获得可经营性资源的前提是，其生产的产品的供给曲线是向上倾斜的，以确保产品的收益大于可经营性资源的成本。由于城市可经营性资源被不同的城市经营主体所占有，即排除了其他城市经营主体对该资源的占有，因此，可经营性资源只有通过在不同城市主体之间进行交易，才能实现有效配置。可经营性资源主要通过价格竞争方式进行"排他"，从而实现专享或独占，由此获得清晰的产权边界。从这个意义上说，可经营性资源的交易本质上是一种产权交易。

### (四) 再生性

所谓再生性是指可经营性资源在经营使用过程中可以通过再创造、再重构而使其价值不至于枯竭，并有可能实现使用价值多样化、价值扩大化。在可经营性资源的使用过程中，难免会出现该城市资源枯竭、利用价值耗散等问题。此时，企业可以通过自身发展策略的转型和企业技术性的加强，回收并且加工处理这些在社会生产和生活消费过程中失去全部或少部分使用价值的可经营性资源，使其重新获得使用价值，这得益于可经营性资源的再生性特点。

完成再生后的可经营性资源无论是外在形态或是内在的组成成分，都与原有的资源产生了较大的差异，但这并不妨碍其再生后仍然存在共同的特性。再生后的可经营性资源，往往具有更多样的使用价值，可以更好地满足社会需求。例如，原有的森林资源，在企业通过不同途径对其进行再生利用后，既可以传统的利用方式将其用作燃料，又可将其用作不同品种的农林业副产品，但是其本身仍然保留着涵养水源和净化空气的作用。

### (五) 可创造性

可经营性资源的可创造性体现在其利用价值的可创造性上。可经营性资源通过经营主体的作用来实现高于其原有价值的价值，其中包括一些附加的社会价值或艺术价值。一般而言，资源可创造性的发挥取决于企业等经济主体的创造力，即经济主体是否能通过整合并利用这些资源，发明或发现一些新奇独特的事物，使可经营性资源转化成具有新颖的社会价值的产品。除了社会价值，经济主体还可以通过可经营性资源的可创造性，使其创造出的结果或产品具有多重价值，如增强产品的实用性，为某项学术研究提供参考，或提升社会对该产品的审美能力等。这对于城市可经营性资源尤其重要，一个城市的创造性可以实现可经营性资源的多重价值。

因此，发挥可经营性资源的可创造性，企业可以在科学的领域进行研究，可以在技术生产的领域进行探索，也可以在艺术创造或其他领域进行延伸。

## 第二节 产业资源类型、特点及作用

### 一、自然资源

古希腊哲学家亚里士多德（Aristotle）曾说过："大自然的每一个领域都是美妙绝伦的。"这意味着，丰富多样的自然资源对于人类而言是不可多得的宝藏。那么，自然资源具体是指哪些资源？又有哪些分类？

对于自然资源的定义，中国社会科学院研究员于光远将其定义为：自然资源是指自然界天然存在、未经人类加工的资源，如土地、水、生物、能量和矿物等。在《辞海》中，自然资源被定义为：天然存在的自然物（不包括人类加工制造的原材料），如土地资源、矿产资源、水利资源、生物资源、气候资源等，是生产的原料来源和布局场所。联合国环境规划署则将其定义为：自然资源是在一定的时间和技术条件下，能够产生经济价值，能够提高人类当前和未来福利的自然环境因素的总称。通常来说，在狭义上，我们理解的自然资源只是以物质形态存在的资源。在当前一定的社会经济技术条件下，人们能够对该资源进行加工利用并使其产生一定的价值，如生态价值或经济价值，从而使人类社会目前与未来被预测将存在的天然物质和自然能量的总和得以提高。在广义上，自然资源则是指以物质形态存在的自然环境因素的总和。在传统经济学的经济要素里，自然资源属于土地要素，是西方经济学研究的四个要素之一。

我们在这里探讨的自然资源，更贴近于广义上的自然资源，其存在于自然环境中，是指各类与人类经济社会发展息息相关的、可能会被用以创造新的价值且会影响市场上劳动生产率的自然要素。在人类社会的不断发展与进步的过程中，自然资源的分类会随着社会生产力的提高而改变，自然资源的涵盖范围也会随之不断扩展。

按照自然资源自身的形态，自然资源可以分为两类，一是有形的自然资源，如我们可见的环境资源、土地资源、水资源、生物资源（动植物资源）和矿产资源等；二是无形的自然资源，如我们无法触摸到的光、声、电、热等资源。若从自然资源数量变化的角度进行分类，可分为耗竭型自然资源、稳定型自然资源、流动型自然资源，其中流动型自然资源又可以再细分为恒定的流动或变动的流动。这三种类型的自然资源的本质区别是数量与形态是否易变，是否易被人类发现并加以利用。如果按照我们最常用的分类，即按照自然资源自身的价值是否可被重复创造来进行分类，也可分为三种：首先是可再生资源，也就是不需要人类加工就可以反复利用的资源，如太阳光线辐射、风力、水资源和潮汐资源等。其次是不可再生资源，如矿产资源等地质资源；由于地质作用过程要经历漫长的时间，这些资源一旦枯竭，则难以甚至不可能再存在，即所谓的用多少就少多少。最后是可更新资源，如生物资源，这一类资源本身是可以自然恢复的，但是它们的繁殖能力和生长速度受到自然环境条件的制约，因此，人类在开发和使用该类资源时，通常需要先对该类资源的自身繁殖能力、生长速度及其生长环境进行合理分析，再进行开发利用，以避免过度开发而导致资源破坏。

（一）自然资源的特点

自然资源具有显著的两重性，它既是人类赖以生存的基础条件，又是一种环境要素。在这个涵盖范围极广的大环境要素当中，部分自然资源已经被人类社会开发利用，那些还未被开发利用，但在将来技术发展到一定程度时即可被加以利用的部分资源被我们称为"潜在资源"。自然资源具有六个特点：有限性、区域性、整体性、社会性、多功能性和层位性。

**1. 有限性**

自然资源的有限性从自然资源的数量出发，强调自然资源数量难以满足人类经济社会的发展过程中日益增长的生活和生产需求。自然资源的数量不是取之不尽、用之不竭的，不论是哪一类自然资源，人类对其进行的开发利用都必须是有规划的、有节制的开发和利用，因此，需通过法制手段对自然资源进行保护，通过教育手段培养使用者的自然保护意识。从这个意义上说，自然资源和其他资源一样具有稀缺性。

2．区域性

自然资源的分布具有显著的区域性、不均衡性，这是由气候、地形和水源等因素综合形成的自然结果。例如，中国土地资源的绝对数量大，陆地总面积可达约960万平方千米，但人均占有少，且土地资源的地质条件在南北地区、东西地区有显著差异。

自然资源的区域性不仅体现在数量上的地域差异，更体现在质量上的分布差异。例如，中国东北平原上有着广袤的黑土带，适合种植大豆、小麦，而中国长江中下游地区则多为水田，适合种植水稻。

3．整体性

同一类别的自然资源具有区域性，而各种不同类别的自然资源之间则具有整体性：不同地区的各类自然资源并不是孤立存在的，而是环环相扣形成一个整体的系统。在这个系统中，某个子系统被破坏就可能会导致整个大系统被破坏。

4．社会性

社会性通常是生物所拥有的特征，然而，几乎没有自然资源是不需要人类进行开发就可以直接利用并发挥其价值的。因此，人类需要通过特定的生产活动将自然资源加工成可利用的产品，创造出高于其本身的价值，使其成为一种物质财富，从而使得自然资源具有社会性。

5．多功能性

同一类自然资源并不只有一种用途，根据人类社会发展的不同需求，大多数自然资源都有着多种功能与用途。例如，在人类生产与生活活动中被广泛利用的水资源，既可以用于水产品养殖，满足人类日常食品需求；也可以用作水力发电，满足人类大规模的用电需求；还可以用作旅游资源，满足人类的观赏、休闲需求。

6．层位性

自然资源是一个相互联系、相互制约的复杂的资源系统，每一个系统都会有系统自身的结构性，即系统内部各个资源的结构排列与内部组成都具有一定的序列，这种序列被我们称为自然资源的层位性。例如，我们可以将自然资源系统看成一个垂直的剖面，那么，不可再生资源——矿藏资源，主要存在于地下层，即岩石圈的内部；而生物资源与土地资源，即生物圈与水圈，则位于土地表层；大气圈则是该剖面最上层的一部分，该处分布着气候资源。

（二）自然资源的作用

自然资源是人类生存和发展的物质基础，既是社会物质财富的源泉，也是社会经济可持续发展的物质条件。

首先，自然资源是人类社会赖以生存和发展的物质基础。威廉·配第（William Petty）曾说过："土地是财富之母。"意思是说，土地是人类财富的源泉，是人类生存和发展的根源。土地的数量、质量和分布，直接决定着土地所能承载的人口数量和该地区人民的生活质量。我国东部地区人口稠密，是因为东部地区自然条件好，地形平坦，土地相对肥沃，交通相对便利，单位面积土地对人口的承载能力大。

自然资源作为人类生存发展的物质基础，并不是指一切存在的自然资源，而是指历史上、当前以及未来的科学技术水平足以合理开发利用的自然资源。因此，自然资源成为人类发展的物质基础的很大一部分原因是人类社会的科技进步。人类对光能、海洋与太空资源的开发和利用，都是科学技术发展到一定程度的结果。

其次，自然资源还为人类的生产活动提供物质条件。人类生产活动所需的物理空间、土地资源、水资源等都来自自然资源，第一产业是基于自然资源开发利用的产业，第二产业所需的原材料来自第一产业。自然资源对人类生产活动的影响取决于自然资源的有限性、区域性、整体性、多功能性、社会性和层位性等特性。随着科学技术的不断进步，人类可以针对自然资源的不同特性，对其进行合理的开发利用并施以保护措施，其目的是合理开发并有效利用自然资源的经济价值、社会价值和生态价值。

所谓合理开发和有效利用自然资源，即在开发利用自然资源的同时，保护自然生态，重视自然生态的价值，充分认识到生态价值在自然资源价值中的核心地位。在实践中，对自然资源的开发利用通常要实行生态产业化经营；要通过综合利用国土空间规划、建设用地的供应、生态绿色地标等政策工具，发挥自然资源的生态优势和资源优势，推进生态产业化和产业生态化。在经营与开发生态产品的过程中，要以可持续发展为目标，将生态产品自身价值附着在农产品、工业品、服务业产品的价值当中，使其可以顺利转化为可直接交易的商品。例如，中国浙江省余姚市梁弄镇通过实施全域土地综合整治，加大对自然生态系统的恢复和保护力度，同时推动绿色生态、红色资源与富民产业相结合，发展红色教育培训、生态旅游、会展、民宿等"绿色＋红色"产业，吸引游客"进入式消费"，将生态优势转化为经济优势，通过开发利用自然资源的生态价值来实现其经济价值，真正做到"绿水青山就是金山银山"。

（三）自然资源的市场化

在计划经济时期，自然资源的配置以指令性计划配置为主，既不能反映自然资源的供求关系，也不能提高自然资源的使用效率，资源的价格只是不同产业部门形成的国民经济体系的核算工具。这种情况下，被分配或划拨的资源实际上是以无价或低价的方式在不同部门之间流动。资源变得廉价而被滥用，加快了自然资源被消耗的速度。

计划经济向市场经济的转变，一个重要的标志是自然资源的市场化，形成了庞大的自然资源市场。自然资源的价格既能体现其供求关系，又能体现其本身的价值，价格成了自然资源有效配置的风向标。自然资源部门再也不是"非经济部门"，而加工部门因为越来越昂贵的付费，会大大减少滥用自然资源的行为。

因此，自然资源市场化可以使资源型产业部门提高对自然资源开发和利用的效率，使加工型产业部门减少对自然资源的过度需求，还可以使其他产业部门（例如建筑业、交通运输业等）提高优化配置自然资源的意识，对提高产出率及减少其浪费均具有十分积极的影响。自然资源市场化对于建立资源节约型产业结构有着十分重要的作用。换言之，要建立资源节约型产业结构，必须将自然资源推向市场。

## 二、劳动力资源

劳动，是人类运动的一种特殊的形式，在商品的生产体系当中，劳动往往是指劳动力的支出和使用。对于劳动力，马克思给出的定义是："劳动力的使用就是劳动本身。劳动力的买者消费劳动力，就是让劳动力的卖者为其提供劳动。"[1]

---

[1] 马克思：《资本论》（第一卷），人民出版社1975年版，第201页。

许多动物也会使用工具,然而,劳动这一需要大脑控制的活动仅人类所特有。劳动力是人类所特有的一种能力,其存在于人体当中,是人们在劳动过程中所运用的能力,是人们在劳动中运用的体力和智力的综合。通常情况下,劳动力指的就是人,即具有劳动能力的人。

劳动力资源,又称劳动资源,指的是一个国家或地区所拥有的劳动力的数量,是适龄劳动人口的总和。劳动年龄的范围在各国不尽相同。按照中国现行规定,法定劳动年龄的范围为男性16～60周岁,女性16～55周岁。并非所有在法定劳动年龄内的人口都是劳动力资源,对于虽然在劳动年龄范围内,但已丧失劳动能力而不能参加社会劳动者,如残疾人士、精神病患者、严重慢性病患者等,不应计算在劳动力资源范围内。[①] 因此,劳动资源可以定义为:法定劳动年龄内具有劳动能力的全部人口,以及在劳动年龄以外实际常年参加社会劳动的人口总和。

劳动力资源的高级化即智力资源,是从人的智力活动效能方面进行的特殊规定,主要是指劳动力资源在接受了一定的专业技能培训或学校教育(特别是高等院校的教育)后,可以从事一些主要通过脑力活动创造财富或带来一定社会收益的人群。智力资源实际上是人力资本,是通过教育、培训、劳动力迁移和康养保健等方面的投资而形成的,可以带来比投资价值更大的价值,因而具有资本属性。智力资源存在于个体大脑之中,是一种特殊的劳动力资源,本质上是附加在劳动者身上的智力水平,包括各种知识储备、能力水平、技能状况,以及价值观、意识形态等。其核心内容就是知识,包括显性知识(explicit knowledge)和隐性知识(tacit knowledge)。前者是可以抄录、传播,以一定载体存在的知识;后者是只能体验、意会,难以用载体传播的各种诀窍和感知。

(一) 劳动力资源的特点

对于一个国家而言,国家的经济发展离不开丰富的劳动力资源,而要使劳动力资源对人类社会的生产发展起显著作用,则必须认识到劳动力自身的特点:能动性、时效性、社会性、有限性、两重性、再生性和连续性。

---

① 何盛明:《财经大辞典》,中国财政经济出版社1990年版,第30～45页。

### 1. 能动性

劳动力资源与自然资源一样，是客观存在但仍然需要人类开发和利用才能发挥作用的。但与自然资源不同的是，劳动力资源的开发与利用通常是由劳动力本身的能动性推动完成的，是人类为达成自身目的，通过一定有意识、有选择的活动来完成的。能动性包括三个方面：一是意识目的性；二是选择决策性；三是主观意志性。因此，劳动力资源的开发，是受到劳动力资源的开发利用程度所限制的，是受人为控制的。

### 2. 时效性

劳动力资源本质上是依附在人的生命体上的，是有生命的物质实体。因此，个体的劳动力资源可使用的时间，是受到人类生命进程的限制的，具有明显的时间效益。同时，劳动力资源在发挥其作用的过程中，往往受到个体的年龄与经验的影响，初入社会的年轻人资历浅薄，往往无法独自胜任其岗位的工作，但如果其坚守岗位，随着工作年限的增长，其阅历逐渐丰富，工作能力不断提升，在工作岗位上做出的贡献也会随之增加。同理，倘若一个人不学习、不工作，整日无所事事，其学习能力则会慢慢退化，而不像矿产资源，不开采也不会使其数量减少或品质下降。

### 3. 社会性

马克思主义者认为，人的社会性才是人的本质，人是一切社会关系的总和。劳动力资源是人类自身再生产发展的结果，受社会生产方式和其他社会的、经济的规律制约，具有明显的社会历史的特点。[①] 人类社会的经济活动大多由人群合作完成，单一个体很难完成所有的劳动环节，必须要相互配合、分工协作。人类的劳动是群体性的活动，一般而言，不同的劳动力资源处于各个不同的劳动集体当中，在集体中发挥个体的力量。

### 4. 有限性

劳动力资源同自然资源一样，并非取之不尽、用之不竭。劳动力资源的有限性是一种相对的有限性，即相对于人类社会发展过程中源源不断的劳动力需求而言，劳动力资源是有限的。首先，在一定区域范围内，劳动力资源受人口数量的限制；其次，在一定时间范围内，劳动力资源受人口再生产能力的限制；最后，在一定人口数量范围内，劳动力资源的质量受教育培训投入的限制。正因为劳动资源的有限性，各区域政府会采取一些

---

① 何盛明：《财经大辞典》，中国财政经济出版社1990年版，第22～45页。

吸引人才的政策，要么扩大劳动力资源的数量，要么提高劳动力资源的质量。

**5. 两重性**

相较于其他资源，劳动力资源最为特殊的特点便是它的两重性：劳动者既是生产要素，又是消费主体；劳动力资源既具有商品性质，又具有非商品性质。一方面，作为劳动力载体的劳动者属于生产者，人类通过科学技术的发展不断提高社会生产力，使其生产出符合社会需求的产品；另一方面，劳动者也是消费者，他们本身需要通过购买以获得相应的生产资料，才可以完成其生产过程。我们知道，劳动力在被获取的过程中，优秀的高层次人才会被争相高薪聘请，而低竞争力的人则需要自己去挖掘自身优势，寻求适合自己的工作岗位，也就是说劳动力也会受到供求规律和竞争规律的影响，这使得劳动力具有了商品的性质。然而，劳动者在使用自身劳动力工作时，并没有让渡自身，即使对用人单位来说，其与劳动者有一定的人身依附关系，但没有人身的交易关系，因此，劳动力又具有非商品性质。

**6. 再生性和连续性**

劳动力资源是可再生资源，通过劳动者家庭的生育繁衍，劳动力资源得以不断地更新与替换，这是一个不断"消耗—生产—再消耗—再生产"的无限循环的过程。与其他资源的再生性不同，劳动力资源的再生性除了受到生物结构与自然规律的支配，更多是受到人类自身的意志支配，受到人类文明的发展活动的影响，也受到医学技术条件的制约，还受到国家政策制度的制约。在一定程度上，劳动力资源的再生性决定了劳动力资源的连续性，也决定了经济社会发展的可持续性。不管怎样，一个国家或区域的人口源源不断地加入劳动力队伍，形成"人口红利"，这是经济发展的重要条件。目前，很多国家和地区"人口红利"不再，这对经济的可持续性发展必然会造成冲击。

（二）劳动力资源的作用及影响

一个国家的劳动力资源状况，是该国基本国情的重要组成部分，也是该国制定经济、社会发展战略的重要依据之一。与此同时，一个国家的劳动力资源的素质很大程度上体现了该国的整体国民素质。劳动力资源的素质从总体来说，可以从个体体质、智力、知识和技能四个方面进行评估。

若一个国家的劳动力资源得到合理开发和充分利用，就可以促进该国社会的发展，促进经济的增长，增强国家的综合实力与竞争力。

一定数量的劳动力资源，是完成一个国家社会生产的必要先决条件，也就是说，没有人，就没有生产的必要和实现生产的可能性。一般来说，充足的劳动力资源有利于生产的发展，但其在数量的安排及分配上，应该遵循客观的物质规律，与生产资料的数量相呼应。如果劳动力资源在数量的分配上超过生产资料，也会使多余的劳动力资源难以就业，对社会的经济前景有害无利。

生产要素理论是传统经济学的重要组成部分，不管是生产要素二元论、三元论还是多元论，劳动力始终都是其中最重要的"一元"。经济学家威廉·配第率先指出："土地是财富之母，劳动则是财富之父，土地和劳动力的结合成为一切财富之源。"亚当·斯密（Adam Smith）在《国富论》中将劳动列为生产要素之一，他认为商品的价格就是由劳动、资本和土地形成的。阿尔弗雷德·马歇尔（Alfred Marshall）在《经济学原理》中将组织作为第四生产要素，与劳动、资本、土地共同构成"生产要素四元论"，"组织"即是企业家才能。后来，即使经济学家们加入"技术""信息"等生产要素，使生产要素呈现多元化，但劳动力要素仍然是最核心、最活跃的生产要素。第一，劳动力要素是创造价值的要素，其他要素只是形成使用价值的要素。第二，人力资本理论认为，人力资本可以形成新的生产函数。在很长一段时间里，发达国家之所以能创造出较高的生产效率，就是因为有更丰富的人力资本或高质量的人力资源。第三，劳动力要素可以创造其他生产要素，比如资本、组织、技术、信息在某种意义上都是由劳动力要素创造的。

从劳动力资源到人力资源再到人才资源理论的多元化，既反映了劳动力资源质量的变迁，也反映了理论界和实践界对劳动力资源重视程度的变迁。由此，大多数国家会以实现充分就业为重要的经济目标之一。在宏观层面上，于全社会范围内充分合理地分配劳动力资源，实现充分就业，从而实现劳动力资源的优化配置，是经济稳定持续发展的有力保障。各国在这一方面都非常重视。中国早在2008年由国务院发布的《国务院关于做好促进就业工作的通知》中便提出："当前及今后一个时期，劳动者充分就业的需求与劳动力总量过大、素质不相适应之间的矛盾依然存在，促进就业任务十分繁重。党的十七大提出坚持实施积极的

就业政策，实现社会就业更加充分的奋斗目标。"党的十九大提出，要大力发展人力资源服务产业，有效配置人力资源，实现高质量充分就业。党和国家的高度重视，足以说明劳动力资源的有效配置对经济发展的重要性和根本性。

从微观层面来看，经济主体如企业就要实现人力资源的优化配置，从而发挥"人"的最大化作用。人力资源管理系统就是要实现人岗匹配，有效利用人力资源，发挥人力资源的最大价值。某种意义上来说，管理的本质就是管人，就是通过计划、组织、领导和激励，发挥人的潜能，形成人的组织承诺，提高员工的满意度，并使员工不断发展，以获取进步。所以，从宏观层面来看，将劳动力资源与一般劳动力相比，人才资源的形成时间与成本都要更高，相应地，其专业性也会更高。在中国现阶段，人才资源的主要组成部分是受过中等以上的教育且具有专业职称的人员。对人才资源的合理使用，可以给经济社会带来较大的经济收益。因此，各国非常重视人才资源的引进与开发，通过各种手段大力引进人才。

（三）劳动密集型产业

劳动密集型产业，指的是该产业需要依赖大量劳动力的使用来完成生产，其对技术和设备的依赖程度相对较低。衡量一个产业结构是否为劳动密集型产业，标准就是看在生产成本中工人工资支出与设备折旧和研究开发支出相比，前者所占的比重是否会更大。

劳动密集型产业是一个相对的范畴，有着一定的时效性，在不同经济发展阶段有着不同的变化。比如，传统劳动密集型产业中的农林业、纺织业和轻制造业等随着科学技术的不断发展进步，新兴工艺设备应运而生并在这些产业上得到不同程度的应用，使得这些劳动密集型产业的技术与资本密集度逐渐提高，逐渐从劳动密集型产业中分化出来。

是否发展劳动密集型产业，是由一国经济发展所处的不同阶段而决定的。在经济发展的初级阶段，城乡发展不平衡，农村剩余劳动力资源较多，受教育水平普遍较低，劳动生产率低，农民收入也相对较低。因农村的劳动力成本较低，从而有利于发展劳动密集型产业。

劳动密集型产业吸纳的劳动力数量会比其他部门大得多。据测算，对于每1单位固定资本所吸纳的劳动力数量，劳动密集型的轻纺部门是资本密集型的重工业部门的2.5倍，劳动密集型小企业是资本技术密集型大企业的10倍以上。大力发展劳动密集型产业对解决就业、增加农民收入、拉动农村有效需求发挥着重要作用。因此，在经济发展的初级阶段发展劳动密集型产业，是促进充分就业、促进农民增收的重要途径。

### 三、资本

传统西方经济学认为，资本是一种生产要素，可以通过投入产生利润，是被生产出来的生产要素。资本的产生是因为随着人类社会经济的发展，因生产有了过剩而出现商品流通，产生交易而有了货币结余，从而可以再投入，生产出更多的商品，再进一步扩大流通。因此，为了满足人类的各种需要，人类社会在资本的驱动下生产出更多剩余的商品，产生了更加发达的商品流通，形成了市场经济。从这个意义上来说，资本就是一种运动中的价值。这种运动通过购买、生产和售卖三个阶段，表现出货币资本、生产资本和商品资本三种职能形式。资本不能停顿，只能从一种形式变为另一种形式，否则就会失去资本的"生命"。

在传统西方经济学中，资本就是"物"，就是为了生产出满足市场需要的商品而投入的一切货币、厂房、设备等的总称。不断投入是为了获得更多的利润。在生产边际理论学说里，只有当投入的边际收益等于零时，理性的生产者才可能停止投入，因为此时才能实现利润最大化。在柯布-道格拉斯生产函数中，资本是除劳动力资源投入以外的一切其他投入的要素之和。

而在马克思主义政治经济学中，资本被认为是一种可以带来剩余价值的价值。资本虽然表现为一定的货币、机器、厂房、原料、商品等，但其本质不是物，而是体现在物上的生产关系，它是一个特定的政治经济范畴，体现了资本家对劳动工人的剥削，是资产阶级和无产阶级对立的基础。

在市场经济发达的今天，资本的范畴已经被无限放大，甚至可以说无所不包。所有资源都可以成为资本，一切资源都可以成为生产价值的手段。人们所说的"资本"是一种具有经济价值的物质财富或生产的社会关系，泛指一切投入在生产过程中的有形资本、无形资本、金融资本、人力资本等，是用于投资得到利润或产生出其他形式价值的本金或财产，是人类创造物质和精神财富的各种社会经济资源的总称。这些资本甚至包含着制度资本和社会生产关系资本，要提升这两类资本的价值都将通过文化变

革、社会政治思想、政治与经济制度变革等来实现。①

(一) 资本的特点

**1. 预先投入性**

资本本身是一种价值，这种价值在开始参与生产运动之前就已经具备，并为资本所有者控制或占有。但是，资本所有者为了获得更大的价值（或者叫利润、剩余价值），就必须先付出或转让这部分价值，其具体的表现就是一定的货币资本以本金的方式进行投入。在具体的投资过程中，所有预先用于购买各种生产资料的资金，必须在经过生产、流通、消费和交易后，才有可能被最终收回。

**2. 增殖性**

资本参与生产过程的目的是使资本的价值增加，从而实现资本持有方利润的最大化。马克思主义政治经济学认为，资本是能带来剩余价值的价值，而剩余价值一般会高于资本价值本身，这是投资者进行预先投入的最大动机。因此，从生产过程来看，增殖性是资本的本质属性，如果不增殖，资本就会失去存在的意义，最终蜕变成货币或实物。从整个社会来看，正因为资本的这一属性，不管投资者的动机如何，资本实际上最终都为社会创造了源源不断的财富。

**3. 风险性**

资本必须要预先垫支，但投入的结果不确定，因此就产生了资本的风险性，也就是投资的风险性。具体来说，任何资本投资都是为了获得高于资本价值的价值，但其在经营过程中可能会产生亏损甚至破产，不但不能收回投资，还有可能产生更多的负债。因此，投资主体要通过风险评估、预测或管理来决定是否投资。导致投资风险的因素有很多，投资决策的失误、政府政策的变化、管理措施的不当、市场环境的变化、货币政策等都可能成为影响因素。因此，投资者在进行资本投资时，应当考虑到其价值与风险是并存的，要有一定的风险意识并有风险承受能力。

**4. 运动性**

资本通过无休止的运动实现价值增殖。这种运动性表现为资本不断

---

① 纪红任、游战清、刘克胜、田贵平：《物流经济学》，机械工业出版社2008年版，第22~34页。

从生产领域进入流通领域，再进入生产领域，周而复始，无限循环，不可终止。一旦终止，便无法流通，这意味着资本处于闲置状态，久了就会丧失资本活力。资本运动本质上是资本的逐利行为。因此，其运动趋势必然是从低利润领域流向高利润领域，从低利润地区流向高利润地区，从利润空间比较小的产业流向利润空间比较大的高端产业。资本的运动性使资本具有惯性"力量"，使其逐利行为难以阻挡，并在某些情况下可以无序扩张，侵蚀社会生活的各个方面。因此，区域政府的政策制度不仅要善于利用资本的运动性，还要在某种情况下遏制资本的运动性，要把握好二者之间的适度平衡。

（二）资本的作用及其影响

资本最核心的作用就是使一切可用的资源成为经济资源，通过资本"创造出"高于自己价值的价值，大大提高人类使用资源的效率。发展经济学认为，人类对自然环境的改造和资源利用的能力不断提高，使物资和商品社会化、价值化并使其为资本，促进了市场和商品流通的产生，以此为基础逐渐形成了人类社会的资本流通体系，因此，资本是物资和商品社会化、价值化的体现。满足人类社会早期发展的基础资本是人力资本（主要是劳动力）和自然资本（主要是自然资源），而随着资本主义的发展，成为当今世界社会经济发展和人类商业活动基础的资本形态则是社会资本（关系资源、人群资源等）和金融资本（货币资源、金融资源等）。前者使由个体组成的社会群体成为相对整体化、依存化、网络化甚至集结化的体系结构，成为当今人类社会文明的主体内容；后者使人类的财富得以衡量、商品的价值得以流通，是经济发展的"血液"和经济调控的系统性工具，也是人类经济文明的核心内容。基础资本、社会资本和金融资本应该都是相辅相成的，其共同作用使人类的经济得以繁荣、财富得以增长，生产力不断提升，并由此产生资本主义。

但是，资本的逐利性和人性的贪婪，使基础资本、社会资本和金融资本的价值被扭曲和破坏，造成了基础资本的失衡及社会资本的失调。人们更倚重金融资本，其无限的购买力和无穷的流动性使其价值被无限放大，不断创造出各种金融工具、金融载体、金融市场，将金融资本放大成为经济文明的驱动力量甚至经济"永动机"的动力之源。其带来的严重后果如：破坏生态环境，造成极端自然灾害；社会动荡，甚至使社会形态、文化思想、价值观体系紊乱冲突，最终将危害人类身心健康，压缩人类赖以生存的环境空间，威胁人类的生存与发展。

（三）资本密集型产业

随着劳动力资源的稀缺性程度的提高，产业发展对劳动力的依赖会降低。

当产业的发展主要是依赖资本而不是劳动力的时候，资本密集型产业就产生了。在某类产业的产品生产过程中，当资本成本远大于其他成本特别是劳动力成本时，每个劳动者所占用的固定成本和流动成本相对较高，这一类产业就是资本密集型产业。资本密集型产业是工业部门的核心产业，是产业结构演变到较高层次的结果，是一国国民经济发展以及产业现代化的重要基础。资本密集型产业主要分布于一些基础工业及重化工业当中，这些产业需要大型器械设备来参与资源的开发与利用，如一般电子与通信设备制造业、钢铁产业、石化产业和电力产业等。

资本密集型产业通常具有资本投资量大、劳动力资源吸纳量相对小、资金流转速度慢、所需技术装备器械较多等特点。因此，资本密集型产业的投资周期一般较长，资本回笼速度慢。但是，与技术密集型的产业相比，资本密集型产业的产品产量和其投资量是成正比的，其消耗的劳动力数量较少。因此，发展资本密集型产业需要大量的生产设备及资金投入。

中国在发展资本密集型产业上走了很长的路，一个重要的原因是中国的人口基数庞大，发展劳动密集型产业有利于缓解就业压力，保障就业稳定，而资本密集型产业则不具备这种优势。但是，由于资本密集型产业在市场集中度、技术集中度等方面具有天然的优势，发展资本密集型产业将成为中国产业现代化的必经之路，也是产业链高级化的必由之路。

## 四、技术

所谓技术，是指为了满足人类生产需要而利用或积累的各种经验、系统、组织方法和技能技巧的总称。技术是知识进化的主体，是人类社会不断进步的最直接的表现。人类在漫长的发展过程中产生并积累了技术，从而推动自身不断进步。从某种意义上来说，人类的进步就是技术的进步。技术可以形塑社会，从机械技术到信息技术，再到智能技术，技术是社会进化的决定性力量。在过去的几百年历史中，"技术"最早指的是工艺，就是在生产中所使用的流程与方法、技能和诀窍。从这个意义上来说，技术是一种实践，有实践就有技术，或有生产过程就有技术。既然技术是生产过程中不可或缺的要素，那么技术进入生产函数便是自然而然的事情。亚当·斯密的《国富论》阐述了分工生产缝衣针可以提高生产效率的原理，按照现在的技术含义，实际上是分工组织的技术要优于个体掌握的技术。在后来的西方经济学中，技术都会作为乘数出现在生产函数中，比如柯布-道格拉斯生产函数。在产出与投入的关系中，技术可以作用于任何生产要素，从而扩大要素的边际生产力。

（一）技术的特点

**1. 形态多样**

技术的表现形态是多样的，既有有形的技术也有无形的技术，既有硬技术也有软技术。有形的技术表现出流程、工艺、工具的多样化；无形的技术则更为纷繁复杂，分工、组织、经验、诀窍等都是技术。有形技术往往形成操作性知识，是显性知识的重要内容，容易学习、模仿、操练；无形的技术则往往是隐性知识的重要内容，需要体验、感悟，其潜在性才能被挖掘出来。

**2. 系统性**

技术的发现、完善与进步突破是一个过程，当该过程进行到一定程度时，便会发展成为一个系统性的事物，即从技术的原理、设计、生产，到产品的操作、安装、维修，再到产品流通过程中的服务、管理、销售等各个环节，发展为一整套技术系统，从而影响整个生产或经济组织。技术的系统性反映了技术的分工协作性。《国富论》中缝衣针的制作过程说明，再好的单一技术也没有协作性技术那么优越，技术和其他生产要素一样，只有被组织成有效的系统，才能大大地提高生产率。一个生产组织一般由社会系统和技术系统构成，前者是由关于"人"的因素如价值、态度、权利、技能等构成的，后者则是由关于"物"的因素如工艺、流程、技术要素、设备等构成的。在现代大生产中，技术系统是生产系统的核心，但必须与社会系统有机结合才能有效发挥作用。

**3. 商品性**

技术是劳动的产物。按照马克思主义的观点，一项新技术的研究和开发不仅会消耗一定的成本费用，而且会消耗大量的劳动，特别是复杂的创造性脑力劳动。因此，技术是有价值的，同时，技术又是有使用价值的。技术就是为满足生产、生活需要而被创造发明的。在生产中，新技术作用于所有生产要素，提高劳动生产率，使产出具有乘数效应，所以它也具有使用价值，其大小由乘数及由此产生的总效益来决定。因此，技术本身可以成为一种商品，是使用价值和价值的统一。世界上每年都开发出大量的新技术，但并非所有的技术都可以作为技术商品来进行交易。技术要成为商品必须具备特定的条件，但是，技术的发明者在传授技术给他人的时候，可以自行选择以不同的形式进行传授，通常是通过可以获得一定经济报酬的形式，例如，转让给他人使用专利技术的权利。

（二）技术的作用及其影响

技术的作用之一是增加生产的复杂性，使复杂性生产成为可能。随着技术的进步，人类的生产从简单生产到复杂生产，并且越来越机械化、电子化、智能化。简单手工劳动是最原始的简单生产，随着生产工具的进步，生产方法的多元化使生产流程和生产系统变得越来越复杂。技术革命带来了人类社会的四次工业革命。18世纪，英国工业革命以机器代替手工是第一次工业革命，标志是以蒸汽机作为动力机械被广泛使用，以及由此带来的交通运输工具的革新。这场技术革命既大大提高了生产率，使资本主义扩大再生产成为生产的主要方式，也使依附于落后生产方式的自耕农阶级消失，发展与壮大了工业资产阶级和工业无产阶级，促进了资本主义在全世界的崛起和繁荣，巩固了资产阶级的统治地位。

19世纪中期，第二次工业革命以电力作为驱动力的大规模生产在欧洲、美国、日本兴起，人类进入了"电气时代"，开启了产品批量生产的新模式。第二次工业革命由于电力系统网络化、复杂化，使批量、复杂、庞大的生产系统成为现实，从而加剧了资本的集聚，丰富和扩大了产业链与价值链，生产的门槛一步步被跨越，新兴工业如电力工业、化学工业、石油工业和汽车工业等，使生产组织的各种垄断形式得以存在，并跨越国界，形成了国际垄断组织，人类生产发展进入了一个空前繁荣的时代。在生产关系上，资本主义力量变得异常强大，促进了世界殖民体系的形成，使得资本主义世界体系最终确立，世界逐渐成为一个资本技术系统整体。

第三次工业革命从20世纪70年代开始并一直延续到现在。其标志是电子与信息技术的广泛应用，实现了制造过程的自动化，解放了人类的

"双手"，体力劳动和部分脑力劳动被机器取代。这次工业革命以原子能、电子计算机、空间技术和生物工程的发明和应用为核心，主要涉及电子信息技术、新能源技术、新材料技术、生物技术、空间技术和海洋技术，不仅使人类生产领域发生深刻变革，也使人类政治、经济、军事、文化等诸多领域发生了深刻变革，并深入到人类的衣、食、住、行、用等日常生活的各个方面，人类生活方式和思维方式均受到深刻的影响。

现在，很多国家开始实施工业 4.0 战略，这就是正在发生并即将普及世界的第四次工业革命。这次工业革命始于 2011 年的德国。"工业 4.0"这一概念于 2013 年由德国联邦教研部与联邦经济技术部在汉诺威工业博览会上提出，2013 年被德国政府纳入国家战略。其内容是将互联网、大数据、云计算、物联网等新技术与工业生产相结合，最终实现工厂智能化生产。这次工业革命将以信息物理融合系统（CPS）为基础，以生产高度数字化、网络化、机器自组织为标志。随着 5G 技术的到来，万物互通成为可能，人类将全面进入一个智能生产、智能生活、智慧空间的全新时代。

### 五、数据资源

随着第三次科技革命带来的网络技术的普及，电子信息技术正深刻影响着人类的生产生活。数据资源就是指各种以电子方式储存、传播的数据信息资源，是以数字化的形式记录的、以网络方式进行传播、存储于各种介质中的数据资源，这些资源可以通过计算机网络进行加工、传递与整合。具体来说，数据资源代表某组织、某地区可使用的所有自动化或非自动化的数据，这些数据对这个组织而言是有价值的。不同的业务组织可能有不同的需求，可以说，数据就是因需求而存在的。被现代计算机和数字技术捕捉、处理与存储的海量大数据，是信息资源因为新载体而存在的新形式。在现代经济发展中，数据资源的作用和影响越来越大，已经深入到社会经济生活的方方面面。随着信息化的发展，以互联网为基础的信息系统和网络平台时时刻刻在生成数据，大数据、云平台和人工智能技术的广泛运用，挖掘技术和存储技术的交互使用，使数据的产生无穷无尽、无休无止，基本上构成了与实体资源相对应的另一个层面的"虚拟资源"，在互联网中不断催生出新的产业、新的业态和新的商业模式，成为现代产业基础高级化、产业链高端化的重要基础。

## （一）数据资源的特点

### 1. 流动性

一般而言，数据资源的分布不会受到时间和空间的限制，有网络的地方就有数据资源。数据资源流动包括纵向流动和横向流动。数据资源的横向流动随着网络的分布而进行，表现为网络节点之间，按网络的分布在不同的使用者之间流动；数据资源的纵向流动则按照使用环节的各个节点进行纵深流动。由于数据资源的介质本质上是电子介质，因而流动速度非常快，并随着技术的进步有不断加快的趋势。人类的传播媒介大体经历了无纸化时代、纸媒时代和电子时代。无纸化时代数据流动的速度受自然和条件的限制而非常缓慢，此问题在纸媒时代得到极大改善，而电子时代使数据资源"快如闪电"，容易形成知识和信息"爆炸"。

### 2. 共享性

不管是以什么形式存在的数据资源，在电子技术时代，因为传播速度的加剧，大多可以实现共享，即不同的使用者可以在同一时间、不同地点共同使用、消费数据资源。这不是由数据资源本身的性质决定的，而是由传播载体的特殊性决定的。以纸媒为介质的数据资源的共享会受到很大的局限，而以电磁、电子为介质的数据资源则可以做到大范围的、无极限的共享。数据资源的共享性，催生了一种新的经济形式，即共享经济形式。

### 3. 增殖性

数据资源具有增殖性。与自然资源等其他资源不同，数据资源是越使用越增殖。一般来说，数据资源传播越快、使用越多，共享越普遍，增殖越快，也就是说对数据资源的参与使用程度越高，数据资源增殖越快。数据资源的增殖是伴随着"学习"进行的，所有的学习过程都是数据资源的增殖过程。与自然资源等其他资源的使用不一样，学习不会消散，只会不断地积累、进步。从这个意义上来说，数据资源可以取之不尽、用之不竭。在被开发与利用的过程中，数据资源会随着不断使用的经验积累而不断丰富，既会不断深入也会不断延伸。

### 4. 商品性

随着生产力的发展、数据传播工具的不断丰富，数据资源的商品化、市场化程度越来越高，数据资源的商品属性越来越凸显。不管是隐性知识还是显性知识，只要数据化，就可能具有价值和使用价值。数据商品交易主要发生在互联网络中,从交易方式来说,具有多样性;从交易范围来说,具有普遍性;从交易主体来说,具有复杂性。数据商品提高了智力的商品性,加快了智力的市场交易速度,因此要做好对智力资源的知识产权保护。

5. 虚拟性

网络数据资源是依赖虚拟网络和介质而存在的,其改变了传统以纸张等载体存在的文字、信息,主要以信息数据的方式存在于虚拟网络中。因此,相对于实体要素来说网络数据资源具有虚拟性。传统书籍、报章、杂志等变为磁介质上的电磁信号或者光介质上的光信息,存储的信息密度高、容量大,容易储存、传播。以数字化形式存在的信息,可以通过信息网络进行远距离传送,从而增强了网络数据资源的利用与共享。

6. 协同性

数据资源因其介质特点而传播速度较快,这有利于加快其他要素资源的聚合,与其他要素资源之间产生协同性,形成要素之间的协同效应。这种协同效应既可以促进传统行业升级改造,也可以促使智慧农业、智能制造、智能交通、智慧物流、数字金融、数字商贸等的产生,赋能产业升级。同时,数据资源在存在形态和使用价值方面的特殊性,也使得不同数据资源的生产、传播和存储的各个环节之间更需要且更容易协同,从而产生新的经济形态——数字经济。

(二) 数据资源的影响和作用

随着生产力的发展,数据已经成为一种重要的要素资源,其进入到生产、流通、消费和分配的各个环节,是继土地要素、资本要素、劳动力要素、技术要素之后数字经济时代的核心要素。数据资源的影响和作用主要表现在如下三个方面。

第一,赋能传统要素。任何实体要素如土地、资本、劳动力和技术要素都可以在一定的场景下通过数字方式表现出来,通过重新组合、快速融合而数字化。土地、资本、劳动力和技术这些原始数据在互联网络空间中经过数字技术的加工,可以承载海量信息重新嵌入生产活动,转化为数据生产力。这个赋能过程以原始数据、数字机器等载体和信息库的数字劳动者为基本要件,以生产资料的数字化为核心。这些生产资料包括诸如传感器和智能装备等数字机器,移动网络、智能电网、智能交通、智能城市等物联网系统，以及人工智能、云计算、区块链、物联网等数字技术，既增大了虚拟网络空间与传统物理空间，也促进了虚拟空间与物理空间、社会网络空间之间的融合，使数据的采集、存储、传输、显示和处理空间无限放大，数据的传输速度不断加快，达到了传统生产要素配置、流通速度无可企及的效率。

第二，赋能传统产业。数据要素是一种生成要素，是资源生成领域的重要组成部分。不管是一次产业、二次产业还是三次产业，在一定场景下都可以通过数据联动人才链、资金链、物流链、价值链和创新链上的不同主体、不同要素形式，从而产生协同作用、放大效应，使传统经济数字化、智慧化，丰富产业链的内容，提高产业链的层次，拓展产业链的空间，使各类传统产业戴上"智慧的皇冠"，诸如智慧农业、智慧工业、智慧交通等，加速了产业之间的交叉、融合以及迭代，大大改变了传统产业的生产方式、经营模式和商业模式，使人类社会的生产生活变得更加复杂多变、丰富多彩。

第三，数据资源直接成为生产要素，通过生产、交换、存储、分配和消费，形成一种新的产业：数字产业。从经济学和产业性质来看，数字产业具有其他产业的一切性质，但同时也具有其独特特征。因此，数字经济不能完全市场化，需要更健全的发展和强有力的政府手段。数据的生产、流动和利用涉及各种主体之间的矛盾，需要第三方来调节甚至是政府来监管。由于数据有隐私性的信息，但又具有流动性、商品性、规模性，因而需要立法监管。随着数据资源需求大幅度增加，数据成为关键生产要素，也许会减少传统生产要素诸如土地、劳动力、资本等要素的需求，为碳中和提供新的要素基础，使双碳经济的大力发展成为可能。数据新业态不仅围绕数据采集、数据存储和云平台、数据挖掘分析、数据可视化、数据安全保障等环节形成了庞大的数字产业化体系，而且数据资源分析的应用价值在企业生产、经营管理、政府治理、公共服务中的作用也在不断彰显，即通过不断改进企业生产和经验管理效率提升政府治理和公共服务效能，对相关产业的数字化起到替代、互补、加强和渗透作用，大大加快了对传统产业的转型升级。[①]

---

① 丁煌、马小成：《数据要素驱动数字经济发展的治理逻辑与创新进路——以贵州省大数据综合试验区建设为例》，载《理论与改革》2021年第6期，第128～139页。

## 第三节 产业资源的配置

根据陈云贤的市场—政府双强理论①，可经营性资源是具有排他性与竞争性的资源与物品，这一类资源具有明晰的产权，市场对此类资源的配置发挥着决定性的作用。政府除了在应对国外领先企业对本国后发企业的竞争或者为了保护本国的农业生产，一般不发挥其对资源的配置作用。所以，对于这种类型的资源，"强市场"与"弱政府"是一种有效率的配置模式。

### 一、市场配置是可经营性资源的基础配置方式

#### （一）市场配置的核心："看不见的手"的原理

亚当·斯密的《国富论》的核心内容就是阐述了"看不见的手"的原理。这一原理揭示的是：参与经济活动的所有人都在努力追求个人的经济利益的满足，每个个体都是自私的，主观上不会自发地去考虑他人利益或促进公共福利，但在这一过程中，客观上所有经济参与者都有可能获得相应的满足。其原因在于：在市场机制中，消费者依据效用最大化的原则做购买决策，生产者依据利润最大化的原则做生产决策。市场就在供给和需求之间，根据价格的自然变动，引导资源向着最有效率的方面配置。这里的市场机制就像一只"看不见的手"在无形地引导、支配市场主体参与各种市场经济活动，在价格机制、供求机制和竞争机制的相互作用下，推动着生产者和消费者做出各自的决策、依据经济人理性原则行事。因此，实际上经济主体会有意识地调整自己的行为，使消费者效用最大化、生产者利润最大化，最终所有的经济活动参与者都将实现利益最大化或趋于实现利益最大化，从而最终增大社会福利。

这一原理只有在一般均衡理论中才能得到充分的描述。在一般均衡理论中，"看不见的手"强调在完全竞争的市场中，市场机制能够有效地实

---

① 陈云贤：《中观经济学：对经济学理论体系的创新与发展》，北京大学出版社2015年版，第56～80页。

现资源的合理配置和有效配置，最终在不影响他人生活的情况下使得某些人的生活状况有所改善。亚当·斯密认为，每个人都应该利用自己的资本来创造最大的价值。主观上讲，这个人并不想增加公共福利，更不用说他实际增加了多少公共福利，他追求的只是个人的最大利益，但当他这样做的时候，有一只"看不见的手"在引导他。也就是说，尽管市场机制帮助他实现了改善社会福利的目标，但这个目标并不是他想要追求的。换言之，通过追求个人利益而无意识地促进社会利益比真正想促进社会利益时获得的社会利益要好。

亚当·斯密认为，"自私"驱使人们获得最大的利益，不仅每个人都得到了利益，而且社会也得到了利益，因为财富都是国民对必需品和享受的消费。这就是"看不见的手"的原理的精髓。

### (二) 市场的产生

相传上古时期，后稷教会人们懂时节、勤耕耘，不断地获得农业丰收。为了感谢他，人们定期在河滩上以物易物，这就是市场的发端。当中国古代社会进入农业时期，社会生活有了一定的发展之后，人们开始将自己生产的少量产品进行交换，原始市场由此产生。原始市场也称为"市井"，在周代时，每日的交易活动分别在三个不同时间段进行，因而就有了"朝市、大市、夕市"；在西汉时，全国有六大商业城市，而长安作为国都，依靠水陆商路与其他商业城市相连，形成一个全国性的商业网，长安的商业区主要分布在九市，当时市场进行交易的商品主要有农产品、林产品、畜产品、渔业产品、副业产品、手工业产品、矿产品，除此之外，还有被当作劳动力买卖的奴婢。市坊界线早在北宋时便被打破，人们的交易活动由此变得更加自由，在城郊和乡村的"草食"开始流行起来。

市场是社会分工和商品经济发展到一定程度的产物。传统观念中的市场是指商品交换的场所，如商店、集市、商场、批发站、交易所等。市场有天然的三种机制，即价格机制、供求机制和竞争机制。市场就在供给和需求之间，根据价格的自然变动，引导资源向着最有效率的方向配置。

在现实生活中，市场是一个由多个系统、机构、程序、法律法制和基础设施组成的场所，有利于各方参与交易。虽然买卖双方可以通过易货交换货物和服务，但大多数市场都依赖卖方提供货物或服务（包括劳动力）以换取买方的金钱。从这个意义上来说，市场是确定商品和服务价格的过程。

## (三) 市场的要素

经济学一般认为市场的要素是供求、价格和竞争，分别形成三种机制，即供求机制、价格机制和竞争机制。这三种机制的共同作用，实际上就是"看不见的手"的原理。这三种机制的背后，其实就是市场的要素在起作用。这些要素包括微观层面的可供交换的商品、卖方、买方，以及宏观层面的人口、购买力和购买欲望。这六种要素共同作用，使市场有序、有效地运行。市场必须有从事交换活动的当事人，即卖方和买方；必须有交换的对象，即商品；必须要形成一定的购买力和购买欲望，而这背后则是以一定的人口基数为基础。

### 1. 可供交换的商品

一般来说，市场中的商品包括有形物质产品、无形服务以及各种商业化的资源要素，如资本、技术、信息、土地、劳动力等。市场的基本活动是商品交换，而发生的经济联系也基于商品的买卖。因此，有一定数量的可交换的商品是市场存在的物质基础，也是市场的基础要素。如果没有可交换的商品，市场就不存在了。商品不是从来就有的，只有生产发展到一定阶段、出现了产品过剩之后，才有商品。物质的丰富是商品产生的前提条件。

### 2. 卖方

在市场上，货物本身不能与其他货物交换，货物要进行交易，必须由货物的所有者，即出售货物的一方或卖方来交换，并将货物运输到市场。在市场上，商品所有者通过具体的商品交易反映自己的意志、经济利益和需求。因此，卖方或商品所有者成为一定数量商品的代表，成为市场供求的基本市场要素。卖方在市场中代表供给方的力量，在生产能力不足、产品稀缺的情况下，卖方的力量往往会更强大，具有左右或控制市场的能力，这种市场就是所谓的"卖方市场"。

### 3. 买方

买方与代表市场的需求方、与卖方形成既相互对立又相互统一的矛盾关系。没有买方，商品交换将无法完成，市场就不复存在。因此，买方所代表的市场需求是决定商品交换能否实现的基本因素。当一个社会生产趋于过剩，即产品丰富时，买方力量大于卖方力量，具有一定的市场竞争力，从而使市场形成买方市场，这时市场容易产生较多的消费者剩余。

**4．人口**

马斯洛认为个体都是有需求的，小到为了生存的衣食住行，大到追求人生理想的精神需求，对物质生活方式和精神产品的需求是人类生活的基本条件。因此，哪里有人，哪里就会有需求，就会形成市场，人口规模决定市场规模，人口状况影响市场需求的内容和结构。一个区域的人口特征如总人口规模、性别和年龄结构、登记户数、民族和宗教信仰、职业教育、地理分布等，都会制约当地的市场规模和结构。要想当地的市场繁荣，就必须要有一定的人口规模作为基础。

**5．购买力**

购买力是人们支付商品和服务的能力。人们的消费需求是通过用手中的钱购买商品来实现的。因此，在一个区域内的人口规模一定的情况下，购买力成为决定市场容量的重要因素之一，市场的规模、容量直接取决于购买力的强弱。一般来说，一定区域内的市场购买力受当地人均国民收入、个人收入、社会群体购买力、平均消费水平和消费结构等因素的影响。

**6．购买欲望**

购买欲望是指消费者购买商品的需求和动机。购买欲望是将潜在购买力转化为实际购买力的一个重要条件。如果消费者缺乏强烈的购买欲望，商品就不可能销售出去，市场也就不可能在现实中出现。购买欲望取决于购买者的需求偏好，要想扩大市场容量，就要提高购买者的购买欲望，就得想办法使购买者产生多样化、多元化的需求偏好。

**（四）市场配置的目标**

市场配置资源的基本方式是市场机制，即通过价格、供求、竞争机制实现对资源的配置，市场机制不仅支配着人们的经济行为，而且引导着资源的流动和重组。市场配置资源首先通过价格机制对资源进行分配，这种分配包括宏观和微观两个层面。从宏观层面来看，市场能够将社会资源配置到效益更好的地方，保证国民经济按比例协调发展；从微观层面来看，企业根据市场的需要进行资源配置，以保证获得良好的经济效益。市场配置资源的目标是优化生产要素组合，实行商品产需衔接、供求均衡。市场为达到该目标，一方面需要推动科技与管理进步，刺激劳动生产率提高；另一方面，需要发挥竞争和优胜劣汰机制的作用，增强商品生产经营的能力。这就是所谓的市场配置效率。

具体来说，市场配置效率（allocative efficiency）是指以投入要素的最佳组合来生产出最优的产品数量组合。在投入不变的条件下，通过资源的优化组合和有效配置，效率就会提高，产出就会增加。市场配置资源的最大化效率主要通过以下方面得以体现：市场配置主要依靠市场机制运行，市场机制在庞大的市场总供给与需求的相互作用及灵敏的价格反应中自如地支配经济运行，即自由、灵活、有效、合理地决定资源的配置与再配置。价值规律就像一只"看不见的手"，实现高效率的资源配置。但市场配置资源的高效率并不代表市场配置效益就是最好的。因为市场配置资源也存在自发性、盲目性、局限性等弊端，会影响资源配置的公平性，这种"不公平"甚至会给社会的稳定带来一些破坏。资本主义固有的经济危机便是市场自发配置资源的直接后果。马克思认为，价格、供求变动对资源的配置是自发进行的，由此会导致整个社会生产的无政府状态，在盲目的不合比例的状态中进行社会资源配置，最终将导致经济危机。如果仅仅通过市场来配置资源，则必然要以无数次的市场波动和不平衡以及经济运行的紊乱为代价，甚至是通过经济震荡和周期性经济危机来调节资源配置，实现社会生产按比例发展，这无疑会造成社会资源的巨大浪费和损失。因此，市场配置效率的最大化未必会带来效益的最大化。

## 二、政府超前引领

### （一）界定

陈云贤等认为，所谓超前引领是指超越在市场之前的引领，是对自由主义经济学中市场与政府定位的极大突破。自由主义经济学中的政府从属于市场，只能在市场中发挥一些辅助性或善后性的边缘功能，其行为的发生无疑是滞后于市场的。而超前引领则打破了二者的关系定位，将政府被动地听命于市场的消极态度和行为扭转为在市场之前、之中和之后的全方位强势介入。但政府的这种强势介入又不同于国家干预主义，其不是政府凌驾于市场规律之上，而是政府在尊重市场运行规律前提下因势利导，是弥补市场不足、发挥政府优势的一系列行为，是"有效市场"和"有为政府"的结合，也是现代市场经济发展的关键特征。陈云贤指出，区域政府是超前引领的主体，必须发挥好其在经济上的导向、调节与预警作用。

超前引领一样要遵循市场机制与市场规则，在超前引领理论中，政府与市场是"强强关系"，因此要依靠市场机制与市场规则去推动投资、消费和出口，同时借助价格、税收、汇率、利率、法律等手段维护市场良好的发展，开展制度创新、组织创新、技术创新，有效配置资源，构造领先的优势以促进区域经济科学可持续发展。[①] 因此，超前引领的内涵可以表述为：政府在尊重市场运行规律的前提下弥补市场缺陷、发挥政府优势的一系列行为，是"有效市场"和"有为政府"的最佳刻画，也是现代市场经济的一个关键特征。超前引领从具体手段来说，包括三层含义，一是规划、引导；二是扶持、调节；三是监督、管理。从引领范畴来说，包括理念超前引领、制度超前引领、组织超前引领、技术超前引领。对于区域政府来说，因可经营性资源具有相对比较完善的市场经济规则和法律制度环境，区域政府超前引领的作用会更加显著，这也是中观经济学区别于一般区域经济学的关键。

古往今来，研究政府与市场的关系不外乎基于两种相对立的核心理论——亚当·斯密的自由主义与凯恩斯（John Maynard Keynes）的国家干预主义。自由主义经济学过分强调市场的自发作用，认为市场无所不能，具有自主调节供给与需求关系的能力，从而使自身处于均衡状态，实现资源的高效配置与充分就业。但这种给市场穿上完美外衣的观点却不断受到现实的反驳，20世纪30年代的经济大萧条、2008年的金融危机等都说明了完全依靠市场自发调节与运行存在很多弊端。凯恩斯主导的国家干预主义则与自由主义相悖，支持国家干预主义的学者们只看到了市场存在的缺陷，认为自由主义经济学所描绘的"自由市场能实现资源的有效配置"只是乌托邦的化身，生产过剩、失业、萧条等都亟须政府这只"看得见的手"对经济进行全方位的干预。但实际上政府也会出现失灵的问题，公共决策失误、官僚机构效率低下、寻租和腐败等都是过度依靠政府干预所产生的弊端。因此，过分强调市场自主性即"强市场、弱政府"模式，以及过分强调政府干预即"弱市场、强政府"模式，都会导致经济效益的下降，只有"强市场、强政府"两者齐头并进，相互协调与配合，才能把各自的优势发挥至极致，从而促进经济的可持续发展，此即为"双强机制"理论。

---

① 陈云贤：《中观经济学：对经济学理论体系的创新与发展》，北京大学出版社2015年版，第60~75页。

### (二) 政府超前引领的作用

第一，政府超前引领能够有效配置资源，形成领先优势，实现经济可持续发展。区域政府的超前引导是依靠市场规则和市场机制，通过引导投资、出口、消费的作用，运用价格、税收、汇率、利率、法律等手段，主导组织创新、制度创新、技术创新、管理创新等，来实现资源的有效配置，形成主导优势，促进区域经济科学发展和可持续发展。

第二，政府超前引领扩大了市场的作用范畴，开创了政府层面的市场原理运用。传统经济学认为，企业才是市场竞争中的唯一的主体，政府由于与企业之间的权力距离过大，因此只能是市场的调控者而非参与者，否则会对企业的利益造成损害。而超前引领中的主体——区域政府，并非与市场进行竞争，作为市场经济的参与者，它的竞争对手还是区域政府。区域政府之间的竞争是在引导性和规划性上，需要区域政府战略定位清晰，具有良好的规划统筹能力，在对市场进行充分了解和分析后，引导市场的走向，对区域经济的发展进行事前控制和规划，充分发挥市场机制在资源配置中的决定性作用。

第三，政府超前引领构建了全新的多层次市场体系。在以往的市场经济理论中，国家是宏观经济的主体，企业是微观经济的主体，二者共同构成国家的经济体系。市场与国家政府是此消彼长的关系，一方强则表明另一方弱，这样的关系使经济的发展一直处于动荡的状态，时好时坏，即所谓的"钟摆"情境。政府超前引领打破了这种格局，构建了一个全新的多层次的市场体系，使中国的经济释放出前所未有的生机与活力。中国区域政府之间的竞争是在承认市场是资源配置的主要手段的前提下，通过将市场竞争机制延伸到区域政府层面来实现的。中央政府通过长期国家战略，有效地将地方政府的竞争目标纳入了总体国家战略。在规划中，区域政府具有长期战略规划的全局性和内部竞争的可控性，在超前引领和促进经济健康发展方面具有实效性。这种超前引领的有序竞争的区域政府体系极大地增加了中央政府的决策空间，使中央政府从微观层面上更加注重区域和行业的宏观调控；在宏观层面上则利用国家战略发展计划注重长期稳定。超前引领使区域政府更准确有效地把握和实施微观层面的指导和管理，同时兼顾区域整体经济发展的稳定性和灵活性。

第四，政府超前引领增强了国民经济的活力与稳定性。首先，政府超前引领具有创新和突破功能，给国家层面经济的发展起到示范作用，如"珠江三角洲模式""温州模式"，各个地区审时度势，摸索出适合自身发展的模式，既关乎区域自身的直接利益，又能解决国家层面的热点和难点，从而再进一步全面推广。其次，政府超前引领还具有稳定与协调经济的功能，能缓冲宏观经济上的过度震荡。自上而下来说，当宏观经济过度震荡时，区域政府的超前引领能够发挥协调的作用，使震荡的幅度下降到最低；自下而上来说，当微观经济运行不良时，政府超前引领可以进行及时有效的干预，弥补宏观层面鞭长莫及的缺憾。最后，政府超前引领还能完善国民经济控制系统，分散集中控制的风险。这也是"鸡蛋不能全部放在同一个篮子里"的实践。集中控制会使微观经济不能够很好地释放出活力，也会使宏观经济和微观经济发展的矛盾达到顶端，当外部环境出现动荡时，由于集中控制系统的刚性，风险不能得到很好的控制。而如果由区域政府进行超前引领，各个区域政府相对独立运作，便能够灵活应对，在市场运行中进行事前、事中以及事后的控制，使得整个国民经济控制系统良好运转。

第五，政府超前引领促进了中国经济的逆势发展。中国成功抵御了1997年亚洲金融危机以及2008年美国次贷危机。改革开放后40多年的发展，使中国的经济实力大大增强，世界经济中心逐渐向以中国为核心的亚洲转移。以广东省佛山市为例，其在政府超前引领的作用下，率先实现了"弯道超车"。这些都说明了中国经济要实现可持续、科学发展，就离不开政府的超前引领。

### （三）区域政府超前引领的规划性、引导性与竞争性

区域政府的超前引领具有规划性。在引领区域产业集群发展前，政府应先进行顶层设计，对整体的发展有一个清晰的了解，再进行规划统筹。

区域政府的超前引领就是要发挥对产业经济的导向、调节、预警作用，这本身就是其职能之一。一个区域要发展什么样的产业，需要区域政府在市场机制上进行政策激励、合理引导，从而形成与区域资源相匹配的产业，进而形成各种产业组织，包括产业集群。产业集群是一个地方财富的源泉，是区域经济活力的中心，也是地方经济发展成就的体现。以顺德市政府为例，其对经济领域的引导、调节和预警，促进了区域第一产业精细发展、第二产业提升发展、第三产业加快发展，形成了传统产业的改造提升，推动了新兴产业的培育壮大和高新技术产业的迅猛成长，促进了

大、中、小企业梯度的形成和产业集群的优势互补,至今为止仍然保持着强劲的增长态势。因此,政府在超前引领中必须发挥理念超前、制度超前、组织超前与创新超前的指导作用,在政策上引导产业集群形成并走上良性发展的轨道,这对促进该地区经济社会发展具有重要现实意义。

竞争是市场经济的固有属性。亚当·斯密以利己主义和自然秩序为基础,论证了市场竞争的客观性、必然性和合理性,分析了竞争的均衡机制和过程,指出自由竞争具有宏观协调功能和微观动力功能,竞争的必然结果是劳动力要素和资本要素的合理配置,从而促进国民财富的增加。

超前引领的区域政府,作为市场经济的参与者,不是在市场中与企业竞争,而是在区域政府之间竞争,其竞争规则源自市场。换言之,将市场竞争机制延伸到地方政府,具有一定的超前引领性质。以往的研究大多忽略了区域政府之间的关系。区域政府的职能和行为往往与宏观政府的职能混淆。作为监管者,区域政府只关注控制方法和影响效果。区域和区域竞争表现在一些经济指标的比较中,但很少考虑这些指标背后的政府因素。因此,区域政府超前引领的理论界定和实践作为中都包含"竞争性"成分。在理论上,中观经济学认为超前引领要以市场配置为基本手段,以法律环境的完善为前提,以竞争为基本方式。在实践上,对于不同区域政府而言,超前引领本身就是一种竞争方式或竞争手段,超前引领的实效性、组织有效性、手段多样性决定了区域政府的竞争力。比如,对于产业经济资源而言,超前引领包含的内容就是要"规划、引导;扶持、调节;监督、管理",但是对于不同区域政府而言,具体会表现为不同的方式和形式,其有效性是不同的,最终会影响到区域政府的竞争力。

## 三、市场配置与超前引领的关系

陈云贤等认为,市场配置和超前引领的目的都是实现区域资源的有效配置。[①] 超前引领是为了形成领先优势,促进科学发展和可持续发展,但是,超前引领能否真正发挥实效、达到上述目的,则需要以市场机制为前提,以市场配置为基础,并受市场规则的制约与限制。

---

① 陈云贤、顾文静:《中观经济学:对经济学理论体系的创新与发展》,北京大学出版社2015年版,第25~60页。

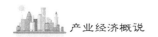

## (一) 超前引领以市场经济的完善为前提

强调政府的超前引领，就要特别强调其在市场经济的基础上进行超前引领。没有完善的市场经济，政府超前引领就失去了意义。超前引领利用市场机制、市场手段、市场力量，推动市场发展得更完善。

以市场为基础配置的资源有两层含义：一是要具有市场经济的基础环境；二是政府要尊重市场经济的基本规则。要想区域政府能够发挥引领经济的作用，就要使这种引领作用与市场经济有机地结合起来。中国经济体制改革曾有过两次失败的历程。一次是在20世纪50年代末期，中国经济管理体制进行行政性调整，由集权变为分权，结果是获得一定自主权的区域政府仍以行政方式管理经济，无法理顺政企关系，企业缺乏活力。实质上，这是集权模式的弊病在分权模式中的重演。一次是在20世纪80年代中后期，中国普遍推行财政包干体制，虽然"搞活"了区域经济，但也导致了各区域行政性贸易保护严重、"诸侯经济割据"的后果。陈云贤等认为，两次改革之所以失败，根本原因在于当时缺乏有效的市场经济环境。只进行政府之间的权力转移是不够的，还必须要形成一个使用权力发展经济的有效运行机制，这就是市场机制。没有市场经济，就无法形成有序的经济运行秩序，在这种情况下，无论怎样分权都无济于事，甚至怎么改革也难以向纵深发展。[①]

市场经济完善的重要表现是市场机制完善，市场规则能有效运行。市场规则是根据市场运行规律制定出的各类市场运行的法规、秩序，让市场活动的各类主体——政府、企业、团体、个人共同遵守。陈云贤以广东为例：20世纪80年代初，广东省政府在做出允许农民进城经商决定的同时，也制定了对城市交通、卫生和市容管理的措施和条例；此外，政府还制定了一系列法规，涉及社会保障、劳务安全、卫生标准、环境保护等。前文已经提到，广东省经济发展较快既是因为区域政府引领作用的有效发挥，也是因为其市场经济机制建设得较好。因此，任何经济主体都要尊重市场规则，只有在规则面前人人平等遵守，超前引领才能最终发挥作用，市场机制才能发挥基础性配置作用。[②]

---

[①] 陈云贤、顾文静：《中观经济学：对经济学理论体系的创新与发展》，北京大学出版社2015年版，第83～84页。

[②] 陈云贤、顾文静：《中观经济学：对经济学理论体系的创新与发展》，北京大学出版社2015年版，第25～60页。

## (二) 市场化程度的高低决定超前引领作用的大小

陈云贤认为，从中国的改革开放的实践来看，超前引领是随着市场机制的建立和完善逐步加强，而不是逐步减弱的，二者并行不悖。他认为中国四十几年的改革开放，其实质是计划经济体制向市场经济体制的转变，其核心就是市场机制逐渐成为调配资源的主体。中国改革开放的三个阶段莫不如此。不管是第一阶段（1978—1991 年）的计划经济向市场经济过渡，还是第二阶段（1992—1997 年）的市场经济的初步确立，以及第三阶段（1998 年至今）的市场经济的不断完善和发展，市场在其中的基础性作用越来越强大，市场机制发挥作用的空间越来越大，市场规则也越来越多，但同时，政府的宏观调控手段、监督经济的职能越来越多，政府采取行政、经济和法律干预经济的方式也越来越复杂。政府在经济活动中不是减弱了、消失了，而是更加强大了，政府的调控力度越来越大了，作用也越来越受到重视了。由此，造就了中国经济几十年的高速增长与空前发展。从这三个阶段的变化中，可以清晰地看到，政府超前引领的作用是随着市场机制的建立和完善而逐步加强的。在市场经济刚开始建立的阶段，政府的超前引领更多体现在理念、制度和组织上；在市场经济初步形成之后，政府的超前引领则更多地转向组织和技术层面。

陈云贤等对不同国家和地区进行了横向比较，发现市场化程度相对较高的地区的超前引领作用体现得较好。例如，在国外有新加坡模式，却没有马来西亚的模式，一个重要的原因就是前者有政府超前引领以及超前市场配置，而后者没有。广东经济改革的成功经验不是广东省政府一开始就完全放开，任由市场发挥作用，相反，其成功经验恰恰是因为市场的基础配置和政府的超前引领。因此，他认为，市场机制和政府的超前引领是相互依存、相互作用的。政府超前引领作用发挥得较好，也会反过来促进市场机制的形成和完善，而这又会提高政府的超前引领作用，从而形成一个循环往复的正激励效应。①

---

① 陈云贤、顾文静：《中观经济学：对经济学理论体系的创新与发展》，北京大学出版社 2015 年版，第 25～60 页。

## 本章小结

对于一个区域来说，产业经济资源就是可经营性资源。这些资源包括自然资源、劳动力资源、资本与技术以及数据资源等。这些资源与传统经济学的"资源"具有相似的特征，它们均以稀缺性为基础，满足柯布-道格拉斯生产函数。这些资源的配置应该以市场为基础，但是区域政府又要发挥超前引领的作用。以市场为基础配置资源有两层含义：一是要具有市场经济的基础环境；二是政府要尊重市场经济的基本规则。所谓超前引领是指超越在市场之前的引领，是对自由主义经济学中市场与政府定位的极大突破。超前引领从具体手段来说包括三层含义：第一是规划、引导；第二是扶持、调节；第三是监督、管理。

超前引领的作用有：第一，政府超前引领能够有效配置资源，形成领先优势，实现经济可持续发展；第二，政府超前引领扩大了市场的作用范畴，开创了政府层面的市场原理运用；第三，政府超前引领构建了全新的多层次市场体系；第四，政府超前引领增强了国民经济的活力与稳定性；第五，政府超前引领促进了中国经济的逆势发展。

超前引领的区域政府作为市场经济的参与者，不是在市场上与企业竞争，而是在区域政府之间竞争，其竞争规则源自市场。换言之，将市场竞争机制延伸到地方政府，具有一定的超前引领性质。从中国改革开放的实践看，超前引领是随着市场机制的建立和完善逐步加强，而不是逐步减弱的，二者并行不悖。强调政府超前引领，就要特别强调在市场经济的基础上进行超前引领。没有完善的市场经济体制，政府超前引领就失去了意义。而且超前引领利用的也是市场机制、市场手段、市场力量，并推动市场更完善。

## 思考讨论题

1. 举例说明什么是可经营性资源？
2. 什么是超前引领？例举经济生活实践中政府超前引领的做法。
3. 政府超前引领与市场基础配置的关系是什么？
4. 以人力资本配置为例，试分析为什么政府可以对其进行超前引领。
5. 谈谈可经营性资源的概念、特点和作用。

6. 谈谈可经营性资源的排他性、竞争性、稀缺性和再生性。
7. 谈谈自然资源的特点和作用。
8. 举例说明资本、技术的特点和作用。
9. 举例说明劳动力资源的特点和作用、劳动力资源的高级形式。
10. 阅读以下材料并思考：如何理解可经营性资源的配置模式——基于市场配置的政府超前引领模式。

## 贵州省大数据综合试验区建设

贵州省是国家发展改革委、工信部、中央网信办批复建设的全国首个国家大数据综合试验区，自2016年以来在全国率先开展数据资源管理与共享开放、大数据产业聚集、大数据国际合作、大数据制度等系统性试验，大力发展以数据为关键要素的数字经济，实现数字经济增速连续6年全国第一，数据要素驱动数字经济发展具有典型性和先进性。本文首先通过贵州省政府相关网站、"中国知网"收集了贵州省数字经济、数据要素改革方面的政策文件、工作报告、统计数据、期刊论文等；然后赶赴贵州省进行了专门调研，调研对象包括贵州省大数据发展管理局、贵州省农业农村厅、贵州省工业和信息化厅、贵州省商务厅、贵州省文化和旅游厅等政府部门或直属机构，以及云上贵州、数据宝、贵州电信、云景文旅科技等多家企业。针对每个调研分别组织了2～3小时的座谈会，在调研过程中进一步补充与完善了相关资料。

（一）贵州省大数据综合试验区建设的主要做法

1. 以"百企引领"行动不断拓展新技术创新应用。围绕物联网、大数据、5G、云计算、区块链、人工智能等新兴信息技术，引进培育技术领先和解决方案先进的企业，组织开展技术创新、应用创新和模式创新，聚集具有竞争力的引领企业。

2. 以"万企融合"行动深化大数据与实体经济融合。通过编制实施指南、评估规范、培训企业、上门会诊等手段，在全省范围内针对企业研发、生产、销售、服务等各个环节探寻大数据分析应用方案，推进大数据与实体经济深度融合。

3. 以政府数据融通为引领探索推进数据要素流通。在全国范围内率先成立国有公司推进政府数据融通，全力开展政府数据聚集、共享和开放，探索实践政府数据授权运营；以政企数据融通推动企业之间数据流动，引领数据要素流通。

4. 以大数据立法为支撑保障数据融通和创新应用。率先开展大数据立法，推出《贵州省大数据发展应用促进条例》《贵州省政府数据共享开放条例》《贵州省大数据安全保障条例》等地方法规，为数据融通和创新应用提供法律保障。

5. 以政府统筹和制度建设为主线持续为改革赋能。将"大数据"列入三大战略行动，每届领导班子都高度重视大数据发展应用，编制干部手册并在全省范围内开展大数据培训，出台《贵州省实施大数据战略行动问责暂行办法》以督促发展和应用大数据。

（二）贵州省大数据综合试验区建设取得的成效

1. 数字产业化速度很快且开始聚集，一些领域取得重要进展。建成中国南方数据中心，聚集一批国际级与国家级行业数据中心。截至2020年年底，已累计引进培育引领企业208家，"满帮"成为西南地区最大的独角兽企业。

2. 产业数字化范围较广且具有深度，形成标志性项目。截至2020年年底，已累计建成305个融合标杆项目、实施3200多个融合示范项目、带动5900余户实体经济企业与大数据深度融合。"一码游贵州"等项目在全国范围内开始形成影响。

3. 政府数据共享开放走在全国前列，数据要素流通持续向前迈进。截至2020年年底，62个单位交换共享数据近2亿批次、4615亿余条，28个单位使用国家数据资源3890万余批次、40亿余条；政府数据开放平台累计被访问136万余次、开放数据服务15万余批次，培养形成引领全国数据要素流通的市场主体。

（资料来源：丁煌、马小成《数据要素驱动数字经济发展的治理逻辑与创新进路——以贵州省大数据综合试验区建设为例》，载《理论与改革》2021年第6期，第128～139页。）

# 第二章　区域产业结构

本章共分为三部分。第一部分在理解产业及产业结构的基础上，阐述区域产业结构的内涵、产业结构高级化及其衡量标准。第二部分主要介绍两大领域分类理论、两大部类分类理论、三次产业分类理论、资源密集型分类理论以及国际标准产业分类方法，同时介绍中国《国民经济行业分类》的形成历程、主要内容和作用。第三部分阐述影响产业结构变动的因素，着重研究自然资源、人口因素、需求结构、技术创新和产业政策等因素对产业结构的影响。

## 第一节　产业结构及其高度化

### 一、产业及产业结构

（一）产业及产业化

产业是国民经济部门的统称，也是具有相同内部属性的企业或者行业的总和；是社会分工的结果，是人类社会生产力高度发达的产物。产业是介于国民经济与企业之间的层次，将国民经济以某一标准划分出不同的部分（经济的载体），这些不同的部分就称为产业。当产业这一概念与市场需求联系起来时，产业就是从事商品生产与经营或进行商业性服务的部门。

区域内产业的分化首先由资源的分布决定，不同的资源地域分布形成了不同产业的地域分布。但是，随着科学技术的迅速发展，各行各业正在发生翻天覆地的变化，各种新兴产业的出现使产业分布可以突破资源分布的限制，从而使区域产业的发展更加依赖于政府政策资源而不是其他资源。产业是一个区域的经济载体，没有产业，一个地区的经济就是无本之源。随着市场经济的发展，实现产业化是区域经济追求的过程性目标。所谓产业化，就是在市场机制的作用下，随着商品经济的不断发展，以追求经济效益为目标，以主导产业为基础，以核心产品为依托，优化组合各种生产要素，在一定区域内通过合理布局进行专业化生产、规模化建设、系列化加工、社会化服务、企业化管理等活动，形成产供销分工协作体系，采用自我发展、自我积累、自我约束、自我调节的良性发展轨道的现代化经营方式和产业组织形式，从而使生产不断扩大、管理逐步规范、总体经济效益稳步提高。产业化是资源配置优化和市场经济发展的必然趋势，区域可以通过产业化摆脱作坊式生产、低效率生产，扩大生产规模，形成社会大生产化。

（二）产业结构

结构是整体的各个部分之间的组合状态与相互关系，是系统内不同成分参与运作的规则秩序，也是系统的内在形式和运行机制。结构具有稳定性，在一定程度上就是各种关系的固化，这种固化使结构在一定时期内具有确定性、稳固性，不会离散崩溃。结构同样具有动态性，因为结构系统内各个组成成分与外界环境之间要不断进行物质和能量的交换，从而处于永不停滞的运动、变化之中，使结构不断优化，以便于更好地适应环境。

产业结构也称产业体系，一般指的是国民经济中各个产业、部门以及产业内部的内在生产联系和数量构成比例的关系。最为典型的产业结构就是农业、工业和服务业在国民经济中所占的比重。首先是两大部类之间的关系，即生产资料生产和生活资料生产之间的关系；其次是两大部类内部产业之间的关系，比如生产资料生产部类中的钢铁、石化、建筑材料、机械制造等之间的关系。区域产业结构是国家经济空间布局与特定区域组合的结果，从而形成区域内部各种产业功能的组合与比例关系。一个区域之所以能形成某种特定的产业结构，是由其区域优势和全国经济的空间布局的总体要求所决定的。

产业结构动态地揭示出整个国民经济中占主导支配地位的产业发生替代演变的过程，同时也静态地展现出产业之间的技术经济数量及其比例关系。研究产业结构，一是研究产业之间的投入与产出之间的关系；二是研究不同产业如农业、轻工业、商业服务业等部类之间的关系，以及各部类内部各子产业或行业之间的关系和变化过程。

一个地方的产业结构具有动态平衡性，即在一定时间内，不同产业所占国民经济的比重既有一定的结构平衡性又有一定的动态变化性。受资源配置的影响和地区经济发展规划的引导，在一定阶段内各产业之间有相对稳定的比例关系。但因其处于不同地区、不同历史发展阶段，加之资源配置和产业规划政策引导的差异使各区域具有不同的产业结构。一般来说，经济越发达的区域，产业结构越完整、越高级化，优势产业就越突出。在同一地方，随着生产力水平的不断提高，经济发展层次不断提升，产业结构也越趋于完善，高水平优势产业的地位越突出。不同地区在不同的时间有一个产业结构升级的过程。所谓产业结构升级，就是通过产业内部各生产要素之间不断调整，各产业在不同的时间、空间、层次相互转化，从而促使生产要素不断改进、整体结构不断优化、产业附加值不断提高的过程。

区域产业结构和区域空间结构具有统一性。不同地域、不同时期的产业结构具有差异性和阶段性。空间结构是产业结构的外在表现，产业结构是空间结构的具体内容，二者统一在具体区域范围之内，是由其地域特征和资源禀赋等经济条件制约，并受该地域特殊的产业经济政策所引导的。正因为不同区域具有特殊性、历史继承性、产业政策引导性，决定了产业结构在不同地域分布上具有多样性和特殊性。如中国山西、内蒙古、河南、青海、宁夏等地因为资源优势形成以采掘业为基础的资源区，而天津、北京、上海、江苏和陕西等地形成重加工业区，浙江、广东、重庆、福建等地则形成轻工业区。

## 二、产业结构高度化

### （一）产业结构高度化的内涵

随着经济发展和生产力水平的提高，一个地方的产业结构会呈现高度化趋势。所谓产业结构高度化就是指产业结构按照经济发展的历史和逻辑序列从低级水平向高级水平发展，是产业结构优化、合理化的过程，是国民经济各产业之间向经济效益最大化方向调整并平衡结构的动态发展过程。产业结构高度化的实质，是要素和资源从劳动生产率较低的产业向劳动生产率较高的产业转移，从而新增的要素和资源也被更多地配置到劳动生产率较高的产业中，使得劳动生产率较高的产业占国民经济产业的份额不断上升，最终带动不同产业的劳动生产率共同提高。产业结构高度化应包含四个方面：第一，产业结构整体素质全方位提高。首先是新技术在各产业部门得到广泛运用，资本有机构成进一步提高；其次是产业工人和企业家管理水平不断提升；最后是新兴产业不断加快出现，传统产业式微。第二，产业结构按照四条路径不断优化，既沿着第一、第二、第三、第四产业不断演进，又按照劳动密集型、资本密集型、技术密集型、知识密集型产业的方向演进，还从低加工度产业占优势地位向高加工度产业占优势地位演进，并由低附加值产业向高附加值产业方向演进。第三，规模化以及集约化程度不断提高。小规模且分散的企业构成的产业链不断被联合或被大规模且集中性的集团式企业所替代，规模经济程度大大提高。产业间的协作比竞争更具有双赢或多赢效应，不同行业的各种企业之间的联系越来越密切，专业化协作越来越细化，企业多角化经营范围越来越广。第四，产业结构高度化也意味着产业开放达到较高的程度，参与国际分工程度提高，不再是自我封闭式地维持均衡发展，而是通过国际投资、国际贸易、技术引进等方式参与国际市场。

产业结构高度化的典型特征是优质产业结构比重增加，同时，集约化、高附加值、高加工和高技术也是产业结构高度化的重要标志。

所谓优质产业结构比重增加是指，代表生产力总体发展方向的产业、产品的结构比例有上升的趋势，而劳动生产率水平相对较低的产业、产品的比重有降低的趋势。其一，以农业为代表的第一产业的国内生产总值和就业比重下降，以制造业为主的第二产业和以服务业为主的第三产业的国民生产总值比重和就业比重上升，工业向重型化和高加工化发展；其二，由制造初级产品的产业占优势比重向制造中间产品、最终产品的产业占优势比重顺次演进，新兴产业和高科技产业迅速成长，传统产业发展速度减缓并导致比重降低；其三，不同产业资源要素的集中度发生变化，由劳动密集型产业向资本密集型和技术密集型产业发展，未来更有可能向智能密集型产业发展。

在产业结构高度化的过程中，产业之间相互购买的数量会大幅度增加，随着各产业之间因为买卖关系次数的增加，产业彼此之间的联系也逐渐加深，产业间客观存在的错综复杂的后向与前向联系越来越有序规范，形成合理的、正向的产业竞争，从而会使该地域形成更加合理的、紧密化的产业组织，促使产业系统整体功能不断优化、产业聚合质量不断提高，这就是集约化的过程。产业结构在优化的过程中，产品价值的剩余价值比重会不断增大，使生产具有更高的绝对剩余价值率和超额利润。在市场机制作用下，资源配置效率不断提高，那些能够生产物美价廉、质量超群、品质卓越的产品的企业，通过使供给无论在总量还是在结构上都能更好地适应市场需求的变动，获得生产的高附加值。产业结构高度化与资产结构高级化、技术结构高级化、劳动力结构高级化相辅相成，逐步实现第二、第三产业在国内生产总值比重和就业比重的增加，从而影响制成品投入对初级产品投入的替代，分工更加细密、专业化生产更为普遍，产业对产品的加工程度不断提高、深入。产业结构高度化是各产业持续的技术进步过程，是生产组织能力不断提高的过程，也是随着新兴技术不断产生、传统技术融合迭代以及生产技术与管理技能优化组合的过程。

产业结构高度化的核心是产业结构合理化。只有产业结构合理化，不同产业部类之间、三次产业之间，以及不同产业内部的行业之间的比例结构合理，才能提高整体的产业效益，最终推动国民经济良性发展。比如，"无农不稳，无工不强，无商不富"在某种意义上讲就是要有合理的产业结构，才能有良性的国民经济运行机制。

### （二）产业结构高度化的衡量

产业结构高度化是产业结构演化更新和产业结构优化的一部分，它象征着国家或地区的产业结构已到达规模合理、运行稳定、产出高效等良好状态，是考察一国或某一地区经济发展状态的重要指标。研究者通过对产业结构高度化进行衡量，可以判断产业发展的阶段和程度，进而了解经济发展状态。产业结构高度化有许多评价方法，指标分析法是产业结构高度化和合理化测度的主流方法之一。项义军、蒋磊认为，指标的选取多种多样，其中包含需求弹性收入指标、产业规模指标以及生产率和市场占有率等指标；产业结构偏离度；行业结构变动指数、高加工度指数、霍夫曼指数、高技术产业发展指数、工业结构相似指数、所有制结构多元化指数和企业规模差异指数，脱钩因子和生态建设与东北产业结构的相关系数产业结构熵、泰尔指数和偏移风险模型、产业结构相似系数等。[①] 这些指标的

---

① 项义军、蒋磊：《东北三省产业结构高度化和合理化的多维度测度》，载《对外经贸》2021年第1期，第83～87页。

使用要结合产业结构高度化的特征,在具体的某个区域要结合不同时期的产业结构特点,采取不同的指标体系进行多方面的评价,才能真正判断一个地域产业高度化的程度。但是,产业结构高度化会受多方面因素的影响,如产业政策、资源储量、政治文化背景等。因此,产业结构高度化可以从影响因素入手进行测量,也可以对现状特征进行测量,还可以从未来趋势来测量,由此形成不同的方法,比如评分评价法、组合指标法、模糊综合法、综合统计法、数据分析法等。研究者希望尽量采用多种指标和标准来对产业结构高度化进行衡量,由此可以建立一个统一、科学的判别方法,避免多种因素的干扰,这些方法有相似系数法、标准结构法、经济发展阶段法等。

1. **相似系数法**

相似系数是衡量两个实体或两个实体组之间相似程度的数量指标,是进行数量分类的基础。相似系数根据原始数据计算获得,相似性指标的数值大小直接反映两个测量对象之间的相似程度,数值越大表示越相似。产业结构高度化测量的相似系数法则是对两个国家或地区的产业结构数据进行测量,得出二者之间的相似程度,进而判断二者达到的产业结构高度化的层次,并可以判断二者之间存在哪些差异。相似系数法中最常用的是特定系数法。特定系数法首先将某一参照国家或地区的产业结构作为标准,通过计算被判别国家或地区的相似系数,将二者进行对比,从而确定产业结构高度化的相似程度。其计算公式是:

$$r_{A_B} = \sum_{i=1}^{n} |U_{A_i} - V_{A_i}||U_{B_i} - V_{B_i}| / \left[ \sum_{i=1}^{n} (U_{A_i} - V_{A_i})^2 \sum_{i=1}^{n} (U_{B_i} - V_{B_i})^2 \right]^{1/2}$$

(2-1)

$A$:被判别的产业结构系统;$B$:作为参照系的产业结构系统;$U_i$:产业 $i$ 在整个产业系统中的比例;$V_{A_i} = \sum_{i=1}^{n} U_{A_i}/n$,$V_{B_i} = \sum_{i=1}^{n} U_{B_i}/n$.

相似系数法的另一种方式是距离判别法。距离判别法是通过计算待测点到各个分类的距离,再根据计算得出距离的大小来判断待测点属于哪个类型。距离判别法可以更直接地判断产业结构高度化程度。

2. **标准结构法**

标准结构法是指测试某一国家或地区将本国或本地区的产业结构高度与世界其他国家或地区的平均产业结构高度进行对比,通过这种方式确定本国产业结构高度化的发展现状与态势。标准结构法将世界其他国家的平均产业结构高度作为对比标准，在一定程度上可以避免不同国家发展不均导致产业结构高度化差异的问题。库兹涅茨（Simon Smith Kuznets）、钱纳里和塞尔奎因等人曾对此进行深入研究，他们通过大量统计分析，归纳了一些标准，这些标准被后来的统计学家称为"发展范式"。钱纳里等（Chenery et al., 1986）①、赛尔奎因（Syrquin, 1984）② 用计量实证方法和投入产出分析方法建构了工业化进程中经济结构变迁的标准模型，为后续分析经济结构变迁与经济增长的相互关系提供了思路。

**3. 经济发展阶段法**

早在 17 世纪，英国经济学家威廉·配第通过对荷兰与英国产业造成的收入差距的分析发现，各个国家在不同的经济发展阶段的国民收入水平差异较大，其关键在于产业结构的不同，产业差异会推动劳动力从低收入的产业向高收入的产业转移。配第的这一发现后来被克拉克（Colin Clark）证实。克拉克整理分析了不同国家的劳动力转移规律，结论是：随着人均国民收入的增加，劳动力不断由第一次产业向第二次产业、第三次产业移动；劳动力在产业间的分布状况，第一次产业将减少，第二次、第三次产业将增加，这就是"配第-克拉克定理"。在这一定理的基础上，库兹涅茨通过对世界 50 多个国家的工业化进程进行研究，发现在不同的工业化阶段，不同产业创造财富和吸引劳动力具有很大的差异性，工业化前期以第一产业为主，工业化中期以第二产业为主，工业化后期则以第三产业为主。在前人研究的基础上，赛尔奎因于 1975 年发表了以产业结构模式差异为核心的经济发展阶段学说。他认为每一个经济发展阶段都应该有一个一般的产业高度化值，这个产业高度化值可以作为任何国家或地区产业高度化的标准或方向。当需要对一个国家或地区进行产业结构高度化水平衡量时，将此国家或地区的经济发展状态与划分好的经济发展阶段进行比较，从而测试国家产业结构高度化偏离程度。

---

① Chenery H B, Robinson S, Syrquin M. *Industrialization and growth: a comparative study*. Published for the World Bank [by] Oxford University Press, 1986.

② Syrquin M. Resource reallocation and productivity growth. *Economic Structure and Performance*, 1984, pp. 75-101.

## 第二节 区域产业类型

### 一、物质领域和非物质领域

人的需要包括物质需要和精神需要,因此,人类的生产也分为物质的生产和非物质的生产。于是,人类按照生产活动性质和产品属性等因素,把产业部门分为物质资料生产部门和非物质资料生产部门两大领域。物质资料生产部门指从事物质资料生产并创造物质产品的部门,包括农业、工业、建筑业、运输邮电业、商业等。在这一分类领域中,物质资料的生产和产品的创造成为产业分类的关键点,只要是满足物质生产资料的生产和物质产品消费的产业都隶属于该领域;或者说,只要是能制造出客观存在的实体物质的产业部门都属于该领域。非物质资料生产部门指不从事物质资料生产而只提供非物质服务的部门,包括科学、文化、教育、卫生、金融、保险、咨询等部门,表现为服务和精神层面的满足。一个地方的产业具有高度的层次性、复杂性和动态性,但两大领域的分界反映不出这些特性。物质和精神生活是人类生活不可分离的部分,从某种意义上来说,精神资料的生产和物质文化的生产也是不可分离的,物质生产中蕴含精神资料,精神资料基于物质生产。通常情况下,物质是精神的载体,精神是物质的内核。并且,很多时候生产是具有两重性的,既可以是生产物质资料又可以是生产精神资料,即当在生产物质资料并创造物质产品时属于物质生产领域,而同样的部门,当其提供非物质性服务且不进行物质资料生产时,又可以将其划入精神生产领域。在这种情况下,物质资料和精神资料的生产是无法分界的。在经济活动中,产业与产业之间在技术、用途、原材料、战略等方面存在千丝万缕的关联性,其关系极其交错复杂。伴随着全球经济的快速发展,产业之间的横向和纵向联系也在不断深化,在进行产业分类时,这些关联是不容忽视的。

### 二、两大部类

#### (一) 两大部类理论的形成

两大部类理论由马克思提出。其最先的思考源于马克思在1951年

《反思》手稿中对亚当·斯密相关论点的分析。亚当·斯密认为，产品在商人与商人之间、商人与消费者之间流通，商人之间的货物流通受制于商人与消费者的贸易联系，即商人与消费者之间的贸易往来会对商人与商人之间的贸易产生决定性作用。有时，这两种贸易关系会促成贸易平衡。马克思认为，亚当·斯密关于商人与商人之间、商人与消费者之间的流通关系的描述是符合实际且具有研究价值的。遗憾的是，亚当·斯密并没有对两种贸易关系之间的平衡进行深入分析，因为两种贸易关系之间必定存在某种联系，这是亚当·斯密没有看到的。随后，马克思在《1857—1858年经济学手稿》中，把人类经济活动分为四个环节，即生产、分配、交换和消费。在这四个环节中，生产是整个经济活动的逻辑起点，是经济的发动机和推动力。他认为生产和消费是两种辩证统一的流通过程；生产以消费为媒介，创造出消费的材料。消费同样以生产为媒介，因为正是消费替产品创造了消费主体，产品对这个消费主体而言才是具体的有意义的产品。从这个意义上说，产品不是在生产中完成的，而是要通过消费才能最终完成。后来，马克思在《剩余价值理论》中指出，在社会总产品中，部分产品的用途是服务于个人消费，此外其他产品则都是服务于生产消费，全部产品按照经济用途和使用价值的不同共分为两大部类：生产资料的生产以及消费资料的生产。生产生产资料的产业为第Ⅰ部类，生产消费资料的产业为第Ⅱ部类。马克思认为，两大部类之间以及两大部类内部的产业之间应该保持相对平衡的比例关系，才能使社会总产品得以实现。

(二) 两大部类的理论内核

马克思社会生产两大部类理论揭示了社会再生产进行过程中，两大部类的剩余价值是如何实现的，这一理论的结果回答了社会再生产过程是如何实现的问题。两大部类分类理论从物质形态角度将社会总产品划分为两大部类，即第Ⅰ部类和第Ⅱ部类。第Ⅰ部类的集合是生产生产资料的产业，第Ⅱ部类则由生产消费资料的产业构成。只有当生产过程中所消耗的原材料价值能够得到补偿，在实际生产过程中消耗的生产资料和消费资料可以获得相同价值的实物的交换时，社会再生产才能顺利进行。在这种情况下，生产资料和消费资料所在的两大部类之间和两大部类内部产业之间必须存在一种合理的比例关系。因此，产业在进行生产资料的生产时，既要解决生产资料在满足第Ⅰ部类使用情况下的补给，也要满足两大部类在生产规模不断扩大的情况下对额外生产资料的需求。社会再生产的核心问题是社会总产品的实现问题，即社会总产品的价值补偿和实物补偿问题，只有当生产资料和消费资料在结构和规模上保持一定的比例关系，社会再生产的核心问题才能得到解决。

马克思认为，社会资本的简单再生产和扩大再生产的实现过程是不一样的。社会资本简单再生产的实现过程，是实现两大部类总产品的价值补偿和实物补偿的过程，包括三个方面的交换：第Ⅰ部类内部各部门、各企业之间的交换；第Ⅱ部类内部各部门、各企业之间的交换；两大部类之间的交换。实现这三个过程要有三个相应的条件：第一个条件是，第Ⅰ部类的可变资本与剩余价值之和，必须等于第Ⅱ部类不变资本的价值；第二个条件是，第Ⅰ部类所生产的全部生产资料价值，必须等于两大部类所消耗掉的不变资本的价值总和；第三个条件是，第Ⅱ部类所生产的全部生活资料的价值，必须等于两大部类的可变资本与剩余价值的总和。

马克思认为，由于追逐剩余价值的需要，扩大再生产才是资本主义生产的本质，扩大再生产是在扩大规模的基础上生产的过程，也包括三个交换：第Ⅰ部类内部的交换，使得第Ⅰ部类的实物替换和价值补偿得以实现；第Ⅱ部类内部的交换，使得第Ⅱ部类的实物替换和价值补偿得以实现；两大部类之间的交换，使得两大部类之间的实物替换和价值补偿得以实现。扩大再生产实现的基本条件是第Ⅰ部类原有及追加的对生产资料的需求，以及资本家剩余价值中用于生产的部分，应该与第Ⅱ部类原有及追加的消费资料需求相适应。派生条件是第Ⅰ部类的生产规模应该与两大部类原有及追加的消费资料需求相适应。

两大部类难以概括所有的物质和非物质资料的生产。一方面，国民经济的运行过程不仅包含物质生产领域的相关产业，还包含非物质生产领域的产业，两大部类只包含能够创造价值和剩余价值的物质生产部门，例如教育、科学技术、卫生、商业等非物质生产部门以及运输、生产性服务等都难以被两大部类分类理论所包含，因而无法进行部类归总。另一方面，由于产品用途的特殊性，很多社会经济产品无法判断其是消费资料还是生产资料，既可以作为消费资料也可以作为生产资料。这实际上会造成经济统计上的困难，并由此影响社会再生产的实现。

## 三、三次产业

三次产业分类法是起源于西方国家的一种产业结构分类方法。新西兰经济学家费歇尔（A. G. B. Fisher）在其《安全与进步的冲突》[①]中沿用当时西方国家流行的"第一产业""第二产业"概念，首次提出了"第三产业"的概念。费歇尔将生产过程中处于第一阶段的产业称为第一产业，处于第二阶段的产业称为第二产业，处于第三阶段的产业称为第三产业。英国经济学家、统计学家克拉克在《经济进步的条件》[②]一书中提出"第三产业"即为服务业的观点，确定了第三产业的基本内涵。他在费歇尔的理论基础上，采用三次产业分类法对产业结构的变化与经济发展的关系进行大量的实证分析，总结出三次产业结构的变化规律及其对经济发展的作用，进一步深层次地证明了费歇尔三次产业分类的合理性。因此，三次产业分类法又称"克拉克大分类法"。在结合费歇尔理论基础和克拉克实证分析的条件下，三次产业分类法在以国民经济部门进行分类的基础上，按照人类生产发展的历史顺序和劳动对象的加工次序，将国民经济部门分别归类为第一、第二、第三产业。

一般来说，三次产业中的第一产业是指直接从自然界获取产品的物质生产部门；第二产业是指加工取自自然界和本产业提供的产品（或原料）的物质生产部门；第三产业是指非物质生产部门，即除第一、第二产业外的其余经济活动。第一产业一般包括种植业、林业、畜牧业和渔业在内的农业；第二次产业包括制造业、建筑业、采掘业、交通运输、电力、煤气、石油、冶金、纺织、食品、造纸、印刷等；第三产业则大致包括商业、服务业、电信业、情报业，以及科学、文化、卫生、教育和公共行政等。

三次产业的划分已经成为世界各国经济统计、经济计量和经济规划中常用的方法，并已得到广泛认可。但是，三次产业的划分并没有截然的界线，不同国家或地区可以根据自己经济统计的需要或国民经济发展的特殊性，将不同的生产部门归类在不同的产业行业中。比如，澳大利亚和新西兰国民经济统计中第一产业包括农业（种植业）、畜牧业、渔业、林业、

---

[①] Ropke W, Fisher A. "Clash of progress and security". *Economica*, 1935, 4 (13), p. 99.
[②] Colin C. "The conditions of economic progress". *Revue économique*, 1951, 4 (6).

矿业；第二产业包括制造业、运输业；第三产业包括商业、金融和保险、不动产、个人服务。而日本的第一产业则包括农林业、渔业、水产养殖业；第二产业包括矿业、建筑业、制造业；第三产业包括批发和零售商业、金融保险业、不动产、运输和通讯业、电力、煤气、自来水、服务业、公务等。美国则采用库兹涅茨的三次产业分类方法，第一产业指农业部门，包括农业（种植业）、渔业、林业、采集业；第二产业指制造业，包括矿业、制造业、建筑业、电力、煤气、自来水、运输业和通讯；第三产业指服务业，包括贸易、金融、不动产、个人服务、商业、家务、职业服务、政府和国防。虽然各有局部差异，但是大体还是相同的。

一个国家或地区的三次产业划分一般要立足于三个基准：经济社会发展基准、产业分类基准和国际比较基准。经济社会发展基准是指产业的划分要考虑一个国家或地区的经济、社会发展的历史和现状。产业分类基准则不管是哪种产业分类，劳动对象的特征要么体现在过程中，要么体现在产品中。前者是三次产业的划分，后者则是两大部类的划分，可见不同划分方法之间存在内在联系。国际比较基准则要看产业的划分是否具有国际通行性。三次产业的划分中，第一、第二产业在国际上基本上具有一致性，但第三产业作为"剩余"部门，则比较复杂，难以规范其范围和内容的一致性。随着人类社会需求结构的不断变化，产业活动逐渐变得更加精细化和专业化。三次产业内部将不断升级、分化、重组，产业内部结构亟须得到更深入的细分。

## 四、产业分类

在产业进行生产活动的过程中，不同产业对不同生产要素如自然资源、知识技术、劳动力水平规模的依赖程度是不同的。对于同一种生产要素而言，不同产业在进行经济生产活动过程中使用该种生产要素的规模和程度往往是有差异的，因此，该种生产要素在产业中所占全部生产要素的比重是不同的。资源密集型分类理论正是结合比重的不同来对产业进行分类，具有相同的生产要素比重的行业被划为同一类产业。因此，在资源密集型分类理论下，不同产业之间的主要区别是生产要素比重的不同。传统经济学以及产业经济发展的实际告诉我们，生产的要素主要是资源（自然资源）、劳动力、资本和技术，依次分为资源密集型产业、劳动密集型产业、资本密集型产业和技术密集型产业。

(一) 资源密集型产业

人类的生产首先受到自然资源的制约。早期的工业分布一般都是依赖自然资源的分布而分布的。资源密集型产业是指在可利用的全部生产要素中，自然资源所占的比重较大的产业，在经济生产活动过程中需要较多的自然资源，如土地资源、矿物矿产资源、森林资源、水资源等。对自然资源的利用是人类最基本的生产方式，采掘业、林牧渔业、石油化工业等都属于资源密集型产业。资源密集型产业对自然资源的依赖程度极高。但自然资源是有一定限度的，当人类经济活动对自然资源的需求超过自然资源的限度时，不仅会造成自然资源的枯竭，还会造成生态环境的破坏，加速自然资源的崩溃，形成恶性循环。因此，从事资源密集型经济活动，一定会受到自然资源的限制。伴随着科学技术的发展，自然资源的开发利用也会受到影响。当生产技术得到革新、自然资源开发率增加时，资源密集型产业也将得到快速发展；而当科学技术能制造出更加低廉并且能代替自然资源的物品时，部分资源密集型产业可能会成为夕阳产业而逐渐被新兴产业所取代。

(二) 劳动密集型产业

劳动密集型产业是指在进行生产活动过程中，对劳动力的依赖程度大于技术和设备等生产要素的产业，即劳动力在该产业中发挥着主要作用。该类产业的一大特点是生产成本中工资所占份额往往大于技术支出和设备折旧。具有代表性的行业有纺织、家具、皮革等制造业，还有食品加工业、农业、建筑业、服务业等。劳动力是人类社会最基本的生产要素，不管是个体生产还是集体生产、单个生产还是规模化生产，劳动力都是最基础的劳动资源。随着科学技术的进步，部分产业中的劳动力逐渐被机器和新兴生产技术所替代，但部分产业仍然要依赖劳动力这一生产要素的大规模使用。在发展中国家或欠发达地区，劳动密集型产业是构成经济活动的主要部分，低廉的劳动力成本可以替代高额的设备支出或技术成本，从而使劳动密集型产业变得更加普遍。随着科学技术的进步，机器甚至人工智能在很大程度上可以取代人工，但手工有时也不可替代，这成了劳动密集型产业永续存在的重要条件。例如，在奢侈品、精细加工产品的生产过程中，手工一般不能完全用机器替代；在航空航天行业、光学行业等需要高密度、高精度的产品生产中,很多环节还是要依靠人工才能完成。

(三) 资本密集型产业

资本密集型产业是指在单位产品的生产成本中,资本成本与劳动成本相比所占比重较大,每个劳动者所占用的固定资本和流动资本金额较高的产业。典型的资本密集型产业有基础工业、重工业(包括原材料工业),如钢铁业、石油化工业、电力工业等,该类产业对资金资本的需求较大,产出在一定程度上取决于资本的投入,当较多资本投入到资本密集型行业时,其产出往往也会增加。资本密集型产业一般需要规模化生产以实现规模经济,资金规模与产业规模匹配,产生规模效益。同时,资本密集型产业一般需要较高的资金门槛,虽然这会制约产业的发展,但同时也可以促进资本市场的繁荣发展,因而必须要有资本市场的支撑,才能获得较大的资金规模。对于发展中国家或地区来说,资本积累是一个长久的过程,所以一般来说,能利用劳动力人口优势则应尽力发展劳动密集型产业,毕竟资本密集型产业需要较高的资金门槛。

(四) 技术密集型产业

技术密集型产业又称"知识密集型产业",是指在生产过程中,技术和智力要素所占比重高于其他生产要素的产业,如航空航天工业、原子能产业、新能源和新材料工业、生物医药制造业以及研发、互联网类产业等。这类产业需要尖端的科学技术以及高端的人才。首先要技术领先,对于设备的要求非常严苛,产业内部的设备往往需要自动化、机械化、智能化,以"高、精、尖、深"为特征。其次是科技人才。技术密集型产业因具备技术支持,技术迭代快,所以产品的更新换代速度快,并能极大地提高产品产出率和质量,总体上降低产品对于资源的依赖。科学技术是第一生产力,技术密集型产业的发展程度在一定程度上彰显出本国科学技术的发展水平。一个国家或地区若能发挥科学技术人才的引领作用,大力发展技术密集型产业,就能带动其他产业的进步和发展,从总体上提高生产力发展水平,提高国民经济效益。

## 五、国际标准产业分类

由于不同国家和地区的经济发展程度、自然资源条件、地理位置等客观因素的不同,加之历史文化、所处经济发展阶段、政治政策环境等多方面的差异,会不同程度地对国家的产业结构产生影响。但是,如果不同国家和地区的产业分类完全不同,不具有可参照性、可比性,那么必然会引起混乱,不利于世界经济产业的发展,无法引导各个国家和地区制定正确的、符合本国实际同时反映世界趋势的产业政策。因此,需要制定一个相对标准化、能指导各个国家和地区产业发展规划的国际产业分类模式。联合国产业分类委员会接受联合国统计委员会的指示,旨在为世界各国经济统计及其他经济活动提供标准的分类方法,制订国际标准产业分类体系。1948 年,联合国产业分类委员会发表《所有经济活动的国际标准产业分类》(简称"ISIC")初稿文件,在第二次联合国统计委员会会议上,该文件的分类方法和体系受到认可和批准。同年,联合国经济及社会理事会第七次会议批准《所有经济活动的国际标准产业分类》中提出的国际标准产业分类体系,并做出推广该分类体系的相关决议。

随着世界各国社会生产力、资源的利用率、生产技术等各方面水平的提高以及科学技术的进步,出现许多新兴产业并逐渐成为产业结构中的关键。旧的分类方法和分类体系已经不适应新的发展。于是,联合国统计委员会对产业分类体系不断进行修订;1958 年推出国际标准产业分类修订本第一版(ISIC/Rev.1),1968 年推出国际标准产业分类修订本第二版(ISIC/Rev.2),1989 年推出国际标准产业分类修订本第三版(ISIC/Rev.3),2008 年推出现行国际标准产业分类新标准:国际标准产业分类修订本第四版(ISIC/Rev.4)。该修订版一共设有 21 个门类、88 个大类、238 个中类、419 个小类。门类分类如下:A——农业、林业和渔业,B——采矿和采石,C——制造业,D——电、煤气、蒸汽和空调供应,E——供水(污水处理、废物管理和补救),F——建筑业,G——批发和零售贸易,汽车和摩托车的修理,H——运输和储存,I——食宿服务活动,J——信息和通信,K——金融和保险活动,L——房地产活动,M——专业和科技活动,N——行政和辅助,O——公共管理和国防,强制性社会保障,P——教育,Q——人体健康和社会工作活动,R——艺术、娱乐和文娱活动,S——其他服务活动,T——家庭作为雇主的活动,家庭自用、未加区分的物品生产及服务活动，U——国际组织和机构的活动。

正如国际标准产业分类修订本第四版所显现，《所有经济活动的国际标准产业分类》的分类依据是经济活动而不是货物和服务分类，产业定义为主要从事同样或类似种类的生产性经济活动的所有生产单位的集合。由于活动与产品之间不可能建立一一对应的关系，因此，《所有经济活动的国际标准产业分类》不是专门用来详细衡量产品数据的，产品分类和国际产业标准分类不是一回事。《所有经济活动的国际标准产业分类》主要依据生产活动，与所有权种类、法定组织类型或者经营方式没有必然的关系，市场主体在这里不能得以体现，也不区分市场与非市场活动，分类中所用的非市场服务数据往往不由市场主体提供，而由教育、卫生、社会工作等领域的政府组织或非营利组织提供，甚至来源于家庭。基于以上原因，国际标准产业分类法在国际上具有普适性、标准性和广泛性，比较容易得到各国的推广和使用。

## 六、中国产业分类

中国产业分类起步较晚，计划经济时期主要沿用苏联的分类方法，主要采用的是两大部类归类方法。随着改革开放和市场体制、机制的推进，1984年，国家统计局正式颁布《国民经济行业分类》。随后在1994年、2002年、2011年、2017年分别进行了四次修订。《国民经济行业分类》（GB/T4754—2017）共有20个门类、97个大类、473个中类、1380个小类。其中门类为：A——农、林、牧、渔业，B——采矿业，C——制造业，D——电力、热力、燃气及水生产和供应业，E——建筑业，F——批发和零售业，G——交通运输、仓储和邮政业，H——住宿和餐饮业，I——信息传输、软件和信息技术服务业，J——金融业，K——房地产业，L——租赁和商务服务业，M——科学研究和技术服务业，N——水利、环境和公共设施管理业，O——居民服务、修理和其他服务业，P——教育，Q——卫生和社会工作，R——文化、体育和娱乐业，S——公共管理、社会保障和社会组织，T——国际组织。《国民经济行业分类》在编码方法和结构上，采用的是类似国际标准产业分类修订本第四版的线分类法和分层次编码方法，将国民经济行业划分为门类、大类、中类和小类四级。产业代码由一位拉丁字母和四位阿拉伯数字组成。门类代码用一位拉丁字母表示，即用字母A、B、C……依次代表不同门类；大类代码用两位阿拉伯数字表示，打破门类界限，从 01 开始按顺序编码；中类代码用三位阿拉伯数字表示，前两位为大类代码，第三位为中类顺序代码；小类代码用四位阿拉伯数字表示，前三位为中类代码，第四位为小类顺序代码。为了避免部分产业划分困难、分类界限较为模糊的问题，《国民经济行业分类》的中类和小类均设立带有"其他"字样的收容项。并且，为了便于识别，原则上规定收容项的代码尾数为"9"。

《国民经济行业分类》采用经济活动的同质性原则划分国民经济行业。[①] 在同一个行业集合当中的行业，都具有相同的经济活动性质，该集合中的所有子集都进行着相同或类似的经济活动。《国民经济行业分类》的制定重点参考联合国《所有经济活动的国际标准产业分类》，结合中国经济所处历史阶段的特点，以产业活动单位和法人单位作为依据，两个依据并行不悖。当使用产业活动为统计单位进行产业分类时，适合生产统计和其他不以资产负债、财务状况为对象的统计调查；当使用法人单位为基本统计单位时，则适合以资产负债、财务状况为对象的统计调查。

中国的《国民经济行业分类》经过历次修订，主要兼顾理论上的科学性、实践上的可行性、资料的可比性以及相对的动态性。[②]《国民经济行业分类》坚持马克思主义思想的指导，其理论基础是马克思主义的社会产品再生产理论和社会分工理论。随着改革开放和市场经济的推进，《国民经济行业分类》既要有利于国家以及各个地方制定国民经济计划，同时也要有利于市场经济的持续发展与推进。通过国民经济分类系统核算出来的统计资料，既要保证国际间的可比性，又要保证国内的历史可比性和区域可比性。随着经济发展所处阶段的变化和市场经济开放型新体制的不断完善而不断调整，《国民经济行业分类》应与时俱进，保持适度的动态性。

---

① 郑小蓉、张胜：《三次产业的划分、比较、基准》，载《四川大学学报（哲学社会科学版）》1991 年第 2 期，第 10～18 页。

② 张宗坪：《对我国国民经济分类系统的探讨》，载《西安统计学院学报》1989 年第 1 期，第 8～11 页。

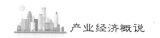

## 第三节 区域产业结构变迁及影响因素

### 一、中国产业结构变迁

产业结构变迁会带来经济的增长。首先，引起经济结构变迁的要素禀赋会从发展的一个阶段上升到另一个阶段；其次，经济发展的每一个阶段都是从低收入的农业经济到高收入的工业经济连续变化中的一个点；最后，在每一个发展阶段，市场都是资源有效配置的基础性机制。从长远来看，产业结构变迁过程就是产业结构高度化的过程。在这个过程中，原有要素和资源会从劳动生产率较低的产业部门向劳动生产率较高的产业部门转移，新增的要素和资源也会被配置到劳动生产率较高的产业部门，从而使得劳动生产率较高的产业部门的份额不断上升，不同产业部门的劳动生产率共同提高。德国的经济发展就是这样一个产业结构高度化的过程，中国的经济发展也是这样一个产业结构高度化的过程。张辉将比例关系乘以生产率指标，得出中国产业结构高度化指标，认为中国1985年前的整体产业结构高度小于零，中国经济总体处于工业化起飞前的准备阶段；1985—1997年，中国进入工业化初步阶段，产业结构高度一直稳步推进，此时中国产业结构高度年均提升约为0.6个百分点；1998年后，产业结构高度化指标均提升约为3.9个百分点，中国工业化进程进入加速阶段。[①]

张辉通过对1987—2010年中国产业的影响力系数和推动力系数的计算，得出在此期间中国主导产业群基本都是隶属于第二产业的工业部门，这些产业是金属冶炼及压延加工业、化学工业、石油加工、炼焦及核燃料加工业等比较传统的重化产业，对国民经济长期高速增长起到决定性作用。他认为，在此阶段，中国的主导产业仍以第二产业为主，而第三产业的主导性从2002年开始提高，但尚未超过第二产业；交通、邮政、科研、商务四个行业对国民经济的感应度开始明显提升，但影响力仍有限。引起中国产业结构高度化或产业变迁的主要动力来自产业的结构效应，第一产

---

[①] 张辉：《我国产业结构高度化的内在驱动机制研究》，载《经济研究参考》2021年第6期，第109~127页。

业的增长主要来自第二产业特别是资本流动的推动，而其自身生产率的变化贡献率较小；第二产业的核心驱动力来自工业部门的 6～8 个主导产业，特别是金属冶炼、石油加工等重工业。第二产业是第一产业、第三产业增长的核心驱动力。第三产业内部关联性也较小，主要来自第二产业的推动（见表 2-1）。

表 2-1　中国产业结构高度化（1978—2011 年）

| 年份 | 第一产业 LP | 第二产业 LP | 第三产业 LP | 产业结构高度 | 年份 | 第一产业 LP | 第二产业 LP | 第三产业 LP | 产业结构高度 |
| --- | --- | --- | --- | --- | --- | --- | --- | --- | --- |
| 1978 | -0.015 | 0.015 | -0.095 | -0.020 | 1995 | 0.028 | 0.082 | 0.037 | 0.056 |
| 1979 | -0.007 | 0.018 | -0.112 | -0.018 | 1996 | 0.035 | 0.090 | 0.041 | 0.063 |
| 1980 | -0.008 | 0.018 | -0.118 | -0.019 | 1997 | 0.035 | 0.099 | 0.075 | 0.079 |
| 1981 | -0.004 | 0.014 | -0.119 | -0.021 | 1998 | 0.037 | 0.107 | 0.122 | 0.100 |
| 1982 | -0.001 | 0.014 | -0.111 | -0.018 | 1999 | 0.036 | 0.122 | 0.170 | 0.126 |
| 1983 | 0.003 | 0.018 | -0.102 | -0.014 | 2000 | 0.036 | 0.145 | 0.220 | 0.158 |
| 1984 | 0.011 | 0.022 | -0.076 | -0.006 | 2001 | 0.039 | 0.162 | 0.284 | 0.194 |
| 1985 | 0.010 | 0.025 | -0.025 | 0.006 | 2002 | 0.043 | 0.195 | 0.340 | 0.234 |
| 1986 | 0.011 | 0.025 | -0.016 | 0.009 | 2003 | 0.048 | 0.230 | 0.391 | 0.273 |
| 1987 | 0.014 | 0.028 | -0.007 | 0.014 | 2004 | 0.071 | 0.258 | 0.433 | 0.304 |
| 1988 | 0.012 | 0.029 | -0.005 | 0.014 | 2005 | 0.084 | 0.288 | 0.498 | 0.348 |
| 1989 | 0.007 | 0.025 | -0.004 | 0.011 | 2006 | 0.095 | 0.321 | 0.620 | 0.418 |
| 1990 | 0.007 | 0.014 | -0.037 | -0.004 | 2007 | 0.107 | 0.352 | 0.762 | 0.498 |
| 1991 | 0.007 | 0.025 | 0.007 | 0.015 | 2008 | 0.119 | 0.386 | 0.843 | 0.552 |
| 1992 | 0.009 | 0.042 | 0.045 | 0.036 | 2009 | 0.133 | 0.420 | 0.918 | 0.603 |
| 1993 | 0.012 | 0.062 | 0.051 | 0.048 | 2010 | 0.147 | 0.462 | 1.015 | 0.666 |
| 1994 | 0.020 | 0.071 | 0.048 | 0.053 | 2011 | 0.166 | 0.499 | 1.091 | 0.719 |

（资料来源：张辉《我国产业结构高度化的内在驱动机制研究》，载《经济研究参考》2021 年第 6 期，第 109～126 页。）

张辉认为，中国在 1985 年才从整体上越过传统社会阶段，进入钱纳里所界定的工业化初期阶段，在 1998 年进入工业化加速阶段，2008 年进入工业化中期阶段。他认为中国经济"转轨"时期的特殊性在于，化学工业、石油加工业等重化产业与木材加工、纺织等轻工业同时成为中国工业化进程的重要力量，早于钱纳里所界定的工业化中期阶段。这种双引擎作用加速了中国工业化进程，促进了产业结构高度化的快速演进。研究结果表明，中国第二产业的波动幅度明显高于第一产业和第三产业，不管是在高涨期还是衰退期，其对经济的推动力作用还是远大于第一产业和第三产业。而第二产业主要是靠投资形成的增长机制，也就是说，如果继续保持第二产业的这种主导性，则必须长期依赖投资，否则就要打破这种内部循环机制，通过实现第二产业和第三产业的联动发展，将第二产业的投入最终分配到第三产业中去，最终实现第二产业和第三产业的生产消费之间的平衡，通过这种平衡机制来推动经济的增长（如图2-1所示）。

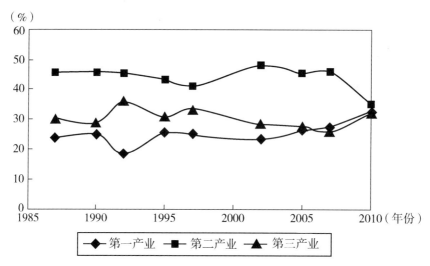

图2-1　1987—2010年中国三次产业全行业变化率

（资料来源：张辉《我国产业结构高度化的内在驱动机制研究》，载《经济研究参考》2021年第6期，第109～126页。）

从张辉的研究可以大致看出：在2010年之前，是中国工业化带来了产业结构高度化，二者的进程是一致的。可以说，没有以基础工业、重化工业为核心的第二产业的发展，就不可能有产业结构高度化的实现。但是，时间已经过去了十几年，这十几年的一个重要变化就是新经济带来的冲击。以互联网、大数据、人工智能、虚拟现实等为代表的新经济同各实体产业深度融合，数字产业和产业数字化成为未来发展的趋势，以数字经济为核心的现代化服务业将在经济发展和产业结构高度化中发挥重要作用。新经济的发展肯定会成为产业结构升级以及产业结构高度化的核心驱动力，也是国家的政策体系得以被重新审视的推动力量。因此，新经济的发展既是产业结构升级的重大机遇也是艰难挑战。在大力发展实体经济的同时，如何培育新经济生态、新经济成长机制以及新经济增长点，是实现未来产业结构升级的重要条件。

## 二、区域政府引领：产业规划

中国各地产业的发展主要依赖于区域政府的产业规划。改革开放40多年来，各个层次的区域政府不断进行产业规划，有些将其放在经济社会发展五年规划中，有些则形成产业的专项规划。为了发展实体经济，自2012年以来，中国实行产业规划和战略新兴产业规划制度。区域政府首先通过执行国家产业规划和战略新兴产业所规定的任务进行超前引领；然后依据区域资源禀赋和产业要素，结合前期发展基础以及新的机会条件，制定符合本区域的产业规划，确定未来产业发展蓝图。

区域政府的各种规划依附于不同的理论，在不同发展时期有着不同的特点，总体上有得有失：从区域产业结构二元化、雷同化和低效益，到充分注意区域间产业关联和区域内相对优势产业主导作用，形成区域内各自有主导产业、有自己特色的产业结构。改革开放以前，各地区在地区均衡发展理论的指导下，充分利用区域自然资源禀赋，依靠行政计划指令建立起各地相对独立的产业结构体系。这种区域产业体系的计划经济和行政命令色彩浓厚，基本上没有市场机制的作用，即无所谓资源区域间的合理配置，无法通过产业结构促使资源的优化配置，区域产业结构比较僵化、稳固，在时间上没有多少变化，在空间上没有考虑到地方特色资源优势。这种产业结构主要依赖自然资源，在产业结构比较单一、低端的情况下，能够发挥其应有的价值和作用，为中国国民经济体系的完善打下良好的基础。

改革开放初期，在有计划的商品经济理论的指导下，区域产业结构基本按照地区梯度推移理论，东部、中部和西部三个地带呈块状分布，而内部依赖资源形成团状分布。东部沿海地区重点发展加工产业，中部内陆地区重点发展资源综合开发利用的重化工业，西部边远地区重点发展以原材料开发为主的农、林、矿业等基础产业。梯度理论人为地割裂三个地带之间的产业关联性和市场机制资源配置的基础性作用，使得东部、中部、西部之间的要素流动严重受阻，最后的结果是西部主要靠资源开发，严重依赖区域内部资源的分布状况，长期处于落后状态，要素的不流动同样也导致东部产业结构高度化的受阻。区域政府都是以地域作为经济发展规划的主单元，忽视了产业关联及主导产业发展带动和引领作用。

区域产业规划应发挥三种效应。第一是区域比较优势效应。比较优势效应不仅发生在国家与国家之间，而且发生在区域与区域之间，各地应首先利用自己的资源优势、地理优势发展符合自己特色的产业，并由此实行产业的地域分工，以扬长避短。第二是地区关联效应。各个区域应以自己的产业发展为基础，进而将资源开发、加工业的发展、城市建设和消费市场，通过空间上的关联性使其各自占据产业链最有价值的环节，从而提高整体资源利用效率和劳动生产率。第三是产业连带效应。如果要素能够自由流动，市场配置的基础性作用能够发挥，各个区域的主导产业在区域内部便会有引领作用，在区域之间会有连带效应，产业之间的要素交换和资源流动可以促使产业之间优化重组，从而使资源向更能提高效率的区域配置。要发挥这三方面的效应，则必须打破以区域为主单元，转为以产业和区域相结合的复合单元，再转为以产业为主单元。戴文益认为，要发展区域主导产业，需按照地区间水平相对优势分工原理，并依照区域生产要素禀赋来确定本地区具有相对优势的产业，从而确定当地的产业结构。[①]

改革开放一段时间以后，发展主导产业成为各级地方政府产业规划的核心内容。主导产业选择基准有四个系数："收入弹性基准""生产率上升率基准""关联效应基准""瓶颈产业基准"。借助这些基准，在区域产业规划实践中，则要考虑可操性。一般来说，还是要利用比较优势进行分工。对于经济相对发达的地区，要选取比其他地区利益优势相对大的产业作为优势产业，对于经济发展水平较低的地区，要选取比其他地区利益劣势相对小的产业作为优势产业，从总体来看，最终将形成分工清晰、互补发展的优势产业体系网络。在区域内部，则围绕优势产业形成功能健全的产业链或产业集群，同时形成专业化主导产业、辅助性产业和基础服务性产业架构。其中，专业化主导产业形成地域特色，辅助性产业则为专业化

---

① 戴文益：《论我国地区产业结构规划基准：地区优势产业导向及原则》，载《上海经济研究》1994年第4期，第23～28页。

主导产业提供配套服务和支持，基础服务性产业诸如交通运输、邮电通讯、公用动力、供水业以及科研、技术开发、企业培训、人力资源服务等则为整体产业发展提供基础配套服务。

## 三、影响区域产业结构的因素

影响区域产业结构的因素有很多，对于区域政府来说，所在行政区域的所有资源都是可经营性资源，这些资源对区域产业的发展有制约作用，因而对区域产业结构的形成也有制约作用。这些资源包括但不限于自然资源、人口因素、需求结构，技术创新和产业政策。对于中国的区域政府来说，自然资源发挥基础性作用，技术创新和需求结构变化发挥导向性作用，产业政策发挥引领作用。

### （一）自然资源

正如前文所述，自然资源是指天然存在并具有价值和使用价值的自然物，如土地、矿藏、水利、生物、气候、海洋等资源，是生产的原料来源和布局场所。对于区域政府来说，资源是区域经济社会发展的基础，也是经济价值最主要的终极来源。在自然资源中，水、土地、能源、森林、各种矿产等，对产业结构都有着重要影响，从某种意义上直接决定了资源型产业的分布。水资源直接决定了水务行业、水产养殖行业、种植业及其他农林渔业等的分布，是第一产业存在的基础；同时，水资源对于需要"水"的第二产业以及服务业也有制约作用。土地资源与产业结构具有紧密关联性。土地和房产是企业活动和居民生活不可或缺的基本因素，同时也是政府宏观调控经济的重要着手点，其具有的金融属性更使其成为重要的金融工具，在经济发展中的作用举足轻重。一个区域的土地资源制约着房地产业的发展，同时也对与房地产相关的建筑、运输、建材等行业分布和结构特征起着制约作用。能源是一个关乎国家生存和发展的重要因素，社会经济可持续发展的一个重要保障就是提升能源的生态利用效率。与能源相关的产业主要是能源采掘和能源加工业，能源矿产地一般直接决定能源采掘工业的分布，而能源运输与加工则一般分布在交通枢纽或有利于能源海洋运输的沿海地带。新加坡没有能源矿产，但是由于其海洋运输便利，新加坡的石油加工业高度发达。森林、草地等资源是形成养殖业、种植业和木材加工业的重要条件。矿产资源是采掘业和有色金属、工业原材料加工等的重要条件。中国的钢铁企业、有色开采企业多数分布在资源所在地。

一般来说，自然资源的分布决定资源型产业的分布。早期的区域产业配置，基本上是按照资源分布来进行的。一般来说，如果一个区域完全依赖资源型产业结构，则其产业高度化程度较低，产业主要是一次产业或二次产业中的中低端产业，因而相对生产效率、集约化程度偏低。但是，资源型产业的深加工、高加工产业等，则是产业结构高度化的趋势。

（二）人口因素

人口因素可以说是经济因素的核心，因为除了自然资源，一切影响经济的因素都依赖于人的规划设计、创新与创造。人口因素直接决定劳动力资源的可用性，也间接地决定影响经济发展和产业结构高度化的一切其他再生的"创造性"因素，此外，人口因素还是资源生成的最终动力。影响产业结构的人口因素有人口规模、人口结构、人口总体素质等，但这些因素之间其实是具有交互性的，一般可以认为是综合影响，具体分为人口迁移因素、老龄化因素、人力资本因素和就业结构因素。这四个因素对于产业结构之间的作用机制主要是[①]：其一，人口的城市迁移与产业之间有动态关系。研究者以吉林为例进行研究，认为人口城市化与产业结构之间存在一种协调动态关系，人口的城镇化有助于实现产业结构高度化。其二，研究者运用不同的模型，发现人口结构与产业结构耦合度在空间分布上具有东中西分异规律，二者之间的耦合度呈倒"U"型。周文文的研究结果显示，人口老龄化从供给、需求和其他方面影响产业结构升级，且人口老龄化对中国第三产业的发展具有显著的促进作用。[②] 还有研究者通过对台湾地区的研究发现，人口结构变迁中老龄化的趋势特征成为产业结构升级过程中的一个重要影响因素。人口老龄化不仅可以促进第一、第二、第三产业间结构的优化，还可以推动制造业与服务业内部技术结构的优化。老龄化对发达国家的服务业发展有显著的正向影响，其老龄化不仅产生刚性服务需求，促进消费服务业发展，还会通过劳动力成本路径促进生产服务

---

[①] 黄乾、李竞博：《人口综合因素对产业结构升级的影响研究》，载《经济问题探索》2018年第1期，第130～137页。

[②] 周文文：《人口老龄化对产业结构升级的影响研究》，载《江苏商论》2020年第11期，第129～134页。

业的发展。其三，有研究者认为中国人力资本投入与产业结构演进之间存在较强的耦合关联，但二者的耦合程度不够理想。也有的学者认为中国当前表现出产业升级赶不上人力资本积累速度的问题，具体表现为大学生就业难。其四，产业发展充分引导劳动力在产业之间的转移和流动，三次产业的劳动力就业结构与产业结构不相适应，如第二产业有吸纳部分劳动力的潜力，而第三产业吸纳劳动力的能力则在逐步缩小。

（三）需求结构

需求结构就是购买力的组成结构，是指社会中全部的有效购买力在各个产业中的占比关系，也是广义的货币在各产业中的投入比例关系。需求结构对产业结构的影响主要有两个渠道。首先，需求结构通过影响国家货币政策和财政的目标导向，促进经济和产业结构的合理化；其次，需求结构会通过影响政策工具的传导机制来影响政策制定，从而引起产业结构的变动。需求结构包括消费需求结构、投资需求结构和对外贸易需求结构。

消费需求结构在国民经济中有着重要的地位，它通常被当作衡量国家经济形式的重要指标，一国的消费水平代表着这个国家的居民生活质量和生活水平。消费需求结构对中国产业结构的影响主要有：第一，在中国的社会总需求之中，消费需求是落后于投资需求的，但消费需求有不断增长的趋势。这决定了满足消费需求的第一部类的生产资料的生产要低于或弱于第二部类的消费资料的生产，一般来说，两大部类的比例关系是不平衡的。第二，中国消费需求结构逐渐由低层次消费向高层次消费转变，消费需求结构的变动将会要求供给侧进行结构性调整，推动消费领域提高质量、增加效率；消费需求结构的变动还会引起能源和资源产业的需求上升，促进能源和资源领域的产业的创新和强化，促使传统的污染性工业产业走向绿色发展的道路。第三，消费需求结构会显著影响第二产业的产品结构。国民对日常吃穿用的基本消费品的质量等各方面的要求提高，因而产生新的消费增长点。第四，消费需求结构的变动影响第三产业的产品结构，从民众的角度来看，居民对新型服务业需求的增加，促进新型服务业的继续提速扩容，促进文化、健康、教育等产业的发展。

投资需求结构是影响产业结构的直接因素，可以说，不同的投资结构会直接带来不同的产业结构调整。投资需求结构对产业结构的影响因素有投资结构、投资方式和投资主体三个方面。当前，中国投资需求要逐渐地降下来，消费需求要逐渐地升上去，这意味着对生产部门的投资增长率要逐渐与对消费部门的投资平衡起来。研究者通过实证研究发现，直接投资对一个区域的产业结构高度化有直接影响，比如中国中部一些省份，主要是靠以FDI（外国直接投资）为主体的直接投资带来产业结构的优化。面对新的转型，新基建取代传统基建，如近年来中国大力投资人工智能、工业互联网第五代移动通信技术、大数据和区块链等新型的通信技术以及关联的产业，为产业结构高度化、产业链高级化打下基础。

关于对外贸易需求结构对产业结构的影响，学术界众说纷纭，主要有两种理论。一种是比较优势促进论。其核心思想是：对外贸易影响产业结构是通过比较利益机制来实现的，国家产业结构高度化最关键的就是要提高资本-劳动比率的人均值，产业的发展最终要立足于本国的要素禀赋，对外贸易反而可以使国家更专注于自身的比较优势，实现资本的积累，扩大资本—劳动比率，进而实现产业的升级。另一种是比较优势抑制论。自中国加入世界贸易组织以来，就有许多学者反对中国按照比较优势的原理参加国际间的分工，他们认为比较成本的许多假设条件都与发展中国家的现实情况不相符合，当假设条件不合适时，参加贸易的发展中国家会受到损害。在这种情况下，对外贸易需求结构可能会抑制产业结构升级，使发展中国家在较长一段时间内处在分工的低端，徘徊在初级产业发展阶段。

（四）技术创新

技术创新的本质是对现存的劳动力、物资资源以及资本进行新的排列组合。一般来说，技术创新可以分为内部要素创新和外部要素创新。内部要素包括创新人才、创新资金，外部要素则包括制度环境和孵化环境等。创新人才是指具有专业知识、拥有劳动力储备的高素质人才，创新资金则是投入到研发中的物资和资金。制度环境是指安全和环境规则、知识产权或专利权保护法律等。孵化环境是指从事创新所需要的管理制度和基础设施等。技术创新通过自主创新、技术溢出、模仿创新三种路径间接或者直接地推动产业结构的升级，技术创新是产业结构升级的重要因素。研究表明，技术创新在产业结构变迁的过程中发挥着非常重要的作用，会影响产业的动态趋势。技术创新带来的国家需求结构的变动以及劳动力正在发生的变革是产业升级中最重要的驱动力，也是科技创新影响产业结构变革和升级的重要因素和关键途径。技术创新还可以促进资源配置的提高和资源要素的流动，进而促进产业结构的升级。国内学者对技术创新与产业结构的关系展开过多角度的研究。傅家骥指出，在产业升级众多因素中，科技创新是最关键的因素，能够促进技术进步和知识创新以促进产业结构的升级。① 周璇和陶长琪从产业聚集的角度，利用生产资本等内在要素集聚指标替代技术创新，通过实证分析得出技术创新对产业结构优化的溢出效应。② 周柯等参考了2008—2014年中国30个省的数据，实证探讨科技创新对产业升级的作用，研究结果表明，科技和技术创新对产业升级具有明显的促进作用，而且在不同的区域，科技创新对产业升级的作用是不同的，中部作用最高，西部次之，东部最小。③ 陶长琪等运用空间效应，采用中国1997—2004年30个省市的面板数据，用夹角余弦法测量了产业结构的两化水平，同时也测算了技术创新强度。其结果表明，技术创新强度对产业结构合理化和产业结构高度化都有明显的空间效应。④

### （五）产业政策

产业政策是关于产业战略、产业定位和产业发展制定的各种政策，是政府为应对产业经济活动制定和实施的各类制度措施的总和。产业政策制定和实施的主体是中央政府，产业政策的客体是产业经济活动，产业经济政策的制定目标就是影响或者改变某些产业的经济活动进程。国外学者沃里克将产业政策定义为所有意图改变社会经济环境或者对变革性经济活动的干预，主要包括选择性的产业政策和通用的产业政策，相关措施是通过劳动力、资本市场、土地、产品市场、技术与制度等影响产业结构的升级。⑤ 事实上，产业政策可以从四个维度来看待和认识：一是从政策要素的角度来看，包括产业援助政策、产业空间政策、产业技术政策、产业组

---

① 傅家骥：《技术经济学科发展前沿问题探讨》，载《科技和产业》2004第1期，第18～20页。
② 周璇、陶长琪：《技术融合式创新对产业结构高度化的驱动效应研究——基于垂直式知识溢出视角》，载《管理评论》2021年第7期，第130～142页。
③ 周柯、张斌、谷洲洋：《科技创新对产业升级影响的实证研究——基于省级面板数据的实证分析》，载《工业技术经济》2016年第8期，第85～92页。
④ 陶长琪、彭永樟、李富强：《产业梯度转移促进技术势能集聚的驱动机制与空间效应》，载《中国软科学》2019年第11期，第17～30页。
⑤ Warwick. K. Beyond industrial policy: emerging issues and new trends, *OEZD Science, Technology and Industry Policy Papers*. No. 2, OEZD Publishing Paris (2013 - 04 - 05).

织政策等；二是从产业功能指向的角度来看，有确定产业方向的政策、提升产业技术的政策，决定产业具体发展目标的政策等；三是从产业发展阶段的角度来看，不同的产业发展阶段扮演不同的角色，有支柱产业政策、竞争前政策、夕阳产业援助等；四是从政策实施的具体手段来看，包括产业准入管制、市场管制、金融服务、财政激励、标准法规、贸易政策等。不管从哪个方面来看，产业政策本质上都是政府为弥补市场失灵的干预行为，把调结构、促竞争、提素质、增活力的国家意志从顶层设计层面注入市场机制中，以弥补市场的不足，从而从总体上提高资源配置的效率。

长期以来，产业政策都是中国产业结构升级转型的重要工具，但是产业政策的有效性一直都存在着争议。产业政策究竟能否持续助力，以及产业政策如何助力产业结构升级，至今还是一个有待解决的问题。2016年，林毅夫和张维迎曾经在北京大学围绕产业政策的有效性展开辩论，辩论主要围绕两个问题：能否设计适宜的或者"得当"的产业政策？能否加快实施以功能性产业政策为主的政策体系？对这两个问题的探讨，意味着当前人们对产业政策看法的不一致，一个是政策有效性的支持者，一个是市场有效性的支持者。有研究认为，产业政策能提高企业全要素生产率。朱相宇和彭培慧发现，产业政策能够刺激科技服务企业的创新积极性，能显著地提高全要素生产率。[①] 钟廷勇等利用2001—2017年的面板数据，发现产业政策能够通过缓解企业融资约束来促进企业全要素生产率（TFP）的提高。[②] 但也有研究认为，产业政策对企业全要素生产率的提高没有影响，甚至可能会对生产率的提高产生抑制作用。闫志俊和于津平利用1999—2007年中国工业企业数据库，发现政府补贴类的产业政策容易使受助企业形成政策依赖，导致企业没有提升其全要素生产率。[③] 钱雪松等发现，振兴规划政策会通过降低企业的资本配置效率而抑制全要素生产率的提

---

[①] 朱相宇、彭培慧：《产业政策对科技服务业全要素生产率的影响》，载《华东经济管理》2019年第10期，第66~73页。

[②] 钟廷勇、何玲、孙芳城：《产业政策对企业全要素生产率的影响研究》，载《经济纵横》2019年第12期，第86~98页。

[③] 闫志俊、于津平：《政府补贴与企业全要素生产率——基于新兴产业和传统制造业的对比分析》，载《产业经济研究》2017年第1期，第1~13页。

高。[①] 张莉等也指出，重点产业政策会抑制企业全要素生产率的提升。[②] 目前，大多数学者认为，产业政策对企业全要素生产率的影响存在非线性关系，产业政策效果可能受其他因素影响。胡春阳和余泳泽认为，政府补助政策会对企业的全要素生产率呈现"U"型关系的激励效应。[③]

## ❋ 本章小结 ❋

产业是国民经济部门的统称，是具有相同内部属性的企业或者行业的总和是社会分工的结果，是人类社会生产力高度发达的产物。产业结构也称产业体系，一般指的是国民经济中各个产业、部门以及产业内部的内在生产联系和数量构成比例的关系。产业结构高度化是指产业结构按照经济发展的历史和逻辑序列从低级水平向高级水平的发展，是产业结构优化、合理化的过程，也是国民经济各产业之间向经济效益最大化方向调整并平衡结构的发展动态过程。产业结构高度化的实质就是，要素和资源从劳动生产率较低的产业向劳动生产率较高的产业转移，从而使新增的要素和资源被更多地配置到劳动生产率较高的产业中，使得劳动生产率较高的产业占国民经济产业的份额不断上升，最终带动不同产业的劳动生产率共同提高。研究者通常可以采用多种指标和标准来对产业结构高度化进行衡量，由此可以建立一个统一、科学的判别方法，避免多种因素的干扰，这些方法有相似系数法、标准结构法、经济发展阶段法等。

区域产业结构分类有不同理论，这些理论形成不同的分类方法。这些理论包括两大领域分类理论、两大部类分类理论、三次产业分类理论、资源密集型分类理论以及国际标准产业分类方法。中国《国民经济行业分类》的形成经历了一个漫长的历程，结合了我国国民经济发展的特点和世界通行的分类方法，对我国国民经济发展和统计发挥了重要作用。

---

① 钱雪松、康瑾、唐英伦等：《产业政策、资本配置效率与企业全要素生产率——基于中国2009年十大产业振兴规划自然实验的经验研究》，载《中国工业经济》2018年第8期，第42～59页。

② 张莉、程可为、赵敬陶：《土地资源配置和经济发展质量——工业用地成本与全要素生产率》，载《财贸经济》2019年第10期，第126～141页。

③ 胡春阳、余泳泽：《政府补助与企业全要素生产率——对U型效应的理论解释及实证分析》，载《财政研究》2019年第6期，第72～85页。

影响产业结构变动的因素有很多,其中自然资源、人口因素、需求结构、技术创新和产业政策等因素对产业结构都发挥着重要影响。对于区域产业结构来说,产业结构高度化是产业结构优化的重要目标,也是区域政府超前引领的重要表现。

## 思考讨论题

1. 产业结构具有哪些性质?
2. 三次产业分类理论中三次产业的关系是什么?
3. 在资源密集型产业分类理论中,哪个产业为国民经济各部门提供先进的劳动手段和各种新型材料?
4. 国民标准产业分类现行的版本中的分类范围是根据什么来进行定义的?
5. 数量型货币政策为什么会反向影响产业结构升级?
6. 你认为还有哪些因素会影响产业结构升级?
7. 什么是产业结构高度化?如何实现产业结构高度化?
8. 产业结构高度化有哪些衡量指标?
9. 我国是如何实现产业结构高度化的?
10. 阅读以下材料并讨论:伦敦和纽约这两个城市的产业升级分别采取了什么路径?你认为哪条路径更有优势?

### 世界典型城市的产业结构转型

纽约、伦敦是最具有典型特征的世界城市,研究其产业结构从传统向现代意义的转型,对于中国主要城市未来发展具有重要的参考价值。

### (一)伦敦

从20世纪60年代起,伦敦启动了从"工业经济"向"服务经济"的转型,成功完成从制造业中心向全球金融中心和国际设计之都的升级。

第一阶段:金融改革推动伦敦进入"服务经济"时代。20世纪50年代初,伦敦制造业吸纳就业人数高达140余万,产值约占英国GDP的40%,当地既有钢铁和重型机械等资本密集型工业,也有印刷和家具制造等劳动密集型产业。随着城市土地价格上涨、国际竞争加剧、石油价格高涨等不利因素的出现，20世纪60年代起，伦敦城里的工业企业开始向城外转移，导致制造业工人大量失业。1961—1981年，当地制造业人数减少约2/3，产值年均下降约10%。在传统部门衰退的同时，电子机械、制药、车辆制造和耐用消费品业等高附加值的部门却发展良好，例如，电子工业在1975—1981年间保持接近40%的高速增长。

同期服务业基本维持在260万人的就业规模，只是产业内部有所调整。之后随着撒切尔内阁在伦敦启动金融改革，对内放松管制，对外开放金融服务业，带动当地基于金融和生产者服务的经济进入快速发展的新阶段，也为伦敦成为全球金融中心奠定坚实基础。到20世纪80年代末，伦敦成功步入"服务经济"的时代。

第二阶段：创意产业丰富了伦敦"服务经济"的内涵。20世纪90年代初期，英国政府在全球范围内最早提出发展创意产业，颁布了《英国创意产业路径文件》，详细诠释了创意产业的概念。政府还设立了"创意优势基金"以鼓励社会资本支持伦敦创意产业中有才华的企业家。

据统计显示，从1997年至今，创意产业是伦敦产值年均增长最快的部门，已成长为产值仅次于金融服务业的第二大产业部门，就业人数已超过金融服务业，使伦敦享有世界"创意之都"的美誉。目前，在伦敦的产业结构中，三个产业占比超过90%。其中，就业人数最多的三个产业分别是批发零售业、科研和创新产业、健康和社会工作部门。

伦敦产业转型经历的时间较长，付出成本不菲，有许多值得借鉴之处，如历届伦敦政府都非常重视科学规划城市发展。早在1850年，女王伊丽莎白一世就发表旨在控制大城市急剧发展的成文规划；"二战"结束后，为应对城市人口外迁的趋势，"大伦敦规划"创造性地提出在郊区建立卫星城的主张，引发很多国家大城市的效仿。

（二）纽约

纽约在过去两百多年里的产业结构变化大致可以划分为两个阶段。

第一阶段：贸易繁荣带动制造业崛起。纽约是美国早期开展农产品对外贸易的重要窗口。19世纪前期，纽约贡献了全美一半的进口总额和三分之一的出口总额；1860年，不论按照货物贸易进出口数量还是金额统计，纽约均在全美各州中排名第一，彻底奠定了其贸易中心的地位。

繁荣的对外贸易加上便利的交通运输推动纽约本土制造业在19世纪

初逐渐兴起，1860年，纽约制造业产值已攀升至全美第一，成为国内制造业中心。"二战"结束时，纽约制造业的就业人数仍在持续增长，但其占当地劳动力的比重却在1880年达到37.6%的峰值后开始不断下滑。

第二阶段：服务业主导推动城市产业转型。20世纪50年代初，纽约产业结构中的服务业产值超过制造业，再次成为城市主导产业。而制造业在内外部各种条件的共同作用下，已进入全面衰退的时期。与此同时，纽约生产性服务业获得了较快的发展，尤其以银行、咨询、设计、广告等为代表的新兴服务业逐步取代传统服务业成为第三产业的主体。

统计显示，1965年，纽约制造业贡献了当地约1/4的就业人数。1988年，该数值下降至10%左右，并在2000年进一步降低至6.6%。其间，还发生了工业公司总部大规模外迁现象，如《财富》杂志所列的美国最大的500家工业公司中，1965年有128家总部驻在纽约，在1976年后降低为90家，1988年仅剩下48家。但当地同期生产性服务业就业人数却从95万增至203万，占就业人口的比重从25%升至62%，其中新兴服务业所占比例上升至37%。产业结构的转型带动了当地居民收入水平的提高，如果以纽约人均收入对比全美平均水平作为评判标准，在转型初期的1970年，该比例约为115%，而转型完成后的2000年，该比重已经提高至168%。

当前的纽约产业结构中，制造业比重不高，但仍保留服装业、印刷业和食品业等典型都市型产业。其中的服装业约占制造业增加值和就业人数的1/3，主要以生产高端品牌服装织造为主，它对纽约保持全球时尚服装业的领先地位发挥了重要作用；第三产业比重超过90%，其中，房地产业占比约25%，金融业占比超过20%，科学研究和技术服务业占比超过10%，构成了比重最大的三个行业。文化创意产业尽管占比不高，但近年来增幅显著，新增就业岗位较多，对相关产业起到一定的拉动效应。

（资料来源：郭巍《三大世界城市产业转型升级的经验与政策启示》，国研网，2016-11-29。）

# 第三章　区域产业组织

本章共分为四个部分,主要介绍产业组织的相关知识。具体内容包括组织与产业组织、产业组织形态、产业组织理论,以及区域产业组织形态的演变。第一部分介绍组织的相关定义、特征、分类,随后引申出产业组织的"两分法"形态与网络组织形态,重点研究战略联盟、企业集团、一体化战略作用和意义。最后,本章回顾了主要产业组织理论体系和发展趋势,并研究了中国各区域行政垄断、垄断竞争、企业集群到网络组织的产业形态演变过程、规律及影响。

## 第一节　组织与产业组织

### 一、组织

广义上看,组织是由多种因素按照一定形式相互联系起来的系统。狭义上看,组织就是组织成员为了达到组织的共同目标,成员之间进行专业分工、协调、明确责任权力、建立关系的集合或整体,如企业。此外,组织一般由两个及以上的人组成。组织作为社会存在的基本形式,是现代社会的基本特征。从管理学的角度来看,组织作为一个社会实体,对内它具备明确的目的指向、设计的结构形式以及有意识协调内外部资源的运作系统;对外它需要与环境维持紧密的联系,以便进行物质和能量的交换。

组织的含义还可以从静态与动态两方面来理解。从静态来看,组织是一个社会机构,指的是人们为了完成某一个指定组织目标,通过组织任务分工、明确责任以及组织关系确立而形成的一个集合、系统,即一个相对静态的社会组织单元。从动态来看,组织方式实际是作为一个常用动词,是安排人来参与、协调活动以便实现共同目标的过程,即人们为了更加高效地实现共同的目标，往往需要进行一系列任务分工、配置各项资源、建立关系等活动。其主要具有以下四个特征。

（1）组织具有目标性。组织有统一明确的组织目标，有了特定目标的组织才能明确发展的方向。因此，确立统一、明确的目标是组织的首要问题。这些目标可能是市场方面的、财务方面的、人员方面的，也可能是企业成长方面的、内部管理方面的。企业会设立顾客价值最大化、股东价值最大化、员工价值最大化等目标。建立统一的目标给组织确立了一个持续发展的方向，能够起到引导、激励和约束员工的作用，使组织成员协同一致，充分、有效地运用组织资源，完成组织的使命和任务。

（2）组织具有资源性。为了实现组织的目标，必须具备相对应的资源，这些资源包括劳动力、土地、设备、机器，也就是平常所说的人、财、物，还包括隐性资源，比如组织所具有的诀窍等内隐知识。组织在实现目标的过程中，需要对这些资源进行整合和有效的管理，"正确地做正确的事"，才能实现资源利用最大化。

（3）组织具有结构性。组织是由两个或两个以上的人员组成的。要将组织内所有人员有机整合起来，对人员进行适当的安排和任务分工、建立相应的工作标准、确定组织层次和架构，建立相应的分工协作系统，最终形成体制和运行机制。

（4）组织与环境具有互动性。组织是一个进行投入与产出的开放式系统，必须有意识、有目的地调动内部、外部资源以适应和调节从而应对环境的变化。任何组织都离不开环境，在不断地与环境进行物质和能量的交换。①

研究者一般按照组织的功能来对组织进行分类。比如，军队组织"保家卫国"，医院组织"治病救人"，学校组织"教书育人"，等等，各类组织都有一个意义比较模糊但界线似乎又比较清晰的功能角色定位。按照经济功能划分，组织可分为营利性组织、非营利性组织和公共服务组织。其中，营利性组织以获得利润为主要的目标，这类组织是现代社会的基础，主要以产品或服务来满足其他组织和消费者个人的各种需求。营利性组织以企业最为典型。按照制度经济学的理论，企业之所以存在就是因为其能在一定程度上代替市场从而可以降低交易成本，提高经济效益，实现利润

---

① 罗明亮主编：《组织行为学》，电子工业出版社2016年版，第15～25页。

最大化。在经济学中，组织有时被当作一种资源，即组织资源，这是实现利润最大化的有效手段。马歇尔在《经济学原理》一书中，认为组织是一种能够强化知识作用的新的生产要素，企业内部组织、同一产业中各种企业间的组织、不同产业间的组织形态以及政府组织等，都可以成为生产要素，使经济更加有序运行。

## 二、产业组织

产业组织是指在市场经济条件下，由经营相同产业的企业间所形成的组织形态或者市场关系。产业组织是市场中的经济组织，是遵循市场原则的，是按照"看不见的手"的原理进行理性决策的。产业组织不是法律意义上的经济组织，而是典型的经济组织，是产品和服务具有高度替代性的企业集合，体现的是企业间的关系。这种关系的核心是市场关系，产业组织的企业间按照市场规则行事，彼此之间可能是垄断的关系也可能是竞争的关系，具体形成四种市场结构：完全竞争型、完全垄断型、垄断竞争型和寡占垄断型。不同的市场结构决定于产业内不同企业的市场支配力水平差异、市场结构地位差异和市场运行差异。虽然产业组织内的企业间遵循市场规则，但是产业内企业间由于互动关系紧密、产品和服务高度替代，关联性极高，从而形成了高度关联的组织形态。即从表面来看，产业组织具有"组织"的一切特征，比如企业集团、分包制、连锁、企业系列、集群等，通过技术关联、组织关联、产品关联、资源条件关联等形成紧密化的关系结构。这些关联的本质是分工与协作。马歇尔从经济组织的系统性和整体性角度出发，对经济组织的分工和协作问题进行了探讨。他认为，分工就是功能的分化，表现为专业化，指相对独立；协作则是侧重于联系，即经济组织内部组成部分之间进行有序的联系，构成协作关系。马歇尔认为，分工和协作是相互依存、相互联系的经济组织的构成要素。分工为协作创造条件，协作是分工的要求。分工与协作对经济组织来说好比一个硬币的两面，经济组织不仅由分工水平来定义，还包括与分工互为因果的协作水平。产业组织内部企业间的关联紧密度就取决于这种分工与协作水平的高低。产业组织是由企业等构成的各种"单元"的集合，这些单元通常有四个特征：第一，所有单元都有创造财富的经济功能。这些单元之所以集合在一块，一个核心的重要目的就是要创造财富，它们是通过实现经济价值而关联在一起的。第二，所有单元都具有市场交易性。这些单元

集合在一块是为了更好地发挥市场作用，以更低的交易成本进行交易，形成所谓的"内部市场"。因为这些单元生产的产品并不是供单元内部消费的，其直接的目的就是为市场生产商品。第三，所有单元的终极目的是追求经济利益最大化。和其他任何经济组织比如企业组织一样，这些单元都是理性的经济组织，是通过生产产品和提供劳务获得尽可能多的经济收益，参与的劳动者获得期望的工资，参与的资本所有者获取最大化利润，参与的土地所有者获得期望的地租，萨伊的三位一体定律在这里仍然起作用。第四，所有单元都具有组织性，组织是一个系统，系统中又有小系统、子系统，每个产业集合体的基本单元都是组织中的组织，是一个系统的子系统中的子系统。这些系统具有生态性，既有内部的新陈代谢，又有与外部的物质和能量交换，从而使规模扩大、组织成长、系统繁荣，具有扩大化生产规模效应，而且规模越大，内部生产社会化程度越高，内部的有机关联度越强，产业组织的结构化程度越高。

### 三、产业组织、产业结构与企业组织

产业组织不同于产业结构，产业组织主要关注的是产业内企业间的关系，而产业结构主要关注的则是产业间的关系问题。前面已经详细探讨了产业结构，对产业类型、产业结构高度化等进行了分析。产业组织对应的是产业内、企业间的关系（interfirm），而企业组织主要指企业内部组织（intrafirm），包括科层组织（U型结构、H型结构、M型结构、X型结构）和法人治理结构（corporate governance）等。过去的企业内部科层组织多为U型结构，即按职能划分部门的一元结构。随着科技发展和企业规模的扩大，目前的企业组织结构通常采用的是M型结构，即事业部制或称多分支单位结构。企业集团中则多采用H型结构，或称控股公司（holding company）结构。X型结构则是这几种结构的混合体。企业集团是介于"纯产业"与"纯企业"之间的"灰色组织"：说它是一个"企业"，构成集团的企业又多是独立法人；说它是分散的单个企业，各单个企业之间又存在一定程度的协调。强调企业的独立性，更多地体现出市场特征；强调企业之间的协调性，则更多地体现出科层性（hierarchy）。企业内部组织的另一重要方面是其法人治理结构，这也是产业经济学研究的热点问题：即产业组织关注企业行为，而企业行为又在很大程度上取决于企业的法人治理结构。一般情况下，股东控制较强的企业多注重利润最大化，经

理等"内部人"控制较强的企业可能更多地追求企业规模（或销售额最大化）。

## 第二节 产业组织形态

### 一、基本产业组织形态

（一）纯市场形态

按照科斯交易费用理论，市场与企业之间是相互替代和对立的，二者之间具有清晰的可预测的边界。也就是说，产业组织存在两种极端形式，即纯市场和纯企业。纯市场由市场的价格机制起作用，从而进行定价交易、自由竞争。但也有许多学者对纯市场化提出质疑，认为市场竞争仍然需要依靠国家强有力的宏观调控作为辅助，以规避市场自发性等弊端。因为他们认为纯市场形态可能会引发四个问题：一是极可能引起市场混乱。如果市场体系不够健全、法律法规不够完善，而国家没有采取政治、经济和法律手段进行宏观调控，任由市场自由竞争，极可能会产生各种无视市场规则的混乱现象。二是对环境造成严重破坏。过度自由竞争下追求利润的企业，将无视环境保护，一味索取资源只会造成资源短缺和环境破坏。三是造成产业结构失衡。若国家不进行调控与规制，则企业只会不断地投资有利可图的产业，这将会造成产业结构严重失调。四是导致基础设施建设落后的问题。由于自由市场与竞争者的压力，受利润的影响，企业不会倾向于投资需要长期坚持的基础设施建设。

学界认为市场需要管制的另一些理由是，纯市场天然就具有某些缺陷，比如信息不对称、自然垄断和公共产品提供的"搭便车"的行为，只有靠政府才能弥补这些天然的不足。基于以上原因，世界各国以及各国内部的各级区域政府，不管是多么地强调经济自由，同样会或多或少地对市场进行干预，以弥补市场的不足，从这个意义上来说，很难有纯市场的存在。

（二）网络组织形态

工业革命之后，西方各资本主义国家相继进入自由资本主义时期。各资本主义企业为了有效防止价格竞争，控制商品产量，以稳定的价格出售商品，企业之间便通过签订契约形成了一些联盟组织，也就形成了网络组织的早期类型。但此时的网络组织是不稳定的，因为这些早期网络组织中各成员企业间的合作关系并不稳定，且常常有成员企业违背契约，以谋求更大的市场空间。[1]

自20世纪80年代以来，伴随着当前全球市场经济区域一体化趋势的不断增强以及现代信息电子技术的快速发展，市场环境日趋动态复杂。这些变化对企业的组织柔性提出了更高的要求。越来越多的企业意识到，仅仅凭借自己的力量无法实现日益复杂的分工与规模经济。因此，为了更加及时、准确地应对市场需求变化，应对外部环境的不确定性，跨区域、跨边界产业合作被许多企业当作优化生产与进一步发展的必要选择，这种做法促进了产业合作集群、战略合作联盟、供应链、虚拟企业等具体的网络组织新形态的诞生。这些网络组织形态能够满足企业组织提高市场变化敏锐度的要求，也增强了各企业间的合作，提升网络效率且实现整体利益最大化。[2]

网络组织也可称为中间组织，是在传统的市场与企业二分法之外的更加实际与复杂的一种组织形态。在现实经济活动中，我们很容易发现，实际上企业与市场并不是完全对立的，现实经济活动中更多地存在着介于二者之间的中间组织形式——网络组织。它是在市场与企业的不断交互渗透与融合的过程中发展出来的，所以它既具有市场价格调节机制的功能，又具有企业调控机制的作用。网络组织是由一些自立自主而又彼此关联的企业，按照各种专业化分工与协作建立发展起来的具备多种联系的网络组织集合体。网络组织比市场组织更为稳定，但又比单一的企业组织更加灵活机动。它实质上融合了市场组织与科层组织的优点，同时利用契约与价格机制发挥作用，形成市场与企业之间既相互替代又相互联系的制度设计。因此，它是在组织内各个经济主体的资源依托下，同时结合市场与企业特征形成对交易的规制方法，及其提升资源共同利用率的一类协作机制。网络组织形态是企业之间的协调，是企业间在进一步扩大分工的前提下，通过增强企业之间的协作来提高企业自身对市场的灵敏度，通过契约探索有序与协调的生产方式，使企业

---

[1]　秦志林：《网络组织的演进形态及其对我国企业经营运作的启示》，载《天津商学院学报》2003年第6期，第24～27页。
[2]　阮平南、杨小叶：《网络组织形态及结构探微》，载《战略与改革》2010年第2期，第45～48页。

间彼此关联和互动增强的一种社会经济组织形态。

网络组织内部往往会有一个核心企业。所谓核心企业，是指网络组织中的中心企业，它在组织中起着引领、推动与主导的作用。一般学者认为，核心企业应位于供应商和客户网络的中心，能够明确提出可以在组织范围内共享的商业运营理念与合作的企业文化氛围。存在核心企业的网络组织以知识、产品和技术为主要纽带，在核心企业的带领下，其他成员企业跟从而形成网络组织。组织内合作伙伴有主次之分，且企业间联系的紧密程度不同。核心企业在企业网络内部相对稳定，而其他成员企业有所不同，常常处于动态变化之中。网络组织中成员企业的退出对网络组织的运行影响不大，但核心企业的退出将引起网络组织的巨大变化。

根据网络组织中是否存在核心企业、核心企业的成员数量和网络位置、企业间各种信息交流方式，网络组织可以分为无核式网络组织、单核式网络组织、多核式网络组织以及平台式和混合式网络组织。无核式网络组织不存在核心企业，由大量地位平等且相互协作的中小企业成员组成。网络组织内部企业之间联系紧密，网络外部企业联结度低、合作程度低。单核式网络组织由一个核心企业从中心向外辐射，在周围配置相关成员企业，并通过关联企业向外围企业的辐射作用，形成辐射发散效用。核心企业借助外包相关业务，提升了自身的组织柔性，将企业的大量精力、资源投入到在企业长远发展战略研究、市场营销拓展上面，提升了企业响应市场转变的灵敏度，节约了大量的时间、资源与成本，极大地提高了效率与收益。周边的辐射企业借助与核心企业维持长期性较好的合作关系，能够获取比较稳定的工作任务，在专业化方向上得以不断改进工艺与技术，从而获得竞争优势，与核心企业实现双赢。多核式网络组织同时存在着几个核心企业。产业链主要围绕几个大企业，各个核心企业向外局部辐射，形成多个单核网络，再通过垂直关系和水平关系分别连接众多的成员企业，形成多核式网络组织。它可以看成是多个大企业相互之间共同开展战略合作的形式，但这样的合作关系通常较为松散。例如，美国底特律汽贸城便是紧紧围绕着三个著名大型汽车公司而建设起来的汽车产业服务集群，三个汽车制造企业共同努力创建了健全的生产制造销售体系，形成市场竞争均衡，一同保护该区域的平稳与发展壮大。卫星平台式网络组织也是存在核心企业的网络组织形式。与单核式、外包制的区别在于，卫星平台型网络组织的核心企业与其他成员企业在地区上距离较远，通常都是位于距离城市较远的开发区。成员企业是企业的分部，核心企业即总部一般位于区域外，居于支配、主体地位，负责关键的投资决策；各成员企业即分部与核心企业具有密切的合作联系，但各成员企业间往往缺乏上下游关系，缺乏与地方供应商的长期战略合作。混合式网络组织是几类网络组织结构特点的集合。美国的硅谷就是一个非常典型的混合型网络组织。我们不仅能将其看作是有着几个核心的多核心式网络组织，还能够将其看成是一个卫星平台式网络组织：分别在日本、韩国以及欧洲进行分厂。

组织网络化实质上是以各成员公司专业知识的获得、创建和运用的全过程为基础，重新构建内部结构的权力配置和外部结构的市场界线，进而冲破内部结构的传统式的科层制权力结构特征，以及外部结构中的与竞争对手、供给者、顾客及其他相关者的交易关系模型，使公司真正意义上达到通过借助创建专业知识来创建企业市场价值。

## 二、网络组织形态的主要类型

网络组织形态可能存在于两个互相关联的企业之间，也可能存在于多个企业之间。随着专业化分工的不断加深，信息网络的横向延伸加快了网络组织的不断发展进步，企业集团、分包制、供应链、虚拟企业与企业集群、战略联盟、一体化这些具体化的网络组织形态应时而生。

（一）企业集团

对企业集团的理解可从广义和狭义两方面展开。广义的企业集团主要指纯企业集合，它仅仅强调企业之间的联合，并没有强调它们之间的资本联系，也没有强调整体企业集团的角色。日本研究者山田一郎认为，企业集团是一种为了使成员企业能够在技术和其他经济职能上的互相补充，并尊重成员的自主选择，在平等互惠的原则下结成的可长期维持稳定的业务结构形式和经营合作体制。这一概念涵盖了大量的理论，包括现代企业的跨国联盟、德国的康采恩、美国的垄断联盟、早期的垄断组织卡特尔以及中国的横向经济联合体。狭义的企业集团注重企业之间的经济联系（如资本的相互结合）和集团领导体制。日本经济学家奥村宏认为，企业集团本质上是大企业之间在资本上的相互结合，但具体表现为集团领导制，不能用康采恩的概念来完整概括。这种观点正好弥补了广义的企业集团概念的缺陷，将早期的垄断组织如卡特尔、辛迪加和现代松散的联合企业集团排除在企业集团的范畴之外，甚至把康采恩这样的垄断组织也排除在外。

综上所述，企业集团是由多个具有法人资格的子公司组成，这些子公司处于同一母公司的控制之下，并且母子公司以及子公司之间以股权为纽带紧密联系在一起的一种企业组织形式。

企业在不断发展壮大的过程中催生了企业集团。新制度经济学学派认为，由于企业充当着替代价格机制的角色，往往会尽可能地追求较低的交易成本，但信息不完全、不对称等引起的对外部市场的影响导致了过高的交易成本，单个的企业由于规模不大，难以形成规模效应，而且具有极高的组织成本，因此，企业集团的出现可以使企业对外部市场的依赖程度大大降低，也能降低由于信息不对称形成的高额交易成本，并且随着企业规模的壮大，规模效应逐渐得到发挥，同时，还能减少相应的组织成本。① 此外，在企业规模不断扩大的过程中，多元化经营对于有效地减少企业的经营风险，增强企业的综合竞争力发挥了极大的作用。

企业集团一般具有四个特征：第一，由多个法人企业联合组成。在企业集团内部，母公司虽然作为集团的核心领导角色，拥有最高决策权，引领着集团向前发展，但每一家子公司都能在集团整体战略下实施符合自身发展实际的战略，并在一定程度上掌握着自主经营权。企业集团与事业部制的最大区别在于，子公司的法律地位是法人主体，而事业部则倾向于企业内部自身的经营部门。第二，以股权为纽带紧密联系。在企业集团内，以股权为纽带将母公司和子公司紧密联系在一起，这种做法加强了母公司和子公司之间的联系，使二者难以分离。母公司对于子公司高层人员的选择有很大的决策权，子公司管理层人员的选任往往由母公司采用控股的方式确定，由此，母公司就可以间接地操纵子公司的经营发展方向，对于子公司发展跑偏从而可能影响总利润的担忧也会大大降低。第三，具有多层次结构。根据资本关联度的不同，企业集团之间形成多层次的企业组织结构。第一级企业是集团公司，本质上为控股公司、母公司，也称核心企业；第二级企业包括控股层企业、参股层企业和协作层企业；第三级企业是一级子公司、关联公司，再投资设立的二级子公司、关联公司等。企业集团核心层企业、紧密层企业、半紧密层企业和松散层企业，分别对应着集团公司、控股子公司、参股企业和合作企业四个层级。第四，经营面较

---

① 黎冉升：《企业集团化运作与融资约束》，云南大学硕士学位论文，2018年。

广。在一个企业集团中,各自属于一个阵营的公司也有可能在不同的业务上运作。分散化的企业集团在降低整体经营风险方面具有巨大的优势,同时由于对不同领域都涉猎甚广,有助于集团日后的转型。

### (二) 分包制

分包制企业网络组织通常是指核心公司的生产制造工作在公司间经过逐层分包或转包的生产制造活动,以实现协同工作的一种管理方案与管理体系。其主要特点是大型企业、大公司将其产业链的一些特定环节交由其他相关企业来进行,其他相关企业再按照核心企业的生产要求,自己负责生产或进一步分包、转包后交给其他的企业来完成,最后再交由核心企业负责完成最终产品的加工组装与质量检验。在这种模式中,下属生产企业通常只负责加工最终产品的一些主要零配件,是核心业务企业的零配件供应商;核心公司充当分包制的决策统筹规划者和协调核心,把握着从产品设计到市场营销管理的所有营运活动布置。经过核心公司与中小企业相互之间的交流与协同工作,形成与其产品生产制造密切相关联的配套协同工作服务网络。与现今规模化的垂直一体化企业组织不同,分包制公司充分利用和发挥了现代网络组织优势来高效组织生产经营活动,通过网络来满足市场的多样化需求与应对其复杂性变化。核心企业与其他相关企业有着密切的纵向联系,企业间在进行生产活动时,既相互合作又相互竞争,形成一种高效、灵活的弹性生产机制。

分包制公司的典型代表是日本的丰田汽车公司,它本身只有8个厂,而有直接协作关系的中小企业则有450多家。其中,这些相关企业甚至还有自己的汽车分包服务企业,这样一来,共有1200多家企业为丰田汽车公司提供汽车零部件。

### (三) 供应链

供应链管理指的是重点围绕一家核心企业,有效管控其企业信息流、物流、资金流的合理性,从购置原材料开始,到制造中间产品或最终产品,最终由商品销售凭借销售网络把产品交付到最终顾客手里。供应链系统能够使供应商、制造商、分销商、零售商及其最终目标顾客之间相互联结而构成一个整体的企业网络,其关键目的是凭借构建企业相互间长久的合作伙伴关系来不断地改革创新系统的内部构造。

在供应链系统内的管理过程中，其核心企业积极主动地关注、高度地重视整体供应链管理，通过筛选确定企业关键的业务合作伙伴，并专业指导企业之间如何深入开展生产协同以及实现信息共享，携手深入分析和化解产品生产和销售所需应对的难题，使供应链系统内的企业之间形成较为紧密的战略性合作伙伴关系。

（四）虚拟企业与企业集群

随着信息电子技术和移动通信技术的高度发展，企业之间的战略性合作伙伴关系已经打破传统式的长期稳定合作关系模式，发展出合资公司、跨国投资管理公司等新模式。企业之间越来越多地借助网络、应用信息技术与通信技术开展分散化的互利互惠协作。虚拟企业增强了企业对环境变化的快速反应能力，可以充分利用外部所具有的专业化资源，不过，一旦战略合作目标充分实现，这样的合作关系便就此宣布结束。所以，虚拟企业是一种短暂性的、跨越区域比较大的网络组织形态。虚拟企业区别于其余网络组织的一个鲜明特征就是临时性。当遇到市场发展契机时，核心企业便迅速组织所具备的资源的企业一起展开生产制造活动。核心企业通常都具备某种特殊的产品生产制造技术，并常年享有品牌信誉。核心企业通常都不直接参与生产过程，而通常凭借相应的标准规范规定和较为严格的行业质量标准规范，对企业间的生产制造协作展开调整，利用其他相关企业完成既定的工作。当某项工作任务全部完成后，虚拟企业间的合作伙伴关系也就宣告全部解除。这一特点使虚拟企业称得上全部网络组织中最松散的一个类别。虚拟企业的另一个明显特点是高度应用信息化。现阶段科技的进步为虚拟企业的生产制造活动提供了现代化信息技术和通信网络技术手段，极大地降低了成本、提高了效率。网络通信技术的快速兴起，使远程控制进行多媒体通信所需要构建的虚拟空间、虚拟制造成为可能。相距甚远的企业可以通过视频会议、远程操控等形式进行沟通以交流探讨构想、工艺，调整企业间工作进程，展开电子商务活动。如知名品牌耐克和可口可乐在虚拟生产方面积聚了许多成功的行业经验。

早在19世纪，马歇尔就曾描述过，一定区域内某些小企业聚集在一起就形成了"产业区"；而后在20世纪，迈克·波特在《国家竞争优势》一书中首次提出"企业集群"的概念。企业集群指在某些指定区域下的一个特殊领域，存在着一些彼此关联的企业、供应商、关联产业和专业化的机制和协会，亦被称为中小企业集群网络。公司集群组织不同于其他网络组织的一个最明显的特点是：成员公司大部分是没有雄厚实力的中小企业，他们在某个方面只具备一定的资源与能力，在公司面临着激烈的市场竞争时，会由于公司缺乏为其目标市场提供完备的产品及服务所需的全套功能而始终处于劣势地位。尤其是那些组织规模小、人员数量流动大、缺乏核心管理能力的成员企业。所以，组织成员企业会依据专业化分工和合作而会聚在某一特定的区域内，形成一个规模较大的企业集群。这类网络组织通常被认为是和特定地区市场经济有着密切联系，是参与企业数量和类别最多的一种企业网络组织，也是所有网络组织形态中最接近于市场的类型。其中较为典型的代表有美国的"硅谷"、中国的"光谷"等企业集群。

（五）战略联盟

对于战略联盟，我们一般将其定义为：两个或两个以上的独立完整的经济体为了共同的目标结成长期合作的组织关系。战略联盟没有核心企业，各个企业综合实力相当，生产经营活动互不干涉、地位平等。企业相互之间是为了实现资源共享、风险共担而成立的，且联盟组织内的企业通常是实力较强的大企业，数量较少，一般是同类型的企业，或者是有着较强的关联性质的企业。

战略联盟方式多样，一般有产销联盟、技术联盟和价格联盟。如沃尔玛与宝洁公司的合作就是产销联盟的典型例子，即两个企业利用高强度的互补性实现联盟。技术联盟是最主要的一种联盟形式，合作企业共同联合致力于某项技术的开发研究，以提高效率、降低成本、共担风险等为目的，通过技术运用来共同进行市场渗透，提高市场竞争力。如上海宝钢与沈阳东大阿尔派就是典型案例。价格同盟，即同类型的企业为保护双方的共同利益或者抵制市场其他同类企业的竞争而结成的合作关系，企业间借助价格联盟来保持市场价格的稳定。

企业之间结成战略联盟，有利于企业之间实现技术资源、信息综合共享，优势互补和技术资源叠加，提高单个企业的技术资源配置率，企业间也可以实现规模经济综合效应和企业技术创新综合优势，从而大大提升企业竞争优势。战略联盟对成员企业一个重要的影响就是可以共担风险、降低成本，且对成员企业的稳定发展并开拓市场有着很大的作用。

## （六）一体化

一体化战略是指企业结合自身在产品、技术、市场上所占的优势，沿着物资流动的方向，不断深化发展的深度、拓宽发展的广度的一种战略。一体化有横向一体化和纵向一体化之分。横向一体化战略又称水平一体化战略，是指为了在生产成本不断减少的前提下扩大生产规模，同时通过推出更高质量的产品来提高市场地位和壮大企业实力，使企业在市场竞争中取得先导优势而与同行业企业相联合的一种战略，正如处于产业供应阶段的供应商与供应商之间、同处于产业生产制造阶段的生产企业与生产企业之间、同处于产业销售阶段的经销商与经销商之间并购或合作的战略，即企业在同一产业链阶段进行扩张的战略，也就是将经营领域向广度发展的战略形式。

纵向一体化战略也被称为垂直一体化战略，通常是指一个企业沿着某种产品或服务的价值链的前后方向进行延伸和扩展，即将公司的经营活动向后扩展到原材料供应或向前扩展到销售终端的一种战略体系。该战略通过对企业上下游产业链的整合，从而减少交易成本，打造行业典范，实现产业多元化，改变单一的利润来源，获取多种业务的进入方式，通过大量引流而促进企业平台化。① 纵向一体化分为前向一体化和后向一体化。前向一体化就是对若干个处于生产经营环节下游的企业进行兼并和收购，从而推动公司不断向外扩张、规模不断扩大，如制造企业收购批发商和零售商。后向一体化则是对一个或若干供应商进行收购以提高利润或增强掌控力度，如汽车公司对零部件制造商的兼并与收购。实施纵向一体化旨在加强核心企业对原材料供应、产品制作、分销和销售全过程的控制，是为了企业能在市场竞争中主动出击而占据先导地位，从而增加各个业务活动阶段的利润，实现企业价值最大化。

企业在发展过程中，一般在五种情况下会进行横向一体化：①企业所在产业竞争较为激烈；②企业所在产业的规模经济效应较为显著；③在符合反垄断法的前提下，企业的横向一体化能够在局部地区获得一定的垄断优势；④企业所在产业的增长潜力较大；⑤企业具备实施横向一

---

① 丹尼斯·W. 卡尔顿、杰弗里·M. 佩洛夫：《现代产业组织》，中国人民大学出版社2009年版，第28～40页。

体化战略所需的人力、物力和财力资源。例如，白色联盟产业采用横向一体化进行的长期兼并模式，通过收购本迪克斯—西屋汽车气动制动器公司的冰箱事业部和通用汽车的电冰箱家电公司，实现其在冰箱和制冷市场中的扩张，以及耐克收购其他鞋业公司等都生动体现了横向一体化战略所带来的成功。企业运用横一体化战略，可以达到规模效应，提高企业的经济能力，使自身缺乏的资源和能力得到充足的补充。此外，在收购或合作的过程中，企业可以加强与客户之间的沟通交流，从而形成稳定的合作关系，维持自己的竞争地位，在与竞争对手的博弈中获得竞争优势。采用横向一体化战略的收购方企业能够迅速扩大业务的地理范围，增加业务量，从而增加市场份额、提高生产力和获得规模效应，从而实现对以知识为基础的资源的控制，拓宽生产线并提高资金使用率。但是，横向一体化战略存在一定的风险，如企业在加速扩张的过程中将不断提高生产能力，所产生的巨大生产能力必然要求企业不断加强自身的销售能力、掌握更多的销售技巧和市场信息与之相适应，当企业的产品推出市场后，还需要有巨大的消费者群体以形成一定的市场需求规模来吸收产品；同时，在以合作战略为例的某些横向一体化战略中，还有技术扩散的隐患；一旦缺乏核心技术，企业的市场竞争力就会大幅下降。此外，横向一体化战略在组织上也有着极大的风险，如因企业体系过于庞大而在管理等方面存在的一系列问题、大企业在并购其他小企业后因产生的企业文化差异太大而难以相融合等。这些风险对企业的长远发展有着极为不利的影响，是企业在实施横向一体化战略时不能忽视的。

与横向一体化相比，纵向一体化也有相应的优势和不足。纵向一体化具有的优势有：①降低市场交易的成本。[1] 各种各样的市场交易中出现的讨价还价构成了市场交易成本的大部分来源，除此之外，交易成本还包括由于商业信用所带来的风险成本。纵向一体化使得市场的各种交易成本跃变为企业内部的管理成本，因此可以好好利用这一规律，促使精于管理的企业通过纵向一体化带来直接且庞大的经济效益。②有助于技术开发。纵向一体化使得企业能够通过熟悉上下游相关技术找到改进的空间，从而挖

---

[1] 丹尼斯·W. 卡尔顿、杰弗里·M. 佩洛夫：《现代产业组织》，中国人民大学出版社2009年版，第28～40页。

掘新技术，这就促进了技术的更新换代。比如，专门生产零部件的生产企业通过前向一体化就可以了解零部件进行装配的技术信息。③有效缓解供需矛盾。纵向一体化能够确保企业在产品供应紧缺时如常得到充足的供应，或在市场需求很低时可以获得更多不受阻碍的产品输出渠道。也就是说，纵向一体化能降低上下游企业随意中止交易的不确定性风险，极大地提高企业灵活应对产品供求的能力。④提高行业的进入壁垒。企业实行一体化战略，特别是纵向一体化战略，可以紧紧抓住关键的投入资源和销售渠道，提高行业进入门槛，从而阻止行业内新进者进入，同时防止竞争对手进入本行业的业务经营领域。在某种程度上，纵向一体化战略的实施成为企业应对日益激烈的市场竞争的重要手段。⑤通过市场交易企业内部化缩短供应链的管理。上游的原材料供应商市场分布以及供应商的数量，由一个供应商转移到另一个供应商的中间成本高低与否，原材料的资源是否稀缺等问题都会影响到制造业厂商与原材料供应商之间博弈的讨价还价能力，这一点是决定企业能否获得低成本高利润的竞争优势的先决条件。而下游的非终端购买者商家对企业经营更起着不可替代的重要作用，不但可以影响到企业产品能否以极快的速度抢占市场，占据一定的市场份额，而且产品最终消费者对企业产品的评价的信息反馈也需要由下游商家进行传递，纵向一体化的战略可以有效地解决这些问题，缩短供应链的管理。

与横向一体化一样，纵向一体化也有一定的缺陷：①存在一定的风险。纵向一体化会扩大企业在行业中的投资份额，增加退出障碍，从而增加商业风险，有时甚至还会使企业无法将资源转移到更有价值的地方，难以实现资源的合理配置。由于在所投资的设施耗尽之前放弃这些投资的成本是巨大的，因此，纵向一体化的企业对新技术的采用通常比非一体化企业要慢一些。换言之，纵向一体化的企业对新技术的接纳程度较低，不利于生产效率的提高。②巨大的管理费用。一体化战略将会给企业带来巨大的管理成本，一体化可以说是企业多元化经营的一种，当企业进入一个新的行业，由于对人员结构和管理体系的不了解，使得企业在管理和协调上将面临许许多多未知的挑战。③阻碍了各方面能力的平衡。纵向一体化使得生产能力在产业链的各阶段上的平衡性受到很大的制约。价值链上各个活动都有专属的与其他环节区别开来的最有效的生产规模和运作方式，这对于实现完全一体化具有极大难度。对于某项活动来说，如果它缺乏内部能力难以供应下一个阶段的话，就必须从外部购买该产品。如果内部能力过剩，就必须找出剩余产品的顾客；如果副产品生产出来，就必须进行处理。④延长了时间。后向一体化进入零配件的生产可能降低企业生产的灵活程度，延长对设计和模型变更的时间以及企业向市场推出新产品的时间。当一个企业必须经常改变产品的设计和模具以适应购买者的喜好时，他们便会发现后向一体化，也就是进入零配件的生产领域是一项极其繁重的工作，因为这样做必须不断地进行修改和再改进设计，并且要花时间协调和适应由此带来的变化。向外部购买零配件往往比自己制造更便宜且简单，使企业能够更加灵活、快捷地调节自己的产品以满足购买者的需求偏好。

## 第三节　产业组织理论

### 一、传统产业组织理论

#### （一）研究的主要范畴

20世纪30年代，欧美西方等国家开始兴盛产业组织理论研究，其主要研究的是企业在不完全竞争市场条件下所处的市场结构，以及企业在此状态下所做出的市场行为，它是现代产业经济学的一个重要组成部分，也是个体经济学的延展内容。西方的产业组织理论最初来自马歇尔所提出的生产要素论，主要是为了解决"马歇尔冲突"，即规模经济为企业节约了成本但垄断竞争却使得消费者的利益降低这两者之间的冲突。① 张伯伦（Edward Hastings Chamberlin）提出的垄断竞争理论也对产业组织经济学做出了贡献，张伯伦是产业组织理论的奠基者。在产业组织理论形成与发展的过程中，逐渐形成了具有较大影响力的传统产业组织理论，即"结构主义"和"芝加哥"两种理论学派；以及现代产业组织理论，如新奥地利学派、新制度学派等。传统产业组织理论研究的范畴主要包括产业组织、市场结构、市场行为和市场绩效。很显然，传统产业组织理论研究的重心是市场与企业（因为在这里，企业就是最核心的产业组织）。长期以来，西方产

---

① 高军苗：《产业组织理论的演变和发展——兼评让·梯诺尔的贡献》，云南大学硕士学位论文，2016年。

业组织理论把个人、企业、政府等各类微观主体在不同市场结构下的市场行为、市场绩效作为重点研究方向①，并把市场结构、市场行为和市场绩效三个基本范畴作为产业组织理论的分析框架。②

将市场上交易双方的数量、规模、分布的状态、产品差别的程度以及新企业进入该行业的难易程度等要素特征进行内在联系以及整体综合，便构成了市场结构，即某市场内各种要素之间的内在联系及其特征。市场结构的关系包含甚广，包括需求者之间、供应者之间、供应者和社会需求者之间的关系，以及企业现有的需求者、供给者与正在逐渐进入该市场的供给者、需求者之间的关系。市场的集中度、产品差异化程度、市场需求增长率、市场进入和退出壁垒、市场需求的价格弹性等都是影响市场结构的主要因素；每种因素之间都是相互影响的，市场结构的特征会随着不同因素的变化而发生改变。③ 市场行为实际上是企业为实现其既定目标而适时采取适应市场要求的策略方法，是在一定的市场供求条件下和与其他企业在特定关系上执行的行为准则，其最终目的是获得更高的利润与市场占有率。④ 比如，在面对众多的竞争者和潜在对手时，企业所采取的合作行为或竞争策略行为，即为企业在应对市场竞争者时直接采取的行动。市场绩效可以看成是在特定的市场结构和市场行为的条件下最终得到的经济成果或经济效率，包括企业最终消耗的成本以及获得的利润、技术的创新提高、科层设置、产品的价格、产量、质量等方面的结果，其实际反映了市场运行的效率和效果。

市场结构、市场行为和市场绩效并不是独立的，三者之间存在着相互依存的双向的因果关系。一方面，市场结构可以影响市场行为，市场行为又对市场绩效起决定性作用；另一方面，市场绩效对市场行为有一定的影响，市场行为又反作用于市场结构。⑤ 围绕市场结构—市场行为—市场绩效这一基本分析范式，在实践上有助于产业组织做出合理的行为决策，引

---

① 翟简：《产业组织理论研究综述》，载《合作经济与科技》2018 第 24 期，第 33～35 页。
② 汪翠翠：《关于价值链理论与产业成长的文献综述》，载《赤峰学院学报（自然科学版）》2014 年第 11 期，第 96～98 页。
③ 郑文琦：《中国烟草产业市场结构、行为、绩效与规制关系研究》，上海交通大学硕士学位论文，2008 年。
④ 郑渝川：《娱乐产业的"经济学"》，载《现代商业银行》2014 年第 1 期，第 95 页。
⑤ 张鹏飞：《道路运输市场结构理论研究与实证分析》，长安大学硕士学位论文，2008 年。

导市场进行有效资源的配置，同时也有利于政府制定合适的产业政策，对市场和市场主体进行超前引领。

(二) 理论沿革

产业组织理论又可称为产业经济学，其成为一门独立的学科还是在近50年前，其兴起最早可以追溯到20世纪30年代。而究其根源，古典经济学代表人物亚当·斯密是产业组织理论的开山鼻祖。早在17世纪，工业革命带动社会生产力与经济日益向荣，经济学家开始研究与思考经济领域所出现的经济现象，各种理论学派犹如雨后春笋般不断涌现。

亚当·斯密在其著作《国富论》中提到，人是以追求自己利益为主的经济人，且是理性的经济人。同时，亚当·斯密又阐述了经济人容易受"看不见的手"以及市场机制的影响，在完全竞争的市场条件下，一切资源的自由流动都以均衡价格体系为导向，在不考虑外界因素的情况下，这一流动过程将会持续到社会各部门的利润平均化时自动停止，此时社会资源的配置便已达到了最优，即人们通过分工和市场的作用进行自由竞争，不受政府干预和影响，从而去获得自身利益，并在总体上又推动国家富裕。同理，企业在市场上的目标无外乎也是以企业最大获益为基准。比如，生产商在市场上获得较高报酬时，自然希望能扩大企业规模，加大生产，希望占有市场更多的份额，这促使企业做出扩大市场占有率的企业行为。总之，亚当·斯密认为，在完全竞争市场中没必要进行任何人为干预；因为市场具有自发的调节作用，可以通过市场自我调控实现资源合理配置。但事实上，亚当·斯密的理论也存在着一定的缺陷。

接着，马歇尔提出，企业在自由竞争的市场上为确保获得更高的利益，会扩大产量进行生产，形成规模经济。长期下来，市场很有可能会形成垄断而遏制竞争。这就使马歇尔意识到了现实经济生活中存在的垄断现象。垄断的产生会导致垄断利润、均衡价格上升，这就阻碍了市场条件下资源的最优配置。马歇尔考虑到了规模经济与竞争的关系，并弥补了亚当·斯密认为竞争机制会自动调节市场作用的局限。后来，马歇尔在其《经济学原理》一书中首次提出了产业组织的相关概念：产业组织既包括企业自身内部的组织，如一个工厂的车间、科室、经营部等；也包括产业内企业之间的组织，如企业集团、企业系列等；还包括不同产业间的组织。针对规模经济带来的影响，马歇尔提出，市场存在自由竞争发展所带来的产品市场占有率提高与造成市场垄断遏制自由竞争之间的矛盾,即"马歇尔冲突"。

传统的西方经济学理论认为,垄断现象是短暂且极少出现的特殊现象。他们认为,长期来看,垄断企业最终将因为技术进步受阻而不能维持其垄断地位,从而恢复到常见的完全竞争状态。但到了20世纪初,资本主义私有制内的生产关系通过阶段性调整,导致市场垄断逐渐取代自由竞争,垄断势力组织和企业发展壮大,社会上出现了各种各样的垄断组织和垄断现象。针对垄断带来的经济问题,张伯伦与罗伯逊合作发表了《不完全竞争经济学》《垄断竞争理论》,并提出了"垄断竞争理论",他们认为:实际上,垄断行业在现实生活中是会少部分存在的,垄断厂商在某种程度上可以调整价格,从而使其得到较高的利润。所以,政府的宏观调控便显得尤为关键。

(三) 主要学派及影响

传统产业组织理论的学派主要有结构主义学派和芝加哥学派。

结构主义学派又称哈佛学派,其代表人物是来自美国哈佛大学的经济学家爱德华·梅森(Edward Mason)和乔·贝恩(Joe S. Bain)。结构主义学派奠基了产业经济学的发展,其重点主要表现在市场结构对市场绩效的影响[1],该理论认为市场集中度的高低决定了企业的市场行为方式,而企业的市场行为方式又决定了企业的市场绩效。哈佛学派对美国实施的反垄断政策有着非同小可的影响,是产业组织理论的重要流派。

梅森曾在哈佛大学成立了一个产业组织的研究小组。该小组通过个案分析的手段,与其他结构主义学派的学者对市场竞争过程中的不同行业的市场结构及竞争行为和结果进行了深入的考察。基于垄断竞争的理论,梅森对生产扩张和行业垄断加剧反而会影响社会资源的分配问题进行了系统的原因补充;1938年,梅森提出了产业组织研究体系,并指出市场结构是市场行为和市场竞争的结果的决定因素;1956年,梅森研究了竞争的有效性及如何实现竞争效益最大化。市场上有众多的卖者和买者,但任何一方所占的市场份额都不足以控制市场,当买卖双方集团之间不存在共谋时,则为市场上新企业的出现提供了生机的活力,从而达到有效竞争的最

---

[1] 蔡雅珺:《芝加哥学派竞争理论及其对我国反垄断的启示》,载《甘肃行政学院学报》2004年第2期,第57~59页。

佳状态。1957年,梅森又指出产业组织理论不仅仅只是依靠制度和实证研究,还应该建立起更一般的分析结构。

梅森的学生贝恩对产业组织理论展开了深刻考察,在20世纪50年代出版了《产业组织理论》一书,这是第一部系统阐述产业组织理论的教案,标志着以哈佛学派为代表的产业组织理论的基本形成。贝恩第一个提出了产业组织的研究目标和途径,以及"市场绩效—市场行为"两段式的理论范式。后来其他结构主义派的学者谢勒等人在此基础上进一步发展,采用横向分析法得出了市场结构、市场行为、市场绩效之间存在着一种单向的因果联系。一层推进一层,即市场结构决定着企业的行为,企业的行为又决定着市场结果。[①] 最后逐渐建立了市场结构（structure）—市场行为（conduct）—市场绩效（performance）的著名管理分析研究框架——SCP分析框架。通过研究发现,垄断的市场结构会导致垄断的市场行为,进而还会导致低劣的市场绩效特别是资源配置的非效率性。同时,强调政府应该主动对市场,尤其是对公共领域进行干预;通过采取适当的政策去调整或改进市场结构,以达成具有竞争活力的市场结构。贝恩指出,市场结构集中度的高低是由一个或多个寡头所控制的,也由进入某一个行业的壁垒高低程度所决定,市场竞争活力会受到诸如此类因素的影响,所以结构主义学派更加强调市场结构对企业行为、企业绩效好坏的影响。SCP分析框架的建立标志着产业组织理论的初步成熟,在当时被人们广泛接受,产业经济学也在逐步发展为一门相对独立的经济学科。

尽管结构主义学派在不断地修改与发展,但由于其不太注重理论模型的分析,因而该学派理论的逻辑体系不严密,缺少微观基础的支撑,遭到了一定的攻击。20世纪60年代,芝加哥学派的代表人物施蒂格勒、德姆塞茨、布罗曾、波斯纳等人对结构主义学派展开了激烈的论战。在结构主义学派兴盛的时候,美国政府实施了反垄断政策,对市场进行了一定的干预,以保证市场总体处于完全竞争状态。"二战"后,美国经济遭到空前打击,在财政和贸易上入不敷出,大部分产业出现虚化现象,国际竞争力逐渐降低,因此,结构主义理论观点开始受到强烈批判。芝加哥学派认为,结构主义学派所倡导的反垄断政策欠缺灵活性,过于机械化;且竞争

---

① 汪爱娥、包玉泽:《农业产业组织与绩效综述》,载《华中农业大学学报（社会科学版）》2014年第4期,第70~75页。

机制会在市场上自行发挥作用，要相信市场的自我调节能力。他们认为，市场的重点应该放在竞争效率的研究上：在市场竞争机制的作用下，市场必然能够达到均衡；即使市场上出现了局部的垄断，从长期来看也不一定会带来低效率。芝加哥学派持有与结构主义学派截然相反的态度，他们信奉经济自由主义，反对政府无条件地干预市场，认为干预只会导致市场失灵。

与此同时，芝加哥学派又基于SCP分析框架指出，企业行为与企业绩效才是真正的核心，应该关注市场作用的结果。[1] 即使是在存在垄断势力或不完全竞争且无政府规制的条件下的市场中，竞争的均衡状态也是可以长久存在的。结构主义学派提出的"集中度－利润率"假说也遭受了芝加哥学派的批评。德姆塞茨（Harold Demseti）认为，高集中度促进企业利润率增加的相关关系，这不一定说明集中度高的企业取得的高额利润全是垄断势力造成的，其还可能与大企业的生产经营效率相关。因此，即使市场结构是垄断或被寡头高度占用的，只要市场绩效良好，政府完全没有必要对市场采取严格的管控措施。芝加哥学派并不认同产生超额利润的寡头或垄断市场结构的产业就会导致资源配置效率低下，削弱市场的竞争性；他们认为，具有垄断势力的企业获得比其他普通企业更高的利润只是一种临时性的现象，市场的非均衡状态会因其往市场的均衡方向变化而消失。

施蒂格勒（George Joseph Stigler）在1968年出版的《产业组织》成为芝加哥学派理论成熟的标志。比起其他的理论学派，芝加哥学派开始占据主导地位，与结构主义学派共同构成传统产业组织理论学派的经典。

传统产业组织理论对反垄断政策的发展过程有着深刻的影响，美国自由竞争的市场态势在19世纪时达到了高峰；随之垄断的发展成了必然。为了抑制出现令公众恐惧又反感的垄断现象，美国国会专门出台了《谢尔曼法》，标志着反垄断政策从此在美国开始兴起。

在20世纪30年代结构主义学派繁荣发展之前，反垄断政策的实施主要是为了营造自由竞争的市场环境，保护市场上微观主体充足的经济自由和平等的竞争地位，但是初期出台的《谢尔曼法》的反垄断政策的施行效果不佳。美国在"二战"后，受结构主义学派的SCP框架的影响，以其

---

[1] 张川、邓立治：《产业组织理论重要学派的观点和方法比较研究》，载《中国管理信息化》2013年第16期，第40～42页。

理论为核心的反垄断政策把控制市场结构作为出发点去管制垄断,避免个别垄断资本过于膨胀而控制支配市场。

芝加哥学派认为,市场集中度高有利于某些行业进行大规模生产,从而提高生产效率和经济效益[①];因此,大企业所获得的高利润可能主要得益于企业提供的优良产品和服务质量、高效的经营方式等,而与市场结构是否存在垄断势力无关。芝加哥学派认为,反垄断政策的要点是不应对市场结构进行调整,而应对企业的市场行为进行监督管制;应适当放松以往反垄断政策的执行措施,更改反垄断立法的目的应以提高经济效率为主。20世纪70年代后,美国受新的理论学派影响,把实行反垄断政策的目标更改为提高市场经济效率。

## 二、现代产业组织理论

### (一) 理论沿革与特征

20世纪70年代,产业组织进入到全面深化发展阶段,新产业组织理论的产生不仅从原有理论中摄取养分,还创新引进许多新理论,例如博弈论、信息经济学等。其在许多研究领域都克服了传统的结构主义,将产业组织领域从传统的结构主义转变为行为主义,推进了产业组织理论的深刻变革。

与传统产业组织理论相比,新的产业组织理论有一些核心的变化。在新的历史条件下,新产业组织理论的研究基础发生了变化,企业与市场的互动行为是主要内容之一,即讨论特定市场条件下企业市场行为对竞争乃至社会保障的影响。在研究方向上,新产业组织理论突显市场行为,对不完全市场结构条件下厂商的组织、行为和绩效进行探究,不再强调市场结构,以理论化为倾向的新产业组织理论探讨策略性行为,着重强调对厂商市场行为的探究。市场环境与企业行为之间的相互作用反映了产业组织理论的循环和链条。在研究手段上,该理论运用了大量的现代数学分析工具,并运用博弈论创建相关的理论模型。新产业组织理论与传统产业组织的一大显著差异体现在博弈论是否适用。新产业组织理论的代表人物主要

---

① 余东华:《美国反垄断政策的演进及对我国的启示》,载《亚太经济》2008年第1期,第42~49页。

包括考林、沃特森、威廉·杰克·鲍莫尔、泰勒尔、夏皮罗等,主要学派有新奥地利学派、新制度学派和网络组织理论学派。

新产业组织理论运用博弈论对 SCP 框架提出质疑,指出企业扮演价格接收者和决策者的角色,在充分考量竞争对手反应的具体情况下,以利润最大化为目标,会主动对价格、投资、研发等行为的决策实行修整。芝加哥学派指出,信息的不完全与不对称使公司和竞争对手难以在没有合作的情况下单方面获得市场机会,事实上,单个公司无法实施阻碍竞争对手的战略。新产业组织理论在博弈论的基础上进一步探究,未回应传统学派的争论,而是将分析核心集中于具有垄断力量的特定企业对竞争、社会带来的影响,从侧面印证了策略性行为于产业组织理论中的地位。

企业为实现利润最大化而实施影响市场环境的行为被称为策略性行为。影响市场绩效的所有要素组合总称为市场环境,包括顾客、竞争对手、知识和技术、成本等。按行为分类,策略性行为有合作策略性行为及非合作策略性行为两大类。合作策略性行为是企业为协调和控制行业内其他企业行为而使得相关企业获益所采取的相关行为,这种获益来自行业内竞争的减少;非合作策略性行为是企业旨在提高其市场竞争力和最大化盈利能力所采取的相关行为,其有别于合作策略性行为的是,非合作策略性行为通过降低竞争对手的利润来提高自身利润。[①]

新产业组织理论认为,价格竞争是短期的策略性行为的主要表现形式。短期内,企业在通常情况下能够对价格进行较快的调整,实施某种价格策略来挤压竞争对手或影响潜在竞争者对利润水平的预期。限制性定价和掠夺性定价是价格竞争可以在短时间内完成的主要形式,统称为策略性定价行为。限制性定价行为的基础思想是:如果进入前价格与进入后速度具有正向关系,在位厂商就能够利用价格下降来阻止其他厂商进入;其通过调整产量水平及相应的价格水平,降低潜在竞争者对进入市场后利润水平的预期,从而降低本行业对投资者的吸引力。限制性价格使在位厂商能够预估组织进入的最高价格,根据市场需求、市场份额估计以及进入市场后的竞争和协调水平来确定价格于进入者的成本函数。在限制性定价性行为中,在位厂商只能通过影响价格调整来影响行为,利用低于短期理论最大化水平的价格,影响进入者对进入后利润的

---

① 石奇主编:《产业经济学》(第三版),中国人民大学出版社 2008 年版,第 56~80 页。

期望，进而达到阻止新进入者的目的。在位厂商通过将价格降低至竞争对手的平均水平之下，以达到排挤竞争对手或限制其进入的目的，即通过牺牲自身的短期利润来换取长期利润。这通常表现为具有经济技术实力和一定行业地位的生产者为完全独立于竞争激烈的市场制定价格，或为防止潜在竞争者进入市场，以低于规定市场价值的价格销售商品或提供服务的行为，然后在竞争对手返回后再提高价格。此类厂商一般在某一方面具有相对的优势，如雄厚的经济实力、垄断利润、对厂商的定价具有决定性影响等。

在这种情况下，就需要政府进行规制，规制决策中对被规制企业效率的"激励"问题是新产业组织理论区别于传统学派的另一大特征。但哈佛学派认为，规制者制定规制政策的目的是增进社会福利，避免市场失灵造成的福利损失，其将规制决策供给视为一个增进社会福利的"黑箱"，哈佛学派提出以"公共利益假说"为理论基础，对市场集中度高的行业施加规制。而芝加哥学派则利用对规制决策的制定过程来论证与批判"公共利益假说"，认为规制机构出于满足某些特定社会集团的利益而造成程序不公，进而产生规制低效率的问题。该学派对规制决策过程进行了大量的实证分析，其研究结果表明，规制供给实际上也是一个满足特定利益集团的"黑箱"。

承认存在规制俘获是新产业组织理论与芝加哥学派的一大共性。不同的是，新产业组织理论认为，规制俘获的发生机制是由于信息不对称、合约不完美等现实因素为被规制者提供了"租金"；新产业组织理论则强调人格化这一类不可测量变量在规制理论中的重要性，例如人格化企业自主选择是否愿意为减少成本而付出努力。公共政策主张是新产业组织理论的第三个特征。传统产业组织理论被称为一般性公共政策主张，哈佛学派理论结构主义框架经分析得出，高集中度的市场结构意味着低社会福利，该学派因此鼓励政府主动实施反垄断政策和规制政策，甚至提出拆分垄断企业；芝加哥学派则与哈佛学派相反，其主张放松反垄断政策和规制政策，认为高效率导致高集中度，规制俘获导致规制低效率。新产业组织理论的结论显示，政策的实施需要因地制宜，不能一概而论，并非所有具有垄断权力的商业活动都会对社会构成威胁。

与传统产业组织理论相比，新产业组织理论更为注重现实因素，认为政府需依据不同产业的特性来规制政策的制度，对会损害社会福利的垄断企业进行激励性规制，激励强度也需依照现实因素而确定，不采用价格上限类最高激励强度的规制形式。新产业组织理论的规制政策不仅遵循一般性理论指导，还强调不同产业、不同现实情况等需要采取不同的激励性规制强度，不会一味地认为需采取相同的激励强度。

新产业组织理论的支持者不仅采用激励规制对传统的规制政策进行调整升级，还强调考虑高强度激励方案的成本问题。在现实情况下获取的信息往往存在不对称性，因而在指定激励强度时，需考虑激励和提取信息租金两个角度，对其进行权衡考虑，高激励强度的规制方案确实能够让企业有动力降低成本，但该方案允许企业获取大量信息租金将导致企业行为扭曲进而引起效率损失。

在反垄断政策上，与传统产业组织不同的是，新产业组织理论主要研究有市场势力的企业行为是否会危及社会福利，不再关注企业的高利润源于何处，不再有鲜明的取向，且与博弈论相融合，在探究分析中考虑到了显示因素，对反垄断政策方面给予了详细的理论支撑。传统产业组织理论往往只会给出反垄断政策建议，而新产业组织理论则会给出在特定条件下的某种企业行为是否会危及社会福利的具体论断。

从新产业组织理论所给出的具体政策建议来看，该理论支持特定条件下应对企业的上下游进行纵向行为约束；由于信息存在不完全性，个别企业可能会出于某些不合理的目的进行纵向兼并，该理论认为应对此种企业行为进行适度干预；在创新方面也要辩证地看待，应制止企业间进行价格合谋，但在企业专利池方面应鼓励合作，使其能够促进社会福利的增加。

（二）主要学派与影响

**1. 新奥地利学派**

新奥地利学派是20世纪后期根据产业组织学说建立的产业学派之一，其等同于产业组织学当中的行为流派。产业组织理论是以奥地利学派理论为基础的。新奥地利学派的代表人物主要有米塞斯（Ludwig Heinrich Edler von Mises）、米塞斯的学生和追随者哈耶克（Friedrich August von Hayek）、柯兹纳（Israel M. Kirzner）等。新奥地利学派竭力主张传统的自由放任经济，重视市场竞争的行为性、过程性，反对凯恩斯主义的国家干预。他们认为自由竞争的市场制度是极为关键的，自由竞争的市场制度促使那些资源有效配置所需的必要信息在经济活动中得到充分利用。他们不认同政府的作用，认为政府干预反而会破坏经济活动和资源合理配置的效率，并希望在国际经济关系中恢复贸易自由。虽被称为新奥地利学派，但这一学派在英美的学术界掀起了热潮，对西方科学界有着深远的影响，许多产业政策、反垄断法规也都依照这一理论制定。新奥地利学派批评传统哈佛学派的反垄断政策，这与芝加哥学派是一致的。同时，他们否定以新古典经济学为核心的价格理论。新奥地利学派注重对个体行为的逻辑和过程分析，相信自由，鼓励有序的市场结构，并以其独特的改善市场过程的方法为指导。有关价格理论方面，新奥地利学派对新古典学派提出了批判，新古典学派的价格理论指在一定条件下的市场均衡对市场进行分解，该学派以经济学作为理论的基本着眼点，并用物理学的研究方法来剖析经济理论模型。新奥地利学派的学者认为，该方法不易真正紧贴和解释市场经济实质，故而在此背景下不宜采用物理学的研究方法。

对市场过程中信息问题的研究是新奥地利学派的一个重要贡献。该学派强调市场的持续竞争过程，认为现代竞争均衡假设存在的情况，其实是竞争过程的结果。新古典价格理论均衡分析的核心是完全竞争假说，而该假说却受到了新奥地利学派的质疑。新奥地利学派认为，市场是一个知识和信息的发现过程，人们必须从市场知识与信息的不完全性来研究市场经济的本质。该学派在奈特不确定性概念的基础上不断发展延伸，指出信息不全面或存在信息遗漏导致的决策失误是市场不均衡的根本原因，此种现象将导致利润机会的遗失。在新奥地利学派看来，完全竞争理论从已假定情形出发是毫无价值的，哈耶克认为完全竞争的问题在于其描述了一个均衡的状态，而忽视了导致均衡的竞争过程，同时，完全竞争理论定义排除了所有竞争因素，如提高或者降低价格、区分产品等，其只叙述了作为竞争结果的均衡状态。

新奥地利学派认为，完全竞争理论在现实中是不实际且易产生误导的，在市场不确定的情况下，并非所有的未来自然状态都会发生，同时完全竞争模型也无法在现实市场环境下应用，现实市场难以形成完全竞争条件，无法用其理论模型来解释现实的市场经济。这种竞争分析有一个前提：市场参与者都必须具有把握市场全部信息和知识的能力，即"信息的完全性"。在不确定的现实环境下，知识和信息分散在亿万人的头脑中，变幻无穷。这就是为什么经济生活的基本问题是如何识别知识和信息，并将其应用于具有高社会效益的领域，但这一概念只能在竞争激烈的市场中实现。

新奥地利学派在研究架构里重视创新精神。在新奥地利学派和新古典主义理论中，企业家的角色也有所不同。在新古典主义理论中，企业家被认为是静态和被动的，这主要体现在完全信息和完全市场上。新奥地利学派因信息不完全性，强调企业家如何在竞争激烈的市场中管理资源流动，以便更好地满足消费者的需求。

新奥地利学派代表人物柯兹纳支持米塞斯的"人的行为观念"并在其基础上有所发展，他指出，创业精神的本质在于发现新的但又能满足人们所期待的需求，以及满足这些需求的新资源、新技术或其他方式和手段的能力。柯兹纳提出了经济学中社会生活的各类手段和方式与其目的之间的关系并不是持续一成不变的，其主要受到具有创造性的个体和社会人的各种行为的制约。企业家可以在要素投放价格小于最终产品价格时进入市场，注意并能够更好地充分利用这个机会去满足消费者的需要。柯兹纳认为，市场失衡的关键因素是市场参与者由于缺乏信息或忽视信息，即信息不完整导致的决策出错而失去利润机会。

在市场不均衡的调节过程中，企业家发挥着平衡的作用。新奥地利学派否认政府干预的作用，主要原因是政府所获得的知识和信息也具有不完全性，政府过多的干预反而会带来负面影响，最终可能妨害市场绩效。新奥地利学派不赞同哈佛学派的结构主义政策，认为市场竞争无法用集中度和市场份额等因素来衡量；竞争是建立在创业精神基础上的，不能被他人夺去。因此，在自由市场准入的条件下，富有强大的创业精神可以带来竞争压力。从产品差异化的角度来看，新奥地利学派认为差异化是一个重要因素，是竞争的具体表现，也是保证正常竞争的重要手段。企业可以借助产品的非同质性与差异化来发掘或创造新的利润契机，消费者也由此得到满足。从进入壁垒的角度来看，新奥地利学派认为引进新公司首先取决于企业家的努力，进入的唯一障碍是政府的进入规制政策和行业垄断。如果要有效地鼓励竞争，就必须取消过时的政策。在对待反垄断和规制政策上，新奥地利学派对大规模企业组织、垄断势力企业更包容，认为垄断企业从本质上来说是经历了激烈的市场竞争后依然顽强生存下来的最有效企业。

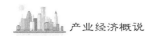

## 2. 新制度学派

新制度学派形成于20世纪50年代，在20世纪60年代后有较大发展，是在凡勃伦、康蒙斯、米切尔等传统制度经济学的基础上发展而来的。新制度学派强调制度分析，其核心是"结构改革"，分析了科技进步对现代资本主义性质和特征的影响，然后给出改进方案。它一方面继承了传统的制度学派，利用已有的制度分析方法、结构分析方法进行研究；另一方面，结合"二战"后新的政治经济条件，分析了更多资本主义的现实问题，不仅批判了资本主义的缺陷，而且提出了一系列相对完善的政策建议。"二战"以后，凯恩斯主义成为经济学的新正统派，其实践性、政策性手段成为各个国家的操作工具，但在理论上却无法解释复杂多样的社会经济问题与原因，也找不到更好的办法，这时，新制度经济学出现了。新制度经济学可以从制度环境本身、从结构本身找到一些解释经济社会现象的依据。新制度经济学派认为，传统的经济学采用数量分析的方法，其实具有较大的局限性，因为经济中的量的变动无法解释经济中质的问题，在影响经济发展的变量中，历史因素、社会因素、政治因素、心理文化因素可能有相当重要的作用。因此，单一的数量分析不是经济学的本质，而应当加入社会权力分析、利益集团分析、规范分析，甚至要适度结合市场与计划，将政策主体和市场主体统一进行研究分析，才能得到正确的结果。

新制度争取之所以被称为"新"，第一"新"在改革，该学派在继承传统制度学派观点的基础上，不断创新改革；第二"新"在政治经济环境，面对"二战"结束后出现的新政治经济条件，资本主义出现了一些新的问题。新制度经济学敢于直面这些新的问题。因此，新制度经济学与传统制度经济学相比，少了一些抽象的价值判断，多了一些直面社会经济问题的手段与方法。但新制度学派与传统制度学派的共同缺陷是都没有一致的理论体系，该学派内各学者的学说几乎自成体系，没有统一化的观点，没有本派公认管理者，也没有权威性论著。[1]

随着产业组织理论的迅速发展，伯勒和米恩斯发展了凡勃伦的观点，他们指出，新古典经济理论对如下这种变异现象给出了详细的解释：以股份制为基本特征的现代大公司愈发不受市场制约。新制度经济学的代表人

---

[1] 臧旭恒、徐向艺、杨蕙馨主编：《产业经济学》，经济科学出版社2005年版，第60～75页。

物加尔布雷斯（John Kenneth Galbraith）定义了"抗衡力量"的概念，分析了生产者在内部产权和组织结构发生变化时的各种行为。加尔布雷斯认为抗衡力量以寡头市场为关键，这是垄断资本主义条件下的另一种调节经济活动的机制，而不是竞争机制。此类机制能够帮助资本主义摆脱垄断统治，还能解决因过度竞争带来的相关不良结果。综上所述，竞争和垄断二者的存在关系需要相互制约、互相权衡，既不能缺少竞争，不能竞争过度。垄断可能带来负面影响，但在一定的条件下，它也可以提供更高的规模经济、改善社会福利。从方法论的角度而言，新制度学派归属于行为主义，在研究中重点论述厂商行为的重要性。

新制度学派的结构分析方法和规范分析方法在其理论体系中发挥了重要作用。一方面，继承了旧制度学派对古典经济学的抽象演绎法的否定，深化制度演进的、整体的方法的运用；另一方面，反对传统经济学对市场主体个体的分析，并认为这是均衡的、静止的分析法，无法找到参与者各个经济利益集团之间的内在结构，与社会经济现象的实际是脱节的。经济与制度息息相关，和制度是互为因果的动态过程，不是静止的。新制度学派认为结构包含整体，在经济分析中应该将社会经济生活作为一个整体来考察，要去考察制度运行中各个相关因素的联系与作用，才能真正了解经济运行规律，即经济不能与社会整体脱节。新制度经济学还强调规范分析方法。认为经济不只是单一的"经济"现象，应该有价值判断的成分，经济增长是社会价值目标之一，实现这一目标可以依靠更低的经济成本，但可能要付出更多的非经济成本（社会代价）。因此，新制度学派认为，社会价值判断是社会经济生活、政治生活所不可回避的问题，价值判断应成为经济学研究的重要变量。加尔布雷斯认为，经济社会有两个并行不悖的系统——计划系统和市场系统，这两个系统的对立使得权利分配不均衡，市场系统通常会受计划系统的支配和盘剥，是被动的那一方。权利分配的不均会造成一系列社会经济后果，比如教育权利的不平等和阶层的分化。因此，他认为虽然市场离不开计划，但计划应该放权于市场，政府不能完全不干预，但也不能过度干预。

从这些理论主张出发，新制度学派认为现代经济发展的当务之急是改变权力分配的不平等的现状。比如，对大公司、人机构要限制权力，对小微企业和个体生产者要提高权力，使得大公司不能再利用手中的权力来剥削小企业和个体生产者。政府应当对大企业实行价格管制，限制它们利用市场上的价格波动来损害小企业和消费者的利益；对于小企业，则不应当采取价格管制的做法，而应当鼓励小企业联合起来维护自己的产品价格的稳定性。一旦大企业和小企业在权力方面的差异缩小了，经济中的收入不均等状况也就会减少。新制度学派在批判资本主义现行经济制度的缺陷并提出自己的改革主张的同时，把实行改革的政治责任放在了科学教育界和立法机构的肩上。在它看来，科学教育界可以在人才的培养目标方面和教育制度的改革方面发挥作用，而立法机构可以通过一系列有助于限制大公司和保护小企业的法律，使资本主义经济中的改革付诸实施。新制度学派有些观点是比较符合实际的。例如，它注意了当代资产阶级经济学正统派未注意或有意回避的妇女问题、家务劳动问题、少数民族问题、小企业和个体生产者的困境问题等；较多地揭露了垄断组织与国家机构相勾结的一些情况；在一定程度上指出了凯恩斯主义在理论上的错误和在政治上有利于大资产阶级的实质。

## ❋ 本章小结 ❋

区域产业组织不是法律意义上的经济组织，而是典型的经济组织，是产品和服务具有高度替代性的企业集合，体现的是企业间的关系。产业内企业间由于互动关系紧密、产品和服务替代性高，关联性极其高，从而形成了高度关联的组织形态，即从企业集合外来看，具有"组织"的一切特征，比如企业集团、分包制、连锁、企业系列、集群等，通过技术关联、组织关联、产品关联、资源条件关联等，形成紧密化的关系结构。这些关联的本质是分工与协作。产业组织不同于产业结构。产业组织主要关注的是产业内企业间的关系，而产业结构则主要关注的是产业间的关系问题。

基本产业组织形态包括纯市场形态和网络组织形态。纯市场由市场的价格机制起作用，从而进行定价交易，自由竞争。网络组织也可称为中间组织，是在传统的市场与企业两分法之外的更加实际与复杂的一种组织形态。随着专业化分工的不断加深、信息网络的横向延伸加快了网络组织的不断发展与进步，企业集团、分包制、供应链、虚拟企业、企业集群、战略联盟、一体化一些具体化的网络组织形态应时而生。

产业组织理论主要研究的是企业在不完全竞争市场条件下所处的市场结构以及企业在此状态下所做出的市场行为，它是现代产业经济学的一个重要组成部分,也是个体经济学的延展内容。传统产业组织理论的学派主要有结构主义学派和芝加哥学派。新的产业组织理论主要有新奥地利学派和新制度学派。从新产业组织理论所给出的具体政策建议来看,该理论支持特定条件下应对企业的上下游进行纵向行为约束;由于信息存在不完全性,个别企业可能会出于某些不合理的目的进行纵向兼并,该理论认为,应对此种企业行为进行适度的干预;要辩证地看待创新,应制止企业间进行价格合谋,但在企业专利池方面应鼓励合作,使其能够促进社会福利的增加。

## 思考讨论题

1. 现实中存在纯市场组织吗?为什么?
2. 什么是产业组织?有哪些形态?
3. 什么是企业集团?是如何形成的?
4. 什么是战略联盟?有哪些联盟方式?
5. 举例说明区域政府是如何实现产业联盟的。
6. 什么是一体化?有哪些方式?
7. 传统产业组织理论有哪些主要观点?有什么意义?
8. 谈谈新制度经济学派的主要贡献。
9. 利用新制度经济学的规范方法,分析区域政府超前引领要注意哪些问题。
10. 阅读以下材料并思考:为什么要推动这个企业联盟?企业会加入吗?加入的原因是什么?

### 六部门联合发文鼓励运输企业创新发展,促进产业、联动企业联盟

2017年2月14日,由国家交通运输部、财政部、国家铁路局、中国民用航空局、国家邮政局、中国铁路总公司六部门联合发布《关于鼓励支持运输企业创新发展的指导意见》(简称《指导意见》),从协同模式、组织方式、新技术应用、财税金融政策、法规体系等多个维度,为运输企业发展注入强劲推动力。计划到2020年,培育一批具有国际竞争力的创新型运输企业,使运输企业创新活力不断增强,服务国家"三大战略"实施和经济社会发展。

《指导意见》提出，鼓励支持运输企业协同创新，促进产业联动发展、企业联盟发展、旅客联程运输发展。在产业联动方面，鼓励运输企业打破单一产业界限，引导运输企业与现代农业、现代物流、邮政快递、商贸流通企业无缝衔接，打造全链条、立体式交通物流体系。鼓励运输企业与先进制造企业建立供应链战略合作关系，促进物流业与制造业流程再造。推进运输企业与文化旅游业深度融合，引导航运企业大力发展航运金融、保险、航运交易等现代金融，拓宽投融资渠道，促进航运服务业发展。在企业联盟发展方面，鼓励运输企业组建企业联盟，促进产业链、供应链和服务链的一体化整合、网络化发展、系统化集成，推进冷链物流联盟、危险货物运输联盟、多式联运联盟发展。在旅客联程运输方面，推动跨运输方式的客运联程系统建设，统筹运输方式间运力、班次对接，引导运输企业开展空铁、公铁、公水等旅客联程运输服务，推广普及道路客运电子客票、网络购票、实名制购票，鼓励第三方加快综合客运联网售票平台发展，引导联程运输票务一体化发展。在推进运输企业"双创"方面，《指导意见》明确提出，支持交通出行、无车承运、快件投递等领域服务众包；鼓励大中型运输企业、行业协会和企业联盟为中小企业提供货源、车源、信息、技术等扶持；通过实物众筹、股权众筹等方式，拓宽运输企业创业创新投融资渠道。货运组织方面，引导铁路运输企业开发小运转、快速循环、城际间等多频次、多样化的集装箱班列服务产品，打造铁路运输快件示范线；推广"多站合一"的农村物流节点发展模式；引导航运企业加快构建全球海运网络，实现吨位共享、舱位互租、航线联营；支持组建国际化、规模化的混合所有制航空物流公司等。《指导意见》还明确促进新装备、新技术应用，完善激励政策，鼓励支持运输企业技术创新，运输企业平均研发投入占营业收入比例力争达到 2.5%。

（资料来源：交通运输部网站，www.gov.cn/xinwen/2017-02/14/content_5167857.htm，2017-02-14。）

# 第四章　区域产业经济的市场结构

与传统经济学一样，市场配置是可经营性资源的基础性配置。本章所阐述的产业经济的市场结构与传统市场结构具有相似性，主要探讨完全竞争市场、垄断竞争市场、寡头垄断市场和完全垄断市场的结构特征，以及由此类市场结构特征所决定的价格机制、供求机制和竞争机制。对于区域政府来说，在尊重市场机制的基础性作用的同时更要了解市场的不足，从而采取一定的措施以弥补市场的不足。

## 第一节　完全竞争市场

### 一、完全竞争市场及其形成条件

完全竞争市场，又可以称为纯粹竞争市场或者自由竞争市场，是指一个市场中有非常多的供应产品的厂商，这些厂商都以相同的方式向市场提供无差别的产品。由于市场中的厂商和消费者数量众多，因而在这样的竞争环境中，单个厂商和消费者的决策均无法影响到市场的价格，他们只能是价格的接受者。

基于完全竞争市场的定义，我们可以将完全竞争市场的条件归结为四点：第一，市场上存在着数量巨大的厂商和消费者。由于市场上的厂商和消费者数量非常多，因而，单个厂商的供应量和单个消费者的需求量在庞大的市场总供应量和总需求量面前，都是微乎其微的，这就如同沙漠中的一粒沙子，单个厂商的供应量有多少、是否供应，单个消费者的需求量有多少、是否有需求，对于整个庞大的市场而言，都不会产生影响。因此，任何单个厂商和消费者对这样的市场的市场价格都没有控制的能力，他们只能作为价格接受者，被动地接受确定的市场价格。第二，市场的每一个厂商供应的产品都是无差别的。产品无差别指的是厂商供应的产品是完全同质的，此种同质包括质量、规格、商标、售前售后服务等完全一致。因而对于市场中的消费者来说，购买任意一家厂商的产品都是一样的，且在这样的市场中，任何厂商都不会单独降价，因为市场中消费者众多，其产品不降价也卖得出去，同样，任何厂商也不会单独涨价，如果这么做就会导致其产品完全卖不出去。在这样的市场中，厂商总能够按照确定的市场价格实现属于自己的市场销售额，单个厂商既不会单独降价，亦不会单独涨价。由此可见，厂商和消费者在该市场中的价格接受者的身份被第二个条件进一步地强化。第三，市场中的资源是可以自由流动的。所有的资源都可以在厂商之间和行业内外自由流动，没有任何阻碍，这意味着任意厂商进出该行业市场都是毫无难度的。因而，资源可以及时地流入以得到更大利润的生产，同时也可以及时地从亏损的生产中退出。在资源的自由流动中，伴随的是具有效率的厂商淘汰缺乏效率的厂商的过程。第四，市场中的信息是完全的。在完全竞争市场中，厂商和消费者都获得了与其自身决策相关的所有信息。因此，每一个厂商和消费者都可以依据自身掌握的完全信息，做出对自身最大收益的经济决策，从而获得最大的经济收益；又由于所有的厂商和消费者都知道确定的市场价格，且都按照这一价格进行交易，因而排除了市场信息交流不畅导致的按照不同的价格交易的情况。

## 二、完全竞争市场的需求曲线

在完全竞争市场中，对于单个厂商产品的需求，可以用该厂商所面临消费者的需求曲线来表示，简称为厂商的需求曲线。由于完全竞争市场中的厂商是价格接受者，所以，在完全竞争的市场环境中，市场的供给曲线 $S$ 和需求曲线 $D$ 相交的点为市场的均衡点，该点的价格为市场的均衡价格 $P_e$，如图 4-1 所示。对应地，单个厂商的需求曲线是一条由确定的市场价格水平决定的水平线，即图 4-2 中由既定的价格 $P_e$ 决定的水平线 $d$ 就是厂商的需求曲线。厂商的需求曲线呈水平状，意味着厂商只能被动地接受确定的市场价格，厂商既不能也没必要去改变这一价格。

在完全竞争市场中，虽然单个厂商或者消费者的买卖决定无法影响市场的价格，但需要注意的是，这并不意味着完全竞争市场的价格是不变的。当其他一些因素发生变化时，比如政府的行业政策变动、行业生产技

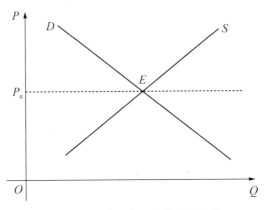

图4-1 完全竞争市场的供需均衡

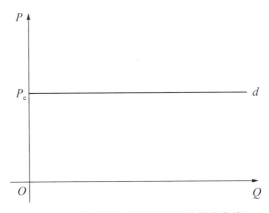

图4-2 完全竞争市场中厂商的需求曲线

术的改变、厂商上游供应链成本的变化、市场中消费者整体收入水平的变化等,都有可能使市场中众多的厂商和消费者的供应和需求发生变化,从而使市场的供需曲线发生移动,最终形成新的均衡价格,即新的市场价格。在新的均衡价格下,厂商可以得到一条由新的均衡价格决定的水平线,即新的厂商的需求曲线。如图4-3和图4-4所示,一开始,市场的需求曲线是$D_1$,供给曲线是$S_1$,市场的均衡价格是$P_1$,对应的厂商的需求曲线是由$P_1$出发的一条水平线$d_1$;当市场的需求曲线由$D_1$移动至$D_2$,同时市场的供给曲线由$S_1$移动至$S_2$时,市场的均衡价格下降为$P_2$,于是新的厂商的需求曲线是由新的均衡价格$P_2$出发的另一条水平线$d_2$。可以看出,虽然市场的均衡价格会因为一些因素发生变动,但是厂商的需求曲线总是水平的。

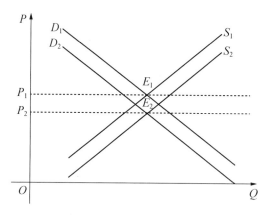

图4-3 均衡价格和均衡产量的变动

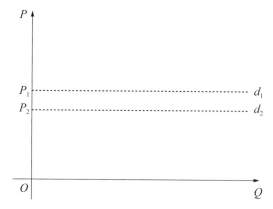

图4-4 完全竞争市场中厂商需求曲线的变动

在完全竞争市场中的厂商与其他类型市场中的大多数厂商的目的一样,即努力使其利润最大化。下面将使用一个具体的例子来说明厂商如何达到其目的。

假设有一家农场,其小麦的总产量为 $Q$,并且其向市场出售的小麦单位价格为 $P$,则农场的总收益为 $P \times Q$。比如,1斤小麦卖6元,而该农场卖出1000斤小麦,其总收益就是6000元。

由于单个农场与整个农产品市场相比是微不足道的,因此农场接受既定的市场条件决定的价格。这意味着,小麦的价格并不由单个农场生产销售的小麦的产量决定。如果单个农场的小麦产量翻倍,由于小麦的价格仍然不变,这个农场的总收益也翻倍,说明单个农场的总收益与其产量是呈同比例变动的。

在表4-1中，前两列表示农场的产量和其出售小麦的单位价格，第三列是农场的总收益。表中小麦的价格是1斤6元，因此总收益就是6元乘以斤数。

表4-1 农场的收益

| 产量/斤 | 价格/元 | 总收益/元 | 平均收益/元 | 边际收益/元 |
| Q | P | $TR = P \times Q$ | $AR = TR \div Q$ | $MR = \Delta TR \div \Delta Q$ |
| --- | --- | --- | --- | --- |
| 1 | 6 | 6 | 6 | 0 |
| 2 | 6 | 12 | 6 | 6 |
| 3 | 6 | 18 | 6 | 6 |
| 4 | 6 | 24 | 6 | 6 |
| 5 | 6 | 30 | 6 | 6 |
| 6 | 6 | 36 | 6 | 6 |

表4-1的第四列表示平均收益，平均收益是第三列的总收益除以第一列的产量。平均收益表示厂商从销售一单位产品中得到了多少收益。从表4-1可以看出，小麦的平均收益为6元，正好等于小麦的单位价格。这就得到了一个一般性结论：平均收益等于总收益除以产量，且对于所有厂商而言，平均收益等于产品的单位价格。

表4-1的第五列是边际收益，边际收益是厂商每卖出一单位产品所引起的总收益的变化量。在表4-1中，边际收益等于6元，即1斤小麦的价格。这个结果说明了一个适用于完全竞争市场中的厂商的结论：由于在完全竞争市场中，厂商面临的价格是确定的，因此每增加一单位销售，其总收益增加值是确定的，即为价格$P$，对于完全竞争市场的厂商而言，边际收益等于产品的价格。

厂商的目的是利润最大化，利润就是总收益减去总成本。在表4-2中，我们具体地分析上述的农场的供给决策。该表的第一列是农场的小麦产量，第二列表示农场的总收益，第三列表示农场的总成本，其包括固定成本和可变成本，为了方便分析，我们假设固定成本为3元，可变成本则与小麦的产量相关。

表 4-2 农场的利润

| 产量/斤 | 总收益/元 | 总成本/元 | 利润/元 | 边际收益/元 | 边际成本/元 | 利润的变动/元 |
|---|---|---|---|---|---|---|
| $Q$ | $TR$ | $TC$ | $TR-TC$ | $MR=\Delta TR \div \Delta Q$ | $MC=\Delta TC \div \Delta Q$ | $MR-MC$ |
| 0 | 0 | 3 | -3 | 0 | 0 | 0 |
| 1 | 6 | 5 | 1 | 6 | 2 | 4 |
| 2 | 12 | 8 | 4 | 6 | 3 | 3 |
| 3 | 18 | 12 | 6 | 6 | 4 | 2 |
| 4 | 24 | 17 | 7 | 6 | 5 | 1 |
| 5 | 30 | 23 | 7 | 6 | 6 | 0 |
| 6 | 36 | 30 | 6 | 6 | 7 | -1 |

表 4-2 的第四列表示农场的利润,即总收益减去总成本。若农场不产出小麦,则其仍需承担 3 元的亏损,这个成本来自农场建设等产生的固定成本。如果农场产出 1 斤小麦,则有 1 元的利润;如果产出 2 斤小麦,则有 4 元的利润。由于农场与其他厂商一样,目的都是实现自身利润最大化,因此其产出的产量就要选择利润最大化的产量。由表 4-2 可以看出,当农场选择生产 4 斤或者 5 斤小麦的时候,就实现了利润最大化,这个时候农场的利润为 7 元。

农场产量的另一种决策方法,是对比每产出 1 斤小麦的边际收益和边际成本,找出使利润最大化的产量。表 4-2 中第五列和第六列是通过产量、总收益和总成本的变化计算得出的边际收益和边际成本,而第七列则表示每多生产 1 斤小麦所引起的利润的变动。农场产出的第 1 斤小麦的边际收益为 6 元,边际成本为 2 元,因而生产这 1 斤小麦增加了 4 元的利润,产出的第 2 斤小麦的边际收益为 6 元,边际成本为 3 元,故这 1 斤小麦增加了 3 元的利润。只要边际收益大于边际成本,增加小麦的产量就可以增加利润。而当小麦的产出增加到 6 斤时,情况就发生了变化。第 6 斤小麦的边际收益为 6 元,但是其边际成本为 7 元,生产这 1 斤小麦反而使得利润减少了 1 元,因此,目的为利润最大化的农场只会选择 5 斤这个产量。

从上述分析我们可以看出,当边际收益大于边际成本时,农场会增加小麦的生产;当边际收益小于边际成本时,农场会减少小麦的生产;当农场通过考虑边际量的变化对产出水平进行调整时，其最终能够得出使其利润最大化的产量。

### 三、需求的价格弹性

以手机为例子，假设某个事件使得手机的价格上升，可能是手机的原材料供应太少导致原材料价格上涨，那么，手机的价格上升将会对手机的消费者的需求有什么影响呢？

根据基本的需求定理，消费者应该会减少对手机的购买需求，因为对于正常商品来说，价格上涨将导致需求减少。但是，价格上涨的幅度和需求减少的幅度之间又呈现一个什么样的关系呢？这个时候，我们就需要用弹性这一概念来解答了。

根据需求定理，当一种产品的价格降低、消费者的收入提高、产品的替代品的价格提高或互补品的价格降低时，消费者对该产品的需求通常都会增加。但是，上述对于需求变动的讨论都是定性的，换言之，我们知道需求变动的方向，但是对于定量的分析，即需求变动的幅度大小，还需要借助于其他概念帮助我们分析。衡量价格变动而导致的消费者对于产品的需求变动，即消费者对于产品价格变动的敏感程度，在经济学中有这么一个概念：弹性。

一种产品的价格下降将使其需求量上升，这是需求定理的基本内容。而需求的价格弹性则是衡量价格变动导致需求量变动的程度，或者说需求的价格弹性是用来衡量需求量对于价格变动的反应程度的，因而需求的价格弹性也可以称作需求弹性。一个产品的需求弹性大，说明消费者对这种产品的需求是富有弹性的；一个产品的需求弹性小，说明消费者对这种产品的需求是缺乏弹性的；一个产品的需求量变动程度和价格变动程度相同，说明消费者对这种产品的需求是单位弹性的。

由于需求是对消费者偏好的反映，而影响消费者偏好的因素有许多，比如经济因素、社会因素、心理因素等，因此，没有一个简单而普适的规律可以用来描述需求弹性。不过，根据经验，我们依然可以总结出影响需求弹性的一些常见因素。

第一，替代品的获取难度。当产品存在相似的替代品，且替代品很容易获得时，该产品的需求往往是富有弹性的，因为消费者可以很容易地从其替代品中获得需求的满足。例如，米粉和面条就是一对互为替代品的产

品，当其中一种产品大幅涨价的时候，理性的消费者就会转而增加其替代品的消费以满足自身的需求。与之相比，在短期内，汽油的替代品的获取难度比较大，因而燃油车车主可以略微减少汽油的消费，但是大幅度减少汽油的消费在短期内显然是不现实的。

第二，必需品与奢侈品。需求弹性还取决于产品的性质，即该产品对于消费者的日常生活是必需的还是不必需的。消费者对必需品的需求，往往是缺乏弹性的；而对奢侈品的需求，则一般是富有弹性的。例如，当粮油的价格上升时，尽管人们在烹调的时候会减少粮油的使用，但是其减少幅度并不会过大。与之相比，若钻石戒指的价格大幅上升，则钻石戒指的需求量就会大幅度减少。

第三，产品的市场范围。一种产品的需求弹性还取决于其划分的市场范围的大小。定义范围小的市场产品的需求弹性一般大于定义范围大的市场产品的需求弹性，这是因为定义范围小的市场产品往往更容易找到替代品。例如，主食是一个定义范围大的产品，其往往难以找到替代品，与之相比，面条的定义范围就狭窄很多，因而主食的需求弹性相对于面条的需求弹性更小。

第四，需求变动的时间范围。在长期的决策范围内，产品的需求一般比短期更加具有弹性。以上述的汽油消费为例，在短期内，汽油的需求量只会有少量的减少，因为消费者很难在短期内找到汽油的替代品，但是如果将决策周期拉长，消费者可能会转投新能源汽车，那么，汽油的需求量就会大幅度减少。

上面讨论了影响产品的需求弹性的几个常见因素。那么，需求价格弹性如何计算呢？我们用需求量变动的百分比除以价格变动的百分比来计算需求的价格弹性：需求的价格弹性＝需求量变化的百分比/价格变化的百分比。

举个例子，假定猪肉的价格上升了20%，使得消费者对于猪肉的需求量减少了10%，则计算出的猪肉的需求弹性为：猪肉的需求弹性＝10%/20%＝0.5。

一般来说，一种产品的需求量与其价格是负相关的，因此，需求量变动的符号和价格变动的符号是相反的。在上述例子中，猪肉价格的变动是正的，而猪肉需求量的变动是负的，因而需求的价格弹性应该是负数。不过，为了遵循经济学的一般做法，通常弹性都是表示为正数，即绝对值。

所以，按照这种一般做法处理符号得出正的需求的价格弹性大小，就代表着需求量对于价格变动的反应程度。

当我们开始计算需求曲线上两点之间的需求弹性时，我们会发现，通常情况下，从 $A$ 点到 $B$ 点的需求弹性和从 $B$ 点到 $A$ 点的需求弹性是不一样的。举个例子：

$A$ 点：价格 = 4 元，数量 = 120

$B$ 点：价格 = 6 元，数量 = 80

从 $A$ 点到 $B$ 点，产品的价格涨了 50%，需求量降低了约 33%，表示需求弹性是 33/50。而从 $B$ 点到 $A$ 点，产品的价格跌了约 33%，需求量增加了 50%，表示需求弹性是 50/33。产生这种差别，是因为上述变动程度的百分比是根据不同的基础计算得出的。

为了避免同一个价格变动因为不同的计算基础而出现需求弹性的差异，可以用中点法计算弹性。计算价格和需求量变动程度的标准方法是用变动量除以原来的量，与之相比，中点法依然是用变动量作为分子，不过分母变成了原来的量和变动后的量的平均值，或者说是中点值，从而得出变动的百分比。还是上述的例子，则价格的中点值为 5 元，数量的中点值为 100，无论从 $A$ 点到 $B$ 点，还是从 $B$ 点到 $A$ 点，价格变动的百分比都为 40%，数量变动的百分比都为 40%，在两个方向上的需求弹性都为 1。

即 $(Q_1, P_1)$ 和 $(Q_2, P_2)$ 两点之间需求的价格弹性可以用以下的公式表示：

$$需求的价格弹性 = \frac{(Q_2 - Q_1)/[(Q_2 + Q_1)/2]}{(P_2 - P_1)/[(P_2 + P_1)/2]} \tag{4-1}$$

## 第二节 完全垄断市场

### 一、完全垄断市场及其类型

完全垄断市场，就是指整个产品市场中只有唯一的厂商在提供产品的市场形式。形成完全垄断市场的条件主要有三个：第一，只有唯一的厂商在市场上生产和供应产品；第二，这个市场供应的产品没有任何相似的替代品；第三，行业的进入壁垒十分高，导致其他厂商几乎不可能进入该产品市场。在以上三个条件都符合的情况下，完全垄断市场就产生了，在这样的市场中，排除了任何竞争性的可能，整个产品行业市场被唯一的垄断厂商控制，其巨大的市场势力使得厂商可以主动影响产品的市场价格。

完全垄断市场源于以下三种垄断。

第一，垄断资源。即与产品生产相关的关键资源仅由一个厂商独家占有。资源垄断是单个厂商垄断某个产品市场最简单的一种方式。举个例子，一个小镇附近没有购物集市，只有河对面的小镇才有购物集市，到达隔壁镇的方法是乘船。如果有很多人在渡口经营行船的生意，那么这个时候，乘船市场就可以看作是一个完全竞争市场，乘船的价格很快就会因为船夫们的相互竞争而降低到边际成本等于价格的均衡状态。如果渡口只有一家船夫，那么该船夫就垄断了小镇去往隔壁镇的出行资源，这个时候，其就拥有了极大的市场势力来影响乘船市场的价格，从而获取垄断利润。

在现实经济世界中，要对单一关键资源做到绝对的垄断是很难的，但是也有企业曾经接近了完全垄断某个市场的地位，比如南非的 De Beers 公司。该公司由一位英国的商人在 19 世纪末创立，其曾经一度控制着世界上 80% 左右的钻石矿产量，虽然没能做到 100%，但在实质上，De Beers 公司在那个时间点已经接近于钻石市场的垄断者，因而该公司可以对钻石市场的价格产生巨大的影响。

第二，政府管制造成的垄断。即市场内的单个厂商获得了由政府赋予的具有排他性的独家提供产品的权利。由政府赋予的独家提供产品的权利也是垄断产生的一个常见因素。例如，有些国家的大多数公共事业，比如水、电、煤气，就是由政府赋予国企独家供应权而达到独家垄断地位的。

除了公共事业，还有知识产权，政府往往会制定法律，比如专利法和版权法，以赋予做出知识产权创新的厂商在一定时期内享有独家供应产品的垄断地位的权利。

这种专利法和版权法对于市场的影响是巨大的。毋庸置疑，当创新者成为一个垄断者，其必定会获得高于完全竞争条件下的超额利润，不过，政府之所以会允许或授权这些创新者以垄断，主要还是为了鼓励其他厂商也去为这种创新行为付出努力，从而推动整个行业的发展。

第三，自然垄断。某个厂商由于最先进入市场并最快实现了规模经济，从而能以低于其他厂商的成本供应产品，且其供应量能够满足市场的需求，就可以称这种垄断为自然垄断。在自然垄断的情况下，由于只有一个厂商实现了规模经济，因此其他厂商的生产成本都高于行业现有的生产成本。在既定的需求下，后进入的厂商反而会提高整个行业的生产成本。

自然垄断在现实中的一个例子是供电行业。为了向居民供电，厂商必须在全国搭设供电网络，由于建设整套供电系统的固定成本很高，如果存在多家供电公司，而每家公司都必须铺设遍及全国的供电系统，那么整个供电行业的成本会大幅增加，因此，只有当自然垄断的厂商独家供电时，整个用电市场的平均成本才是最低的。

自然垄断除了跟规模经济有关，还跟市场本身的规模有关。当市场的规模扩大，垄断者的供给无法满足整个市场的需求时，市场将会随着其他竞争者的进入而变得更具有竞争性。

## 二、垄断者的生产与定价决策

前文说明了垄断产生的原因，接下来探讨的是，获得垄断地位的厂商是如何进行产品生产和定价的相关决策的。

从完全竞争市场和完全垄断市场的定义可以看出，二者最为关键的区别在于市场中的厂商是否有能力影响市场中产品的价格：在完全竞争市场中，由于厂商众多，每一个独立的厂商对市场价格的影响能力微乎其微，只能被动地接受既定的市场价格；而在完全垄断市场中，由于只有唯一的厂商，所以其可以通过控制供给市场的产品数量来影响市场价格。

从上述对于两种市场主要区别的说明可以看出，考察完全竞争市场与完全垄断市场中厂商的区别的一种方法在于分析其的需求曲线。从上一节内容我们已经知道，完全竞争市场中厂商的需求曲线是一条既定价格下的水平线。那么，完全垄断市场中厂商的需求曲线又是怎样的呢？

我们知道，完全垄断市场只存在一个厂商，因此不难得出，其的需求曲线就是市场的需求曲线，所以，由需求定理的基本定义可知，与完全竞争市场的厂商不同，其的需求曲线是向右下方倾斜的。而完全垄断市场的厂商所面临的需求状况影响着其收益，因此，其的需求曲线的特征将决定其收益曲线的特征。完全垄断市场厂商的平均收益曲线、边际收益曲线、总收益曲线的一般特征如图4-5和图4-6所示。首先，由于厂商的平均收益总是等于产品的价格，图4-5中的平均收益曲线和需求曲线是重合的，为一条向右下方倾斜的曲线；其次，因为平均收益曲线是向右下方倾斜的，我们从平均量和边际量的关系中可以知道，边际收益曲线必然是位于平均收益曲线下方的,且同样是向右下方倾斜;最后,因为每一单位产量的边际收益都是总收益曲线的斜率,所以当边际收益大于0时,总收益曲线的斜率为正,当边际收益小于0时,总收益曲线的斜率为负,当边际收益等于0时,总收益曲线达到最大值。

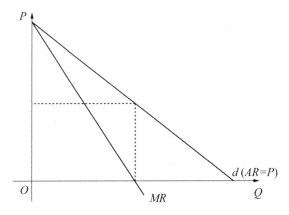

图4-5　完全垄断厂商的需求曲线

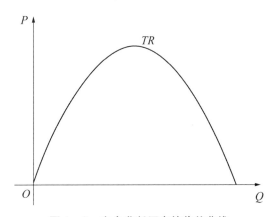

图4-6　完全垄断厂商的收益曲线

在图4-5中,我们得到的厂商的需求曲线是一条向右下方倾斜的直线,这是其需求曲线的一般形态,其也可以是曲线形态的。当垄断厂商的需求曲线是直线型的时候,其平均收益曲线、边际收益曲线、总收益曲线之间会存在一种一般关系的基本特征。

假设垄断厂商的线性反需求函数如下:

$$P(Q) = a - bQ \quad (4-2)$$

在式（4-2）中，$a$ 和 $b$ 均为常数，且均大于 0。

根据式（4-2），我们可以得到垄断厂商的总收益函数和边际收益函数，分别为：

$$TR(Q) = P(Q) \cdot Q = aQ - bQ^2$$
$$MR(Q) = a - 2bQ \tag{4-3}$$

根据式（4-2）、式（4-3），我们不难得出，总收益曲线的斜率为 $-b$，边际收益曲线的斜率为 $-2b$。从而我们可以得出以下结论，当垄断厂商的需求曲线为直线的时候，其需求曲线和边际收益曲线的纵截距是相等的，即上式的 $a$，其需求曲线的斜率是边际收益曲线斜率的 1/2，即 $-b$ 和 $-2b$，在图 4-5 中表现为需求曲线的横截距是边际收益曲线横截距的 2 倍。

当垄断厂商的需求曲线是向右下方倾斜时，我们还可以得到其价格、边际收益和需求弹性之间的一般关系。

假设垄断厂商的反需求函数如下：

$$P = P(Q)$$

则可以得到：

$$TR(Q) = P(Q) \cdot Q$$
$$MR(Q) = \frac{\mathrm{d}TR(Q)}{\mathrm{d}Q} = P + \frac{\mathrm{d}P}{\mathrm{d}Q} \cdot Q = P\left(1 - \frac{1}{e_\mathrm{d}}\right) \tag{4-4}$$

其中，$e_\mathrm{d}$ 为需求弹性。

式（4-4）即为垄断厂商的商品价格、边际收益和需求弹性之间的一般关系，我们还可以进一步推导，当其需求弹性 $e_\mathrm{d}$ 大于 1 时，边际收益 $MR$ 大于 0，此时，总收益曲线的斜率大于 0，即垄断厂商的总收益 $TR$ 随着产量 $Q$ 的增加而增加；当其需求弹性 $e_\mathrm{d}$ 小于 1 时，边际收益小于 0，此时总收益曲线的斜率小于 0，即垄断厂商的总收益 $TR$ 随着产量 $Q$ 的增加而减少；当其需求弹性 $e_\mathrm{d}$ 等于 1 时，边际收益等于 0，这个时候，总收益曲线的斜率等于 0，即垄断厂商的总收益 $TR$ 达到实际上的最大值。

以上我们分析了一个完全垄断市场的厂商的收益曲线，接下来，我们分析其如何在上述条件下实现利润最大化。

如图 4-5 所示，当垄断厂商减少产品的供给，其产品的价格就会提高。同时，由于需求曲线的限制，垄断厂商不断地提高价格并不意味着能获得不断增长的利润，这是由基本的需求定理所决定的，所以，垄断厂商要如何做出利润最大化的决策呢?

图4-7是一个垄断厂商的需求曲线、总平均成本曲线、边际收益曲线和边际成本曲线,其中,当边际成本 MC 和边际收益 MR 相等时的产量为 $Q_1$。现在考虑以下情况,当厂商的产量小于 $Q_1$ 时,此时的边际收益大于边际成本,厂商增加产量将获得更多的利润;当厂商的产量大于 $Q_1$ 时,此时的边际收益小于边际成本,厂商减少产量将获得更多的利润。因而,厂商会将其产量调整到 $Q_1$,此时其边际收益等于边际成本,实现利润最大化。同时,我们可以发现,当垄断厂商实现利润最大化时,其产品的价格是大于边际成本的;而在完全竞争市场,厂商实现利润最大化时,产品的价格是等于边际成本的,即:

完全垄断市场的厂商:$P > MR = MC$

完全竞争市场的厂商:$P = MR = MC$

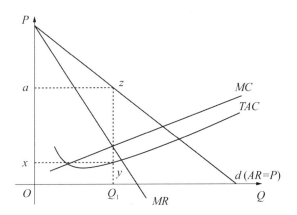

图4-7 完全垄断厂商的需求和成本曲线

在实现利润最大化的产量时,边际收益等于边际成本对于两种市场中的厂商来说都是成立的,最大的区别在于该产量的价格与上述二者的关系。那么,这种区别会对垄断厂商的利润有什么影响呢?接下来对此进行具体的分析。

$$\pi = TR - TC$$

将上述利润公式进行改写,我们可以得到:

$$\pi = (TR/Q - TC/Q)Q$$

其中,$TR/Q$ 为平均收益,即价格 $P$,$TC/Q$ 为平均总成本 $TAC$,从而得出:

$$\pi = (P - TAC)Q \qquad (4-5)$$

从上述利润公式的推导我们可以知道,每销售一单位产品,厂商得到的利润为价格减去总平均成本,从图 4-7 可以得出,当垄断厂商达到利润最大化时,其利润为 *axyz* 的面积。

### 三、完全垄断对于市场福利的影响

作为一种市场的组织形式,垄断市场会带来什么后果呢?或者说,垄断的组织形式会对市场的福利造成什么后果?从前文的分析中我们已经知道,垄断厂商最终收取的价格高于边际成本。对于垄断厂商来说,这种高价格使其可以获得更多的利润,这种局面对其是合意的。而对于消费者来说,则需要付出更多的金钱去购买产品,这对消费者显然是不合意的。当我们讨论整个市场福利时,实质上是指厂商和消费者合起来的福利,而不单单是指厂商的福利,所以,在这种消费者受损、厂商得利的情况下,市场的总福利是如何变化的呢?

为了回答上述问题,我们需要用到经济学的一个概念:剩余。剩余是用来衡量整个市场厂商和消费者的福利的,其中,剩余又可以分为消费者剩余和生产者剩余。消费者剩余是指消费者对一种产品所愿意付出的最高预期价格减去他们实际上需要支付的价格。当市场达到均衡,即需求曲线与供给曲线相交时,将均衡价格左侧每一单位价格的消费者的剩余加总,即为消费者剩余。生产者剩余是指产品的价格减去厂商生产产品的生产成本。同样,将均衡价格左侧每一单位价格的厂商的剩余加总,即为生产者剩余。那么,当我们在讨论一种市场形式是否有利于市场整体的时候,其实就是在分析这种市场形式对于整个市场福利或者说市场总剩余的影响。

为了方便分析,我们可以参照图 4-8,在图中,位于上方的第一条向右下方倾斜的曲线 $D$ 是市场的需求曲线,其本质上是一种产品对于消费者的价值,用消费者对该产品的支付意愿来衡量。而向右上方倾斜的曲线 $MC$ 是垄断者的边际成本曲线。这两条曲线相交点 $C$ 的产量,就是市场最有效率的产量 $Q_1$,市场在 $Q_1$ 这个位置得到了最大的剩余,如果减少一单位的产量,则消费者愿意支付的价格大于厂商的边际成本,总剩余存在增加的空间;相反,在 $Q_1$ 这个位置,如果增加一单位的产量,则消费者愿意支付的价格小于厂商的边际成本,总剩余反而减少了。因此,只有这个位置的总剩余是最大的,此时消费者愿意支付的价格等于厂商的边际成本。

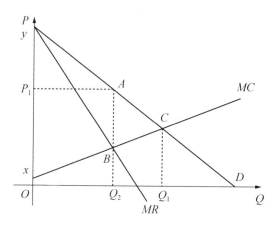

图4-8 完全垄断厂商对福利的影响

那么,垄断厂商是否会在 $Q_1$ 这个位置进行生产呢?从前面的分析中我们知道,垄断厂商并不会,而是会选择在其边际收益等于边际成本的位置进行生产,即交点 B 处。那么,在 $Q_2$ 进行生产与在 $Q_1$ 进行生产对整个市场的总剩余有什么影响呢?我们可以看到,最有效率的产量 $Q_1$ 比垄断厂商实际生产的产量 $Q_2$ 要大,从前面对于均衡产量的分析我们可以知道,产量为 $Q_2$ 时市场的总剩余存在增加的空间,也就是说,垄断厂商的存在,导致整个市场的总剩余无法达到最大。

除了从产量的角度,还可以从价格的角度去衡量这种垄断的低效率。我们知道,市场的需求曲线代表的是产品的价格与需求量之间的负相关关系,那么,低效率的低产量就代表着低效率的高价格。那些本来存在交易可能的潜在消费者会因为实际成交的垄断价格高于自身的心理预期价格而无法达成交易,垄断的价格导致本来可以成交的交易无法达成,因此,该结果是无效率的。我们也可以通过图4-8去解释垄断的无效率,如图,在效率产量 $Q_1$ 和垄断产量 $Q_2$ 之间形成的三角形 ABC,我们称之为无谓损失。所谓无谓损失,就是垄断定价和垄断产量导致的市场总剩余的减少,即垄断厂商运用其市场势力而最终引起的总福利的减少。这种无谓损失实质上与收税的效果差不多,只是收税者变成了私人厂商,而不是具有转移支付职能的政府。

可以看出,垄断厂商确实利用其垄断地位获得了更高的利润,而消费者则付出了更多的代价。但是,分配并不是市场福利变差的原因,如果整个市场的总剩余最大化不变,而只是消费者的剩余减少、厂商的剩余增加,则依然可以认为整个市场的福利是最大化的。因此可以这么认为，当我们讨论整个市场的福利时，我们并不是在讨论蛋糕的分配问题，即公平问题，我们实质上是在讨论蛋糕的规模问题，即效率问题。不过，从前文的分析可知，由于一部分潜在的交易没能达成，市场总剩余出现了无谓损失，也就是市场的蛋糕规模变小了，所以从效率方面看，垄断市场这种市场组织形式是无效率的。那么，垄断市场是否能达到最有效率的程度呢？

为了回答上述关于完全垄断市场是否能达到市场福利最大化的问题，需要引入一个概念：价格歧视。价格歧视就是厂商将生产成本相同的一种产品分别以不同的价格销售给不同的顾客。

不难看出，如果在完全竞争市场，价格歧视是不可能发生的，因为任意厂商和消费者均是价格接受者，因而能够实行价格歧视的厂商一定具有某种市场势力，而完全竞争市场的厂商。

那么，在垄断市场，是什么驱使垄断厂商实行价格歧视呢？具体原因可以从下面这个例子中分析得到。

假设有一家软件公司A，其开发了一种新的游戏，且该游戏类型是独一无二的，开发游戏的成本是200万元，而后续的运营费用，为了简化问题，默认为0元，在上述假设条件下，可以认为，软件公司A的利润就是售卖游戏所得减去开发费用200万元。

为了销售游戏，A公司首先要做的是确定游戏的价格，因此A公司决定先进行一次市场调研，估计游戏的需求量。调研结果得出，该游戏的需求人群分为两类：第一类是游戏的狂热者，数量有10万人，这些狂热者为了得到该游戏愿意付出30元；第二类是普通的游戏玩家，数量有40万人，这些普通玩家为了得到该游戏最多只愿意付出5元。

假设A公司不实行价格歧视策略，那么，对于所有顾客，其都收取同样的价格，这会导致什么结果呢？不难推出，当A公司的定价是30元时，其能卖出10万份游戏，收益为300万元，利润为100万元；当A公司的定价是5元时，其能卖出50万份游戏，收益为250万元，利润为50万元。因此，A公司的单一定价一定是30元，以实现自身的利润最大化。

通过上述分析我们可以看出，单一定价引起了无谓损失，因为有40万潜在的交易者因为单一定价而无法达成交易，且向这些潜在交易者提供游戏的运营费用即边际成本也是0元。

我们进一步假设，第一类消费者全部位于日本，而第二类消费者全部位于欧洲,且这两个市场的消费者很难从另一个市场购买游戏。那么,为了获得更多的利润,A 公司决定改变其定价策略,对于日本市场的消费者,其依然定价 30 元,而对于欧洲市场的消费者,则将价格改为 5 元。改变了定价策略后我们可以得到,A 公司的收益达到了 500 万元,利润为 300 万元,这种定价策略的利润远高于原来的单一定价策略。

上述 A 公司的故事虽然是虚拟的,却可以得出垄断市场价格歧视的一般性结论,具体而言主要有三个。

第一,对于理性的垄断厂商,价格歧视是其利润最大化的有效策略,即对于不同的消费者实行不同的定价策略可以使其获得更多的利润。

第二,实行价格歧视策略的前提是不同市场之间的产品和信息无法自由流通。如果没有这个前提,那么势必会出现市场间的套利行为,即会有人去低价市场购入大量产品,然后去高价市场倾销,继而从中获利。

第三,价格歧视可以增进市场的福利。这个结论可能是反直觉的,因为"歧视"二字本身就带有歧义,不过,前文已经阐述过,当我们讨论福利问题的时候,主要是讨论市场的效率问题而不是公平问题,即如何把蛋糕做到最大而不是如何把蛋糕分配得最好。从上述 A 公司的例子中我们也可以看出,在地域分隔的前提下,A 公司实行价格歧视策略使得所有潜在消费者都能达成交易,这种价格歧视反而弥补了本来单一定价的无谓损失,是有效率的。

接下来,我们利用图形具体分析垄断厂商实行价格歧视是如何影响市场福利即市场总剩余的。假设垄断厂商实行的是完全价格歧视的策略(所谓完全价格歧视,就是垄断厂商知道所有消费者的支付意愿,从而可以对每个消费者都实行符合其支付意愿的价格策略,即在完全价格歧视的情况下,垄断厂商向每一位消费者收取的价格,都等于其支付意愿),那么,从前文对于剩余的分析中我们可以推出,在这种情况下,所有的潜在交易都可以达成,而且垄断厂商获得了市场的全部剩余。

为了简化分析,我们假定垄断厂商的单位成本不变,即平均总成本 $ATC$ 和边际成本 $MC$ 不变而且相同。在实行单一定价,即没有价格歧视时,存在一些潜在消费者因为实际价格高于其支付意愿而无法达成交易的情况,如图 4-9(a)所示。此时,市场的成交量是 $Q_1$,消费者剩余是图中的 $yP_1A$,厂商剩余是图中的 $P_1xBA$,垄断造成了无谓损失 $ABC$。在实行完全价格歧视定价时,由于对每一位消费者支付的价格都等于其支付意愿，因此所有的交易都能达成，没有无谓损失，而且由于所有消费者支付的价格都等于其支付预期，因此垄断厂商获得了全部的剩余。如图4-9（b）所示，此时，市场的成交量是$Q_2$，厂商获得了全部剩余$yxz$，消费者剩余为0，没有无谓损失，市场总剩余达到最大化。

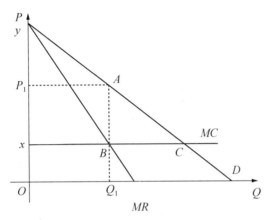

图4-9（a） 单一定价的完全垄断厂商

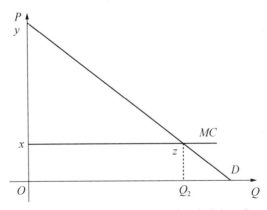

图4-9（b） 完全价格歧视的完全垄断厂商

不过，在现实生活中，由于信息无法完全流通，垄断厂商是无法了解所有消费者的支付意愿的，这意味着完全价格歧视在现实生活中是无法实行的，因此，此时的厂商会将消费者分类，比如男性和女性、国内和国外、青年和长者等，将支付意愿相近的用户分类，然后进行不完全的价格歧视。由于不完全价格歧视的复杂性，我们无法确定不完全价格歧视是增

加、不变还是减少了市场的总剩余，但是可以确定，不完全歧视依然可以增加垄断厂商的剩余。

## 第三节 寡头垄断市场

### 一、寡头垄断市场及其成因

寡头垄断市场又称为寡头市场，是指整个产品市场被少数几个厂商控制了产品的供给和销售的一种市场组织形式。在国内外一些行业中，寡头市场是一种普遍的市场组织形式，比如白色家店行业、手机行业、汽车行业、运动用品行业等，都是被少数几家厂商控制着市场的行业。寡头垄断市场能够形成的主要原因有三个：第一，行业产品的生产只有在足够大的产量规模下才能够达到最好的经济效益，即行业需要能够形成规模效应的产量水平；第二，行业内生产所需的关键资源被少数几家厂商控制着供给；第三，政府对某些行业寡头垄断厂商的特许和支持。

可以看出，上述三个寡头垄断市场形成的主要原因和前文我们分析的完全垄断市场的成因是差不多的，只不过寡头垄断厂商在对市场的掌控程度上较完全垄断厂商稍弱。所以，虽然寡头垄断市场也有竞争的存在，但是相对于竞争，寡头垄断市场更加接近于完全垄断市场这种市场组织形式。

对于寡头垄断市场，我们可以根据不同的方法将其进行分类。根据行业产品的主要特征，可以将寡头垄断行业分为差别寡头垄断行业和纯粹寡头垄断行业。在差别寡头垄断行业，寡头垄断厂商之间生产的产品是有区别的，比如白色家电行业、汽车行业、通信行业等；在纯粹寡头垄断行业，寡头垄断厂商之间生产的产品是没有区别的，比如矿产行业、钢铁行业、水泥行业等。此外，还可以根据寡头垄断行业的行动方式进行分类，分为寡头之间不合作的独立行动类型以及寡头之间存在合作的勾结行动类型。一般的寡头垄断行业都是独立行动的，因为互相勾结可能会触发法律监管问题，而比较著名的存在勾结行动的寡头行业，就是石油行业及其相关组织欧佩克。

## 二、寡头垄断市场的相关模型

对于寡头垄断市场中的厂商如何确定其产量和价格的分析较为复杂,由于每一位寡头垄断行业的厂商的产品产量在行业的供给中都占据较大的份额,因此每一位寡头垄断厂商都有相当大的市场势力,他们都可以对行业产品的供给和定价形成足够大的影响。有鉴于彼此之间的市场势力,每一位寡头垄断行业的厂商在进行产量和定价相关决策之前,都会先考虑行业内其他厂商的反应,推测其他厂商应对自己决策的后续可能行动,从而在考虑充分的前提下,做出对自己最有利的行动。也就是说,虽然寡头垄断厂商的目的依然是理性的利润最大化,但由于厂商之间行动的互相影响,寡头垄断行业的产量定价分析被复杂化。因此要想建立寡头垄断厂商的分析模型,一般来说就需要知道其竞争对手的反应情况。接下来,我们将介绍具有代表性的四种寡头垄断市场模型。

### 1. 古诺模型

1838年,法国经济学家古诺提出了一个早期的寡头模型,即古诺模型,由于其是只有两个寡头垄断厂商的分析模型,因此也被称作双头模型。当然,相关的分析方法也可以推至两个以上厂商的寡头垄断行业的分析中。

为了便于分析,古诺模型假设存在一个卖水的行业是寡头垄断行业,行业中仅存在着两个生产一样商品的厂商——水的厂商 A 和厂商 B,且其生产成本均为 0,他们面临着一条共同的市场线性需求曲线,而且,厂商 A 和厂商 B 都准确地了解过该市场需求曲线,厂商 A 和厂商 B 都能够在确定对方产量的情形下确定自己的利润最大化产量,即每一个厂商都在确定了对方的产量之后,才被动地确定自己的利润最大化产量。

具体的分析可以结合图 4-10。在图 4-10 中,向右下方倾斜的是两个厂商共同的市场需求曲线 $D$,且图中无成本曲线,因为已经假设两个厂商的生产成本均为 0。

由于双方均通过对方的产量来确定自身的产量,因此为了便于分析,我们假设厂商 A 先进入市场生产。在第一轮产量确定中,由于生产成本为 0,厂商 A 的利润就是其收益,在对确定的需求曲线 $D$ 的时候,厂商 A 将产量定为市场总需求的 1/2,即图中的 $Q_1 = (1/2)Q_0$,相应的价格为 $P_1$。我们知道,此时厂商 A 的利润等于图 4-10 中四边形 $OP_1FQ_1$ 的面积,由

于在需求曲线 $D$ 形成的三角形 $OQ_0P_0$ 中，该四边形是面积最大的内接四边形，因此厂商 A 实现了利润最大化。

接下来，轮到厂商 B 进入市场。厂商 B 在获悉厂商 A 首先进行生产然后留给自己剩下的市场需求为 $(1/2)Q_0$ 后，厂商 B 也会采取相同的行动，即在剩余的市场需求下，实现自己的利润最大化，那么可以推出，厂商 B 的产量为 $Q_2 - Q_1$，等于 $(1/4)Q_0$，利润如图 4-10 所示，为四边形 $Q_1Q_2GH$ 的面积。

在第二轮产量确定中，依然由厂商 A 首先确定自身的供给产量。根据第一轮厂商 B 确定的产量，厂商 A 在这一轮中面临的市场需求是 $(3/4)Q_0$；为了利润最大化，不难推出，厂商 A 依然会将其供给产量调整为市场容量的 1/2，即 $(3/8)Q_0$，与第一轮的产量相比，减少了 $(1/8)Q_0$。接下来轮到厂商 B 确定产量，由于厂商 B 面临的市场需求是 $(5/8)Q_0$，且其也将产量调整为市场容量的 1/2，因此厂商 B 第二次确定的产量为 $(5/16)Q_0$，与第一轮的产量相比增加了 $(1/16)Q_0$。

很显然，在每一次的产量调整中，厂商 A 和厂商 B 都在被动地根据竞争对手的产量来确定自身的产量，从而实现最终的利润最大化。不难看出，在一轮又一轮的产量调整中，厂商 A 的产量会逐渐减少而厂商 B 的产量会逐渐增加，最终，厂商 A 和厂商 B 的产量都将会调整到一个均衡产量，在这样的均衡状态下，厂商 A 和厂商 B 的产量相等且均为市场需求容量的 1/3，即 $(1/3)Q_0$。

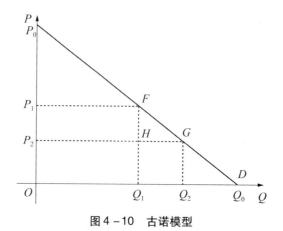

图 4-10　古诺模型

用公式表达如下：

厂商 A 的均衡产量：$Q_0(1/2 - 1/8 - 1/32 - \cdots) = (1/3)Q_0$　　　(4 – 6)

厂商 B 的均衡产量：$Q_0(1/4 + 1/16 + 1/64 + \cdots) = (1/3)Q_0$　　　(4 – 7)

行业的均衡产量：$(1/3)Q_0 + (1/3)Q_0 = (2/3)Q_0$　　　(4 – 8)

我们可以将两个厂商的古诺模型推广到 $m$ 个厂商的情形，当寡头垄断市场存在 $m$ 个厂商，则其均衡产量如下：

每个寡头垄断厂商的均衡产量 = 市场总容量/$(m+1)$　　　(4 – 9)

行业的均衡产量 = 市场总容量 · $m/(m+1)$　　　(4 – 10)

同时，我们也可以通过建立寡头垄断厂商的反应函数的方式来说明古诺模型。假设一个符合古诺模型的寡头垄断市场的线性反需求函数为：

$$P = 1500 - Q = 1500 - (Q_A + Q_B) \quad (4-11)$$

式（4 – 11）的 $P$ 是市场产品的价格，$Q$ 是市场的总需求量，$Q_A$ 是市场对厂商 A 的产品需求量，$Q_B$ 是市场对厂商 B 的产品需求量。

对于厂商 A 而言，其利润公式如下：

$$\begin{aligned}\pi_A &= TR_A - TC_A = P \cdot Q_A - 0 \text{（在假设成本为 0 的情况下）}\\ &= [1500 - (Q_A + Q_B)]Q_A \\ &= 1500Q_A - Q_A^2 - Q_AQ_B\end{aligned} \quad (4-12)$$

厂商 A 的利润最大化条件为：

$1500 - 2Q_A - Q_B = 0$

$Q_A = 750 - Q_B/2$　　　(4 – 13)

根据厂商 A 的利润最大化条件，我们得到了厂商 A 的反应函数，其表示，对于厂商 B 的每一个确定的产量 $Q_B$，厂商 A 都会依据反应函数做出反应，从而确定利润最大化的产量 $Q_A$。

依据上述方式，我们也不难推出厂商 B 的反应函数：

$Q_B = 750 - Q_A/2$　　　(4 – 14)

现在，我们将厂商 A 和厂商 B 的反应函数进行联立方程组求解：

$Q_A = 750 - Q_B/2$

$Q_B = 750 - Q_A/2$

$Q_A = 500$，$Q_B = 500$

上述得到的就是双寡头古诺模型厂商的均衡产量，即 500，为市场总需求容量的 1/3，且市场的均衡价格为 500。

## 2. 斯塔克伯格模型

1934年，德国学者斯塔克伯格提出了关于寡头垄断的模型，即斯塔克伯格模型。在寡头垄断厂商的行为分析模型中，其将寡头垄断厂商分为两种角色：领导者和追随者。寡头垄断厂商中处于领导者地位的通常实力较为雄厚，而处于追随者地位的厂商只能被动地根据领导者的决策进行行动，这种模型的前提与古诺模型不同，古诺模型中的厂商实力相当，而斯塔克伯格模型中的厂商则是强弱分明。

具体而言，在符合斯塔克伯格模型的寡头垄断行业中有两个寡头厂商，且生产同质的产品，其中一个厂商处于强势支配地位，而另一个厂商处于弱势追随地位。在双方确定自身产量的时候，由于领导者厂商具有先行优势，因此其会利用这种先行优势首先确定自身的产量，且领导者会事先考虑追随者对于其行动的反应。也就是说，领导者厂商是在知道并且考虑了追随者的后续行动后才决定自己的行动的，即其利润最大化的产量是在了解了追随者的反应函数的前提下确定的。而作为追随者的垄断厂商是在领导者确定了产量之后才决定自身产量的。故在领导者与追随者的关系中，追随者有反应函数而领导者没有反应函数，因为作为处于支配地位的领导者不需要对其他厂商做出被动的适应行为。具体而言，由以下例子进行分析。

假设有两个厂商 A 和 B 在某寡头垄断市场销售着同质的产品，且厂商 A 是领导者，厂商 B 是追随者。

厂商 A 的成本函数为：

$$TC_A = 1.2Q_A^2 + 2 \tag{4-15}$$

厂商 B 的成本函数为：

$$TC_B = 1.5Q_B^2 + 8 \tag{4-16}$$

市场需求的反函数为：

$$P = 100 - Q, \quad Q = Q_A + Q_B \tag{4-17}$$

则厂商 B 的利润公式如下：

$$\begin{aligned}\pi_B &= TR_B - TC_B \\ &= PQ_B - TC_B \\ &= 100Q_B - Q_A Q_B - 2.5Q_B^2 - 8\end{aligned} \tag{4-18}$$

厂商 B 的利润最大化条件和反应函数为：

$100 - Q_A - 5Q_B = 0$

$Q_B = 20 - 0.2Q_A$ (4-19)

接下来，有了厂商 B 的反应函数，我们再来考虑厂商 A 的行动：

$$\begin{aligned}\pi_A &= TR_A - TC_A \\ &= PQ_A - TC_A \\ &= [100 - (Q_A + Q_B)]Q_A - (1.2Q_A^2 + 2)\end{aligned}$$ (4-20)

我们知道，作为领导者的 A 是在知道追随者 B 的反应函数之后才确定自己的利润最大化产量的，因此我们将 B 的反应函数代入上式：

$$\begin{aligned}\pi_A &= \{100 - [Q_A + (20 - 0.2Q_A)]\}Q_A - (1.2Q_A^2 + 2) \\ &= 80Q_A - 2Q_A^2 - 2\end{aligned}$$ (4-21)

因此领导者 A 的利润最大化条件为：

$80 - 4Q_A = 0$, $Q_A = 20$

我们将领导者 A 的利润最大化产量代入 B 的反应函数和反需求函数，可以得到：

$Q_B = 16$

$P = 64$

从而可以得到 A 的利润 $\pi_A = 798$，B 的利润 $\pi_B = 632$。

### 3. 价格领导模型

通过对斯塔克伯格模型的分析，我们介绍了这种寡头垄断市场中两个厂商之间领导者与追随者的关系，而其市场中的均衡是由领导者确定产量后，追随者适应前者的产量后得出的。在价格领导模型的寡头垄断市场中，厂商也分为领导者和追随者，不过，与斯塔克伯格模型不一样的是，价格领导模型是领导者首先确定价格，然后追随者接受该价格，从而最终确定均衡时的产量的。

在价格领导模型中，假设一个寡头垄断市场中存在两个厂商，即领导者 A 和追随者 B，A 首先决定产品的价格，然后根据这个价格，两个厂商共同提供相应的产量给市场。

价格领导模型中的领导者 A 和追随者 B 主要有以下关系。

由于市场的需求产量是由 A 和 B 共同提供的，因此可以将市场的需求拆分为两个部分，其中一部分是 A 面临的市场需求，另外一部分是 B 面临的市场需求。

由于 A 在这个寡头垄断市场中占据领导者地位，因此其可以根据其利润最大化条件，即边际收益等于边际成本来确定市场的价格。而且，A 在确定市场价格的时候也知道 B 对此的反应，即知道 B 的反应函数的，而作为价格接受者的 B 则只能接受 A 决定的价格，通过价格等于边际成本来决定自身的产量。

对于价格领导模型的均衡产量，我们用下面的例子进行说明。

假设一个寡头垄断市场存在两个厂商 A 和 B，他们向市场供应同质的产品。其中，A 为领导者，B 为追随者，A 会首先确定市场的产品价格，然后根据这个价格，A 和 B 共同向市场供应产品。

A 和 B 的成本函数：

$$TC_A = 1.2Q_A^2 + 6 \tag{4-22}$$

$$TC_B = 1.5Q_B^2 + 8 \tag{4-23}$$

市场的需求函数：

$$Q = 100 - 0.5P, \quad Q = Q_A + Q_B \tag{4-24}$$

为了确定最终的产量，首先需要确定 B 的反应函数。由于 B 只能被动地接受 A 决定的价格，因此其利润最大化条件只能是价格等于边际成本，即：

$$MC_B = 3Q_B = P$$

$$Q_B = P/3 \tag{4-25}$$

接下来考虑 A 如何决定市场的价格。由于 A 面临的需求等于市场的总需求减去 B 的产量，因此我们可以得到：

$$Q_A = Q - Q_B = 100 - (5/6)P$$

$$P = 120 - (6/5)Q_A \tag{4-26}$$

$$TR_A = 120Q_A - (6/5)Q_A^2 \tag{4-27}$$

$$MR_A = 120 - (12/5)Q_A \tag{4-28}$$

$$MC_A = 2.4Q_A \tag{4-29}$$

A 的利润最大化条件为边际收益等于边际成本，从而可以推出：

$$120 - (12/5)Q_A = 2.4Q_A$$

$$Q_A = 25$$

将 $Q_A = 25$ 代入上面各式，我们可以得到 $P = 90$，$Q_B = 30$，这就是价格领导模型中寡头垄断市场最终的均衡解。

### 4. 斯威齐模型

1939年，美国经济学家斯威齐提出了一种用于解释寡头垄断市场中存在的价格刚性现象的模型。

符合斯威齐模型的寡头垄断市场具有两个基本特征。

第一，当寡头垄断市场中的厂商提高自身产品的价格时，由于市场中其他厂商并不会随之提高自身产品的定价，因此提价的厂商会损失很多的销售量。

第二，当寡头垄断市场中的厂商降低自身产品的价格时，由于市场中其他厂商一定会随之降低自身产品的定价，降价的厂商不会因此而增加很多的销售量。

通过上述特征，可以推导出该寡头垄断市场厂商的需求曲线为一条弯折的需求曲线。如图4-11所示，图中有两条需求曲线，分别为需求曲线$DD$和需求曲线$dd$，其中，需求曲线$DD$表示当市场中的其他厂商跟随改变定价时首先改变价格的厂商的需求曲线，需求曲线$dd$则表示当市场中的其他厂商不跟随改变定价时首先改变价格的厂商的需求曲线。假设最初的市场价格为两条需求曲线相交的位置$B$点的价格$P_0$，则根据斯威齐模型的基本特征，寡头垄断市场的厂商从$B$点开始，当他提高自身产品的价格时，需求曲线就是$dd$的上半段，即$dB$段；当他降低自身产品的价格，面临的需求曲线就是$DD$曲线的下半段，即$BD$段。从而两段需求曲线$dB$和$BD$共同组成了厂商弯折的需求曲线$dBD$，该曲线表示当最初价格为$B$点的$P_0$时，厂商首先改变价格后面临的各个价格下市场的需求。厂商的边际收益曲线也可以由弯折的需求曲线得到，在图4-11中，$MC_n$是厂商的边际成本曲线，$MR_d$是与$dB$段需求曲线对应的边际收益曲线，$MR_D$是与$BD$段需求曲线对应的边际收益曲线，在两端边际收益曲线的中间是间断部分$FG$，它们共同构成了厂商的边际收益曲线，寡头垄断市场中价格刚性的现象可以由边际收益曲线间断的部分来解释。当厂商的边际成本曲线的位置处于边际收益曲线的间断部分的范围内时，该厂商的均衡产量和均衡价格都是恒定的。根据边际收益等于边际成本的利润最大化条件，当厂商的边际成本曲线由$MC_1$上升至$MC_2$时，由于改变后的边际成本曲线依然没有超出边际收益间断部分的范围，因此均衡产量和均衡价格依然为$Q_0$和$P_0$。但是，当边际成本变化很大，比如从$MC_1$上升至$MC_3$时，即边际成本曲线超出了边际收益曲线间断部分的范围，则此时的均衡产量和均衡价格会发生变化,表现为价格的上升和销售量的大幅下降。

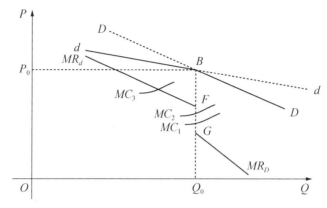

图 4-11 弯折的需求曲线

## 三、寡头垄断对于市场福利的影响

在思考寡头垄断会对市场的福利带来什么影响的时候,我们可以先回想一下,如果是完全竞争市场或者完全垄断市场,结果会有什么不同?如果是完全竞争市场,那么市场上厂商的利润最大化决策就是产品的价格等于边际成本,此时市场的产量就是效率产量;如果是完全垄断市场,那么市场上唯一厂商的利润最大化的决策就是产品的边际收益等于边际成本且小于产品的价格,此时市场的产量小于效率产量。跟以上两种极端的市场不同,寡头垄断市场既存在着市场势力,寡头之间又存在着竞争,方便起见,我们可以先考虑只有双寡头的情况。也就是说,在这样的寡头垄断市场上只有两个厂商。那么,为了整体的利润最大化,厂商之间可能会在产量和价格的安排上进行合作,也就是进行联合行动,这种联合行动控制市场的寡头组织被称为"卡特尔"。如果卡特尔得以形成,那么实质上该市场就可以看成是被该卡特尔组织一家垄断的完全垄断市场,这时市场的产量就如同前文对完全垄断市场的分析一样,是无效率产量。虽然寡头之间组成卡特尔可以获得垄断地位,但在实际经济世界中,卡特尔往往是难以形成的,而阻止卡特尔形成的主要原因有两个:第一,各国政府为了保护市场秩序,往往会制定反卡特尔的法律;第二,卡特尔不仅需要制订其对外的产量,还需要分配内部的产量,而内部的产量往往会因为各个寡头之间的利润分配斗争而难以达成一致。

## 第四节　垄断竞争市场

### 一、垄断竞争市场及其成因

垄断竞争市场，即多个卖者使用存在差别的产品竞争相同的顾客群体的市场结构。垄断竞争企业是完全竞争企业的一个进步。与完全竞争企业相比，垄断竞争企业是和其他竞争企业竞争差别产品的市场企业。一个完全竞争企业，如果在发展的过程中渐渐地形成了自己产品的差异性，就可以"升格"为垄断竞争企业；反之，一个垄断竞争企业，如果在发展的过程中渐渐地失去了自己产品的差异性，也会"降格"为完全竞争企业。垄断竞争企业与完全竞争企业的区别从表面上看是微不足道的，但这一微不足道的区别却导致了两类企业在行为以及后果上的重大差别。我们知道，完全竞争企业改变产量的行为不会影响价格，但垄断竞争企业改变产量的行为却会对价格产生一定的影响。这是因为，尽管垄断竞争企业的产量占整个市场的份额很小，但这个很小的份额却是独特的且有差异的产品。由于产品的差异性，垄断竞争企业可以像垄断企业那样对价格施加一定程度的影响。

虽然垄断竞争企业竞争的是有差异的产品，但它并不是真正意义上的垄断者。对于真正的垄断者来说，其产品完全不同于其他企业的产品。借用产品替代性的概念则可以说，垄断竞争企业的产品具有极高的替代性，而垄断企业的产品替代性则要小得多。如果垄断竞争企业的产品替代性与垄断企业的一样小，那么垄断竞争企业就会发展成为垄断企业；反之，如果垄断企业的产品替代性与垄断竞争企业一样大，那么垄断企业也就发展成为（某个更大市场上的）垄断竞争企业。实际上，正是这种替代程度上的重大区别，使得垄断竞争企业的行为对价格的影响较真正的垄断企业来说可以算是"小巫见大巫"。

一般来说，形成垄断竞争市场的条件有三个。

第一，垄断竞争企业生产有差别的产品，彼此具有替代性。例如，番茄面和猪骨汤面是有差别的同种（面食）产品，二者之间有着较为完全的替代性。产品差别包括产品外观、构造、质量、销售服务、广告、商标、品牌等方面。垄断竞争企业生产的差别产品具有一定的垄断性质。一般来说，产品差别越大，垄断竞争企业的垄断程度就越高。同样，由于差别产品各有优势，因此垄断竞争企业的产品也具有一定的竞争性质。综上所述，垄断竞争企业存在垄断因素和竞争因素，例如不同品牌的化妆品、衣服等。

第二，垄断竞争市场存在大量的垄断竞争企业，每个垄断竞争企业的影响都是比较小的，例如快餐店、理发店等。

第三，垄断竞争企业的生产规模比完全垄断企业小，因此，垄断竞争市场的进入和退出比较容易。

在经济生活中，垄断竞争的市场结构在零售业（百货）、服务业（维修、理发）中是非常普遍的。

在垄断竞争市场中，每个垄断竞争企业生产的都是有差别的产品，它们之间的成本曲线和需求曲线可能并不相同。

## 二、垄断竞争市场的模型

### 1. 需求曲线

从定义上看，垄断竞争企业与完全竞争企业和垄断企业并不相同。同样地，在市场模型中，垄断竞争企业的需求曲线与完全竞争企业和垄断企业的需求曲线也并不相同。首先，垄断竞争企业的需求曲线不会达到完全竞争企业那样的水平。因为垄断竞争企业产品的差异性使其具有一定的"垄断"性质，当它提高价格之后，不会像完全竞争企业一样失去所有的购买者，但也不会像垄断企业那样不会失去购买者。垄断企业的需求曲线是"陡峭"的，不受价格因素影响。与之相反，由于垄断竞争企业的产品和同一市场中许多其他产品属于同一种类，彼此之间有着较大的替代性，所以它提高价格后会失去许多的购买者（如图 4-12 所示）。

图 4-12 中的水平虚线 $P_0(Q)$ 代表的是完全竞争企业的需求曲线。向右下方倾斜的实线 $P_1(Q)$ 代表的是垄断企业的需求曲线。在这两条虚线之间，向右下方倾斜的实线 $dd'$ 代表的是垄断竞争企业的需求曲线。这里，为了方便比较，假定垄断企业是在一个相对较小的市场上的小企业，从而使其规模与完全竞争企业和垄断竞争企业基本一致。

为了说明垄断竞争企业的需求曲线 $dd'$，假定开始时，垄断竞争企业处于图中 $P_0(Q)$ 和 $P_1(Q)$ 的交点 $A$ 的位置，即价格为 $P_0$，相应的产量为

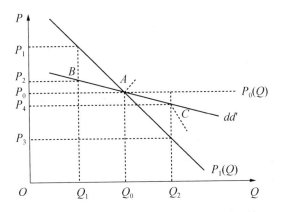

图4-12 垄断竞争与完全竞争、垄断的比较

$Q_0$ 处。现在让垄断竞争企业的产量从 $Q_0$ 减少到 $Q_1$ 或增加到 $Q_2$，并观察其价格的可能变化。

如图 4-12 所示，当产量从 $Q_0$ 减少到 $Q_1$ 后，完全竞争企业的价格保持在 $P_0$ 的水平上不变，垄断企业的价格从 $P_0$ 上升到 $P_1$，垄断竞争企业的价格则变动到 $P_2$，位于 $P_0$ 和 $P_1$ 之间。这是因为，垄断竞争企业的产品与其他垄断竞争企业（简称"其他企业"）的产品之间的替代性既不像完全竞争市场中那么大，也不像垄断市场中那么小。出于前一个原因，垄断竞争企业的产品价格不会像完全竞争时那样保持不变，而必然上升。出于后一个原因，垄断竞争企业的产品价格上升幅度不如垄断企业。这就说明，当产量从 $Q_0$ 减少到 $Q_1$ 之后，垄断竞争企业的价格将高于完全竞争时的 $P_0$，但低于垄断时的 $P_1$。于是，可以得到垄断竞争企业的需求曲线上的另一个点 $B$。

同理可以说明，当产量从 $Q_0$ 增加到 $Q_2$ 之后，垄断竞争企业的价格 $P_4$ 也将介于完全竞争和垄断之间，即低于 $P_0$，但高于 $P_3$。这样，就得到了垄断竞争企业的需求曲线上的又一个点 $C$。

将初始的点 $A$ 与后来的点 $B$ 和点 $C$（以及其他类似的点）连接起来，就可以得到整个垄断竞争企业的需求曲线 $dd'$。它刚好在完全竞争企业的需求曲线 $P_0(Q)$ 和垄断企业的需求曲线 $P_1(Q)$ 之间。

此外，还有一种方式可以说明垄断竞争企业的需求曲线 $dd'$。仍然假定垄断竞争企业开始时位于 $dd'$ 曲线上的点 $A$ 处，即价格为 $P_0$，产量为 $Q_0$。现在来看它改变价格的后果。由于在垄断竞争的市场条件下，产品的替代性既大于完全竞争又小于垄断,所以其价格变化所引起的产量变化既比完全竞争时大又比垄断时小。例如,当垄断竞争企业把价格从 $P_0$ 提高到 $P_2$,或者降低到 $P_4$ 时,它的产量相应地从 $Q_0$ 减少到 $Q_1$ 或增加到 $Q_2$。$Q_0$ 到 $Q_1$ 的减少幅度会大于完全竞争市场而小于垄断市场;$Q_0$ 到 $Q_2$ 的增加幅度同样也会大于完全竞争市场而小于垄断市场。

上述讨论暗含了一个假定,即垄断竞争企业改变价格(或产量)的行为不会引起其他企业同时改变价格(或产量)。这是因为,垄断竞争企业的市场份额非常小,小到可以忽略不计,所以,它的价格变化不会对其他企业造成什么重大影响,进而不会使其他企业产生明显的"反应"。在这种情况下,垄断竞争企业改变价格会产生两个方面的影响:一是会改变原有顾客的购买数量。原有顾客对垄断竞争企业产品的购买量随其价格的下降或上升而增加或减少。二是会改变购买其产品的顾客数量。当其他企业的价格均不变化时,垄断竞争企业降低或提高自身价格的行为意味着它的产品相对来说变得更加便宜或者更加昂贵了。于是,当垄断竞争企业降低价格时,一部分顾客会从同一市场中其他企业那里转向它;而当它提高价格时,一部分顾客将从它那里转向同一市场中的其他企业。

需要注意的是,上述假定仅仅说明垄断竞争企业改变价格不会引起其他企业改变价格,但这并不意味着其他企业就不会改变自己的价格。其他企业只是不会出于我们所讨论的这个原因而改变价格,但完全可以受其他因素影响而改变价格。在这种情况下,垄断竞争企业价格变化的结果就不是图 4-12 中的曲线 $dd'$。例如,我们假定同一市场中的其他企业都类似于我们所讨论的这个垄断竞争企业。于是,它们将和垄断竞争企业一样,出于自身的原因,同时和同等程度地改变价格。此时,垄断竞争企业的需求曲线就比图 4-12 中的 $dd'$ 曲线更加陡峭。这是因为,当其他企业均保持原来的价格不变时,垄断竞争企业的价格变化既会改变原有顾客的购买量,也会改变顾客的总量;而当其他企业也同时和同等程度降低价格时,它只能改变原有顾客的购买量,而无法改变顾客的总量,因为它的产品相对于其他企业的产品并未变得更加便宜或昂贵。

如图 4-13 所示,当垄断竞争企业把价格从 $P_0$ 降低到 $P_4$ 时,如果其他企业均保持原来的价格不变,则该企业的产量上升幅度较大,即按照相对平缓的 $dd'$ 曲线从 $Q_0$ 扩大到 $Q_2$;但是,如果其他企业也同时和同等程度地降低价格,则该企业的产量上升幅度较小,即按照更加陡峭的 $DD'$ 曲线

从 $Q_0$ 扩大到比 $Q_2$ 小的 $Q_4$。

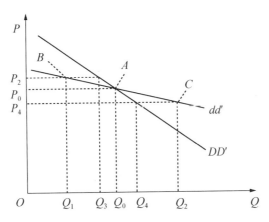

图 4-13 垄断竞争企业面临的需求曲线

同样，当垄断竞争企业把价格从 $P_0$ 提高到 $P_2$ 时，如果其他企业均保持原来的价格不变，则该企业的产量下降幅度就较大，即按照 $dd'$ 曲线从 $Q_0$ 下降到 $Q_1$；但是，如果其他企业也同时和同等程度地提高价格，则该企业的产量下降幅度就较小，即按照 $DD'$ 曲线从 $Q_0$ 下降到 $Q_3$。

综上所述，垄断竞争企业的需求曲线市场模型在方向上总是向右下方倾斜的。

**2. 收益曲线**

从形式上看，垄断竞争企业的需求曲线和垄断企业的需求曲线存在向右下方倾斜的共同特点。因此，我们可以按照讨论垄断企业的相似方法，根据垄断竞争企业的需求曲线去推导垄断竞争企业的收益曲线。

但是，如前文所说，垄断竞争企业的需求曲线不只存在一条，而是有两条，即相对平缓的 $dd'$ 和更加陡峭的 $DD'$。前者对应其他企业均保持价格不变的条件，后者对应其他企业均同时和同等程度地改变价格的条件。

通过进一步分析可以发现，垄断竞争企业的需求曲线 $dd'$ 和 $DD'$ 反映的只是两种非常极端的市场情况，即其他企业的价格要么根本不改变，要么同时和同等程度地改变。实际上，在这两个极端之间存在无限多的其他可能。如一部分企业改变价格，另一部分企业不改变价格。相对于每一种可能性，都有一条垄断竞争企业的需求曲线，而且所有这些需求曲线都介于 $dd'$ 和 $DD'$ 之间。

那么，垄断竞争企业的收益曲线应该由哪一条需求曲线来决定？答案是 $dd'$。这是因为，垄断竞争企业在整个市场上所占份额非常小，它的行为并不会引起其他垄断竞争企业的注意和反应。据此，垄断竞争企业在改变自己的价格（或产量）时，就可以合理地认为其他企业并不会因此而跟着改变价格（或产量）。换句话说，垄断竞争企业可以把其他企业的价格（或产量）视为固定不变的。于是，它的需求曲线就是 $dd'$ 而非 $DD'$ 或其他曲线。

如图 4-14 所示，垄断竞争企业的边际收益曲线为 $MR$，平均收益曲线为 $dd'=AR$。与任何其他企业一样，垄断竞争企业的平均收益总是等于价格，因此平均收益曲线总是与其的需求曲线重合；当平均收益曲线为直线时，边际收益曲线的纵截距与平均收益曲线相同，且斜率是后者的 2 倍。

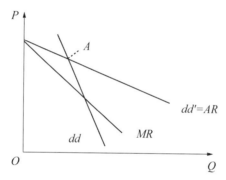

图 4-14　垄断竞争企业的收益曲线

综上所述，垄断竞争企业的收益曲线总是向右下方倾斜的。

### 3. 短期垄断竞争

由于差别产品的存在，垄断竞争企业有一条向右下方倾斜的需求曲线。从追寻利润最大化的角度来看，垄断竞争企业会按照边际收益等于边际成本时的产量生产产品，并寻找出与之匹配的价格出售。

图 4-15（a）和图 4-15（b）表示垄断竞争市场中两家不同企业的成本、需求和边际收益曲线。在这两幅图中，利润最大化产量都位于边际收益与边际成本曲线的交点。在图 4-15（a）中，价格高于平均总成本，企业获得利润。在图 4-15（b）中，价格低于平均总成本，企业不能获得正利润，需要想办法使其亏损最小化。在短期垄断竞争中，垄断竞争企

业和垄断企业在选择产量和价格的方面是类似的。

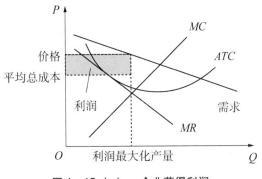

图4-15（a） 企业获得利润

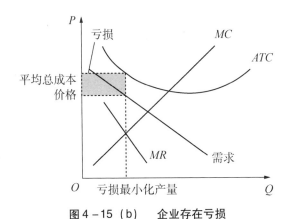

图4-15（b） 企业存在亏损

### 4．长期垄断竞争

长期垄断竞争与企业的进退流动息息相关。

如图4-15（a）所示，当企业获得利润时，新企业进入市场，市场供应增加，消费者面临着更多的选择。原有企业的需求下降，需求曲线向左移动，利润下降。

如图4-15（b）所示，当企业有亏损时，一部分企业退出，市场供应减少，消费者可选择的产品减少。留下来的企业需求增加，需求曲线向右移动，利润增加。

无论是新企业的进入，还是原有企业的退出，背后都是利润最大化的经济原则在推动着。长期发展的垄断竞争企业最终会逐渐达到零经济利润。

如图4-16所示，市场均衡点位于需求曲线与平均总成本曲线的切点。这一切点表示没有价格与平均总成本之间的差额利润，即价格等于平均总成本，最大化利润是零。同时，这一切点也与边际收益等于边际成本的点所对应的产量相等。因为这一产量使利润最大化，长期垄断竞争中的最大化利润正好等于零。

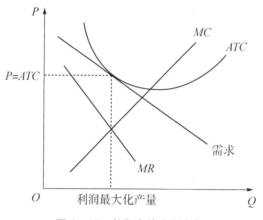

图4-16 长期中的垄断竞争

垄断竞争市场上的长期均衡有两个突出的特点。第一个特点是价格大于边际成本。这是由垄断竞争企业向右下方倾斜的需求曲线与利润最大化原则共同决定的。第二个特点是价格等于平均总成本。垄断竞争市场上自由进入与退出的发展使最大化利润正好等于零，即价格与平均总成本相等。与此相反的是，垄断企业即使在长期中也存在正的经济利润。这是因为垄断企业是市场上的唯一卖家，长期具有经济驱动力。

## 三、垄断竞争市场对福利的影响

### 1. 垄断竞争与社会福利

社会福利可以由市场是否达到充分效率来判断，即社会是否能从有限资源中获得可以得到的最大量。完全竞争市场是有效率的，完全垄断市场是有损失的，但介于二者之间的垄断竞争是复杂的，是难以判定的。

一方面，垄断竞争存在高于边际成本的价格加成，造成部分消费者没有购买产品，产生垄断定价的正常损失。这一问题是难以解决的，因为所有垄断竞争企业生产的差别产品的边际成本定价是不一样的。如果进行管制,企业的价格就要下降,直到其等于边际成本,零利润的状态被打破,企业产生亏损,难以维持经营。

另一方面,垄断竞争市场上的企业数量可能并不是理想的数量,有可能存在太多或太少的企业进入的问题。当太多企业进入时,消费者面临更多选择,获得更多的消费者剩余,而原有企业失去部分消费者和利润,经营困难。当太少企业进入时,消费者选择有限,原有企业获得更多消费者和利润,消费者失去部分消费者剩余。这时,市场这"看不见的手"并不能确保总剩余最大化。

由于垄断市场的效率是难以衡量和解决的,所以并没有一种简单易行的方法来改善这种市场结果。

但是,与完全垄断和寡头垄断相比,垄断竞争市场的竞争更有效,市场配置效率更高。垄断竞争允许自由进入和自由退出,市场流动性更高,市场效率也更高。垄断竞争市场存在大量的卖家,为维持自我经营,彼此之间必然会产生竞争。垄断竞争市场竞争的是同一群消费者,虽然生产的是有差别的产品,但产品替代性很高,垄断竞争企业必然会进行竞争,可能会促进某种产品技术的发展、产生新的市场行为等。因此,垄断竞争市场并不是效率低下的,而是有着符合自己特性的市场竞争秩序。这类垄断竞争企业通常出现在第三产业,符合市场需求和市场发展方向,可以有效促进竞争。需要注意的是,当某些垄断竞争企业逐渐发展到寡头垄断或完全垄断时,可能会发生阻碍市场经济运行的行为,此时就需要政府通过有效干预来进行调整。也就是说,当市场这"看不见的手"失灵,无法控制市场有效配置资源时,政府这只"看得见的手"就要发挥全面调控的作用。

从发展过程看,垄断竞争是市场发展最有活力的时候。完全竞争市场生产无差别的产品,产品产量由市场需求决定,这使得完全竞争企业没有提高产品质量、改进产品技术等需求,市场达到了最大社会效益,但并不符合企业发展利润最大化的目的。寡头垄断市场和完全垄断市场由超强市场地位的企业控制,市场进退机制阻塞,中小型企业发展困难,需要更大的、更长期的资本投入。同时,此二类市场的竞争秩序已稍有脱离市场这"看不见的手"的控制,中小型企业发展风险更大,因此发展得更为保守,市场竞争秩序已经受到影响。而垄断竞争市场的进退机制、竞争对手、竞争秩序、消费者需求、企业发展程度等有利的市场条件使得垄断竞争市场

更有活力，竞争更为激烈，发展更为迅速，满足了大多数企业利润最大化的目的，更符合企业的需要。

但这并不说明垄断竞争企业是毫无缺点的。首先，它没有像完全竞争企业那样达到社会福利最大化，因而会损害一定的消费者权益和社会福利。其次，在竞争激烈的市场环境下，垄断竞争企业可能会出现一些破坏市场秩序、伤害消费者权益的行为。也就是说，垄断竞争企业可能会为了利润，不择手段地进行发展。最后，垄断竞争企业的进入与退出、进行市场竞争时产生的不良市场行为、诱导消费者的不理智消费等市场行为不仅会造成一定的社会资源浪费，还会破坏市场发展的良好秩序。

因此，垄断竞争市场的发展是矛盾统一的，既有有利的一面，也有不利的一面，需要辩证地看待。

**2. 垄断竞争的发展**

垄断竞争市场企业销售有差别的产品，市场竞争更为激烈。与传统的价格竞争相比，非价格竞争对垄断竞争企业有着更大的发展空间和利用空间。为了更加突出自己的产品，促进销量，大部分垄断竞争企业会选择进行广告宣传和品牌建设，以吸引更多的消费者购买。这就是垄断竞争企业经常使用的非价格竞争方法。垄断竞争市场的发展一方面会促进市场的进步，另一方面却会对市场竞争产生一定的阻碍。

（1）非价格竞争

在垄断竞争市场上，垄断竞争企业会进行价格竞争，如提高产品质量、降低生产成本等。此外，垄断竞争市场也会进行非价格竞争。非价格竞争是指垄断竞争企业通过广告、品牌等宣传方式，刺激消费者购买，提高产品销量，促进企业发展。

垄断竞争企业进行非价格竞争需要付出一定的成本。无论是设备、技术等投入，还是资金、人员等投入，垄断竞争企业都需要付出相应的成本。根据利润最大化的经济原则，垄断竞争企业进行非价格竞争是为了追求更大的利润。通过非价格竞争，垄断竞争企业有利于促进销量，提高利润。

非价格竞争存在不同的市场效果。在一些市场条件下，非价格竞争能促进市场竞争的发展，促进市场经济的前进。但在另一些市场条件下，非价格竞争又会阻碍市场竞争的发展。因为非价格竞争提高了消费者对产品的依赖性，对其他产品形成了不公正、不公平的竞争条件。因此，要辩证地看待非价格竞争。

（2）广告

在生活中，广告随处可见，街道上、网络上、生活用品中都可以寻找到广告的身影。一个标志、一种颜色、一种形状等都可以看作是一个企业的广告。

广告的目的是促进消费。一则优秀的广告能够令人产生深刻的印象，使其与其他产品区别开来，并形成广泛影响，在人群中达成某种共识，吸引更多的消费者购买。例如，德芙的"纵享丝滑"、炫迈的"美味持久"、波力海苔的"美好时光"等。

广告的方式多种多样，包括报纸、杂志、电视、网络等。随着互联网的蓬勃发展和广泛运用，线上的网络广告逐渐成为广告的重要表现方式，如观看电视剧、综艺节目的腾讯视频、优酷视频、爱奇艺视频等娱乐软件中的广告植入，微信、微博等社交软件中的广告植入，淘宝、京东等购物软件中的广告植入，猿题库、作业帮等学习软件中的广告植入，网易云音乐、QQ音乐、酷狗音乐等音乐软件中的广告植入……几乎所有的电子产品都会带有一定的广告内容。线上的网络广告以初始界面、弹出窗口、页面设计等方式进行快速的、大量的、精准的广告宣传，让消费者增强产品熟悉度，成为选择消费对象。但是，由于线上网络宣传的技术限制和时间限制，广告质量和宣传效果可能并不太好，消费者对其产生的印象也是难以琢磨的。相反，线下的实物广告宣传更为直观、清晰、准确的。线下实物广告包括产品名称、产品细节、产品包装等实物广告；覆盖墙面的装饰广告；人型立牌、人型玩偶、充气玩偶等广告；电子屏幕上的动态广告；电梯、地铁、公交车等交通工具上的广告。无论是线上网络广告，还是线下实物广告，都需要认真分辨消费对象，认真分析产品和广告匹配度，选择更适合的广告方式。

不同产品之间的广告投入是不一样的。出售同一质量产品的垄断竞争企业基本是没有什么广告费用的，例如大米、花生、原油等。出售工业品的垄断竞争企业是很少有广告费用的，例如建筑材料、基础设备等。出售产品差别较大的企业广告投入较多，例如饮料、香水、药品等。一般来说，贴近消费者日常生活的产品广告较多。

广告能传递信息。从外在的广告形式，到内在的广告本身，都透露着一定的信息。一方面，广告形式传递的是产品的细节内容、优势条件、消费对象、适用场所等产品信息。另一方面，抛开广告形式和内容，仅谈广告本身，其传递的是产品背后的企业信息和质量信息。一般来说，优质的产品会吸引消费者踊跃购买，从而产生正利润，投入的产品广告可以吸引更多的消费者购买。而一般的产品由于本身并没有优质产品吸引消费者，获得的利润较少，用于广告的投入较少，能够吸引的消费者也有限。通过广告投入的区别，消费者可以依据广告判断企业信息和产品质量。但是，在当今的经济生活中，却出现了一些与之相反的例子：有些企业把广告放在第一位，把产品放在第二位，通过精美的广告和包装以及无孔不入的网络宣传吸引消费者购买，并采用同一手段不断地吸引新的消费者购买。当广告传递出不相符的信息，消费者将难以区别产品质量，并容易受到欺骗和钱财损失。逐渐地，消费者对市场的信任度下降，最终不利于市场的良好发展。实践证明，最后真正留住消费者的是产品，生产优质的产品才是企业经久不衰的原因，才是市场良好发展的基石。

（3）品牌

品牌与广告密切相关，广告宣传的内容常常与企业产品和企业品牌相关。通过广告，企业可以树立自己的品牌形象，丰富消费者对企业的认识，提高消费者对企业品牌的熟悉度，并逐渐形成稳定的心理契约关系。促进产品的销售。

品牌无处不在，比广告更加密切地影响到个体。衣服、鞋子、家电、洗护用品、清洁用品、手机、电脑等日常用品随处可见品牌的身影。购买产品前，品牌展现的是企业的信息。优秀的品牌和一般的品牌反映的是不同的企业实力和产品质量。优秀的品牌给予消费者更多的鼓励和信任，促进消费者购买。一般的品牌在优秀的品牌的对比下，难以展现出自身优势，消费者难以获得激励，导致消费行为难以实现。购买产品后，品牌成了展现消费者信息的一种方式。不同的消费者购买能力不一样，所展现的品牌也是不一样的。在品牌价格的直接比较下，消费者的主要消费对象、主要消费价格层次、主要消费偏好会无声地表现出来。这类信息可以帮助企业更好地区分消费对象、促进销量。

在消费者购买产品前，品牌不一定能确切地表现出企业的产品信息。有些优秀品牌的企业的产品也不一定是优秀的，可能与一般的产品差不多，甚至可能在某些方面还不如一般的产品。而有些一般品牌的企业的产品可能是优秀的，但由于品牌影响力不足，没有产生良好的市场效应，部分消费者难以产生购买行为。购买产品后，品牌也不一定能表现出消费者的真实信息。消费者的消费行为是复杂的，消费习惯是易变的，消费心理是内在的，加上市场上众多鱼龙混杂的产品和信息，单一的品牌并不能表现出消费者真正的信息。

3. 结论

垄断竞争市场，是在垄断和竞争共存的市场条件下发展出来的市场结构。相比完全竞争的一面竞争和完全垄断的一面垄断，垄断竞争更为符合市场发展和市场需求。垄断竞争市场的需求曲线向右下方倾斜，价格高于边际成本。在自由进入与自由退出的市场机制下，垄断竞争企业的最大化利润逐渐趋于零，达到市场均衡。由于垄断市场的复杂性，尽管垄断市场的资源配置是不完美的，但是也没有什么令人信服的公共政策建议可以对其进行改善。

垄断竞争市场销售有差别的产品，打广告、做品牌的营销方法是垄断竞争企业常用的销售方法。但是，广告和品牌所传递的信息不一定是准确的，可能会造成非理性的企业行为和消费行为，从而抑制竞争。所以，企业和消费者需要真诚和理智。在非价格竞争中，垄断企业需要用心做好产品，以真正优秀的产品带动广告和品牌的建设。

## 第五节　反托拉斯与相关政策

与竞争市场相比，垄断市场的资源配置效率是不足的，是不利于消费者获得价值和社会福利发展的。因此，需要对垄断市场进行一定的管制。反托拉斯即反垄断，是对垄断市场进行控制的一种行为。反托拉斯组织在不同地区的垄断市场有着丰富的发展和实践。从反托拉斯的发展实践看，世界各国在促进竞争、维护市场的共同目标原则下，根据各国实际发展情况，制定了符合自己国家需要的反托拉斯政策，对其他国家也有一定的借鉴意义。反托拉斯发展历史悠久，最早在美国出现和发展，后来欧盟也出现和发展了反托拉斯。西方资本主义国家的反托拉斯实践给后来发展的国家提供了法律借鉴、垄断界定、实践方法、目标原则等理论和实践的借鉴。中国、新加坡等亚洲国家在借鉴了西方资本主义的反托拉斯实践后，根据自己发展的特点，形成了自己的反托拉斯实践方法，丰富和发展了反

托斯的理论研究与实践。

## 一、各国反托拉斯的实践

### (一) 美国

在众多反托拉斯实践中，各国以法律为准绳，制定了许多反托拉斯法律，其中，以美国最为典型。

美国实行反托拉斯法的目的是保护竞争，维护市场发展。美国政府通过反托拉斯实践，对美国企业进行监管，对市场秩序进行调控，避免垄断行为发生阻碍，以保证市场良好运行，经济正常发展。

在19世纪末20世纪初，美国经济发展中第一次出现了大规模的企业兼并活动，形成了一些占据市场绝对地位的大企业，被称为托拉斯或垄断企业。垄断包括一家大企业控制一个市场的所有的绝对垄断和几家大企业控制一个市场的部分寡头垄断。美国的钢铁工业、汽车工业、飞机工业、军事工业等都属于垄断市场。垄断的形成和发展极大地影响了美国的经济社会生活。

为控制垄断的发展，从19世纪90年代到20世纪50年代初，美国国会通过了一系列反托拉斯的法案，如《谢尔曼法》（1890年）、《克莱顿法》（1914年）、《联邦贸易委员会法》（1914年）、《罗宾逊－帕特曼法》（1936年）、《惠特－李法》（1938年）以及《塞勒－凯弗尔法》（1950年）。

美国的反托拉斯法规定，贸易协定或共谋、垄断或企图垄断市场、兼并、排他性规定、价格歧视、不正当的竞争或欺诈行为等行为都将受到限制。例如，《谢尔曼法》规定，为谋求限制跨州的或同外国的贸易或商业所订立的契约，或者是以托拉斯或其他形式的联合或共谋为形式的行为都是违法的。违法惩罚包括巨额罚款和监禁两种方式。《克莱顿法》修正和完善了《谢尔曼法》，规定当价格歧视活动达到一定垄断程度的时候，要及时禁止价格歧视。同时，《克莱顿法》禁止附加条件合同（如捆绑销售，即卖家要求消费者购买一种产品的同时还要购买另一种产品）和独家经营，禁止公司之间相互持有股票，禁止公司董事会成员之间相互兼任。《联邦贸易委员会法》规定，联邦贸易委员会的职责是调查和起诉"不正当竞争"的行为。《惠特－李法》增加了联邦贸易委员会禁止"欺诈行为或商业欺诈活动"的权力。《塞勒－凯弗尔法》规定，当横纵向兼并逐渐损害市场竞争的时候，要禁止兼并。《塞勒－凯弗尔法》还规定，如果一个企业从另一个企业购买资产不利于竞争发展，就要禁止该企业的购买资产行为。

这一系列的反托拉斯法有效抑制了反竞争的市场行为，促进了美国经济发展。但是，过度的反托拉斯也可能在一定程度上抑制市场的进步。

20世纪80年代初至20世纪末，日、德两国在经济、科技、制造业等方面实现迅猛发展。与之相反的是，美国经济发展有所停滞。为此，美国进行了深刻反思，发现该停滞是过度的反托拉斯带来的反作用。因此，美国逐渐放宽了市场限制，以促进市场发展。比如，为提高创新技术发展，美国产业政策推进创新要素发展，促进良好的合作条件，给市场"松绑"，给创新带来活力。1982年的《经济复兴税收法》，减免了25%的研究开发费用，放宽反托拉斯法对企业研究合作的限制。通过一系列的有效措施，美国经济重新焕发活力，逐渐实现了其在众多领域的前沿地位。

因此，反托拉斯虽然能够抑制反竞争的市场行为，但有时，反托拉斯也会抑制市场的发展。政府需要根据实际情况具体分析，收放自如地进行反托拉斯，以保障市场的良好运行。

(二) 欧盟

欧盟事务由欧盟委员会负责，反托拉斯是欧盟委员会的一项重要经济责任。1965年，欧盟各成员国共同签订《合并协议》，将欧洲煤钢共同体、原子能共同体和经济共同体合为一体，形成欧盟委员会。欧盟委员会始终坚持促进欧洲经济发展的基本原则进行反托拉斯，其反托拉斯发展有一定的历史经验。在反托拉斯过程中，欧盟委员会曾经对苹果公司、微软公司等全球知名企业有过反托拉斯指控。在历史中发展的反托拉斯实践使得欧盟委员会拥有了丰富的反托拉斯经验，完善了欧盟反托拉斯法。一些执法活动包括：对航空公司如美国航空、英国航空等在商务、营销、运营等方面的合作展开反托拉斯调查，拟对英特尔公司通过折扣方法挤压竞争对手的做法进行严厉处罚，指控微软公司仍在利用其市场优势地位打压竞争对手，等等。

纵观反托拉斯历史，经济危机的出现势必会对一国的反托拉斯政策产生影响，使其改变对反托拉斯的看法和减少对垄断的限制。在20世纪30

年代经济大萧条时，美国为保证经济运行，通过"国家复兴法案"支持某些市场垄断行为。松紧有度的反托拉斯实践有着实事求是的适当性，但也对反托拉斯的原则造成了一定打击。自欧盟建立反托拉斯制度以来，其执法已经历过全球性经济危机的考验。

经实践验证的欧盟反托拉斯措施具有一定的借鉴意义。

### 1. 跨国家的成功实践

欧洲有着一百多年的反垄断历史，虽然在不同国家的实施情况不一样，但在国际贸易的发展影响下，欧洲各国逐渐形成了提高市场效率和维护消费者权益的反托拉斯政策目标。在此引导下，各个国家的反托拉斯设立和实施在很多方面逐渐趋同。其中，欧盟反垄断法有着独特的发展。欧盟反托拉斯的实践目的在于维护一体化的共同市场。目前仅有欧盟反托拉斯法在成员国间得到成功的发展。它以《欧盟条约》为基石，负责众多成员国之间共同市场的完整和发展。它需要注意到垄断对于一体化市场的危害，还需要注意到各成员国之间有没有形成垄断的贸易保护。因此，贸易保护主义与欧盟反托拉斯法并不相容。从关注对象看，欧盟反托拉斯法更关注中小企业的权益。中小企业的生存和发展对竞争的市场结构有着非常重要的影响；但中小企业往往处于市场不利地位，其资金、设备、技术、管理、信息等许多方面都与大企业存在较大的差距，非常容易成为市场地位高的大企业随意发展的陪葬品，尤其是在经济危机出现的时候。尽管对中小企业的保护也会受到各个方面的质疑，但欧盟委员会在考虑提高效率的前提下，依然坚持保护中小企业的权益。

### 2. 欧盟经验

第一，反托拉斯实施可以通过干预竞争来干预市场，既能有效维护市场秩序，又不破坏市场原有秩序。欧盟委员会通过长期坚持干预竞争的方法，积累了大量的反托拉斯实践经验，为世界各国提供了有效参考。干预竞争的方法干净有效，比政府直接掌握市场更灵活，市场配置效率更高。欧盟委员会始终坚持反托拉斯政策，积极保护欧盟一体化的市场。

第二，仅仅就欧盟委员会的反托拉斯举措而言，不能得出贸易保护主义的结论。这不仅在于贸易保护主义与欧盟反托拉斯法的理念不相协调，就事实而言也不相符。我们可以看到，欧盟委员会的反托拉斯举措不只针对欧盟之外，而且同样针对欧盟内部的企业和品牌；在维他命卡特尔案、啤酒卡特尔案、电梯卡特尔案等案件中，欧盟委员会基本针对的是欧盟内部的企业或品牌，而且同样适用"重刑"。事实上，从手段和目的的角度考量，反托拉斯不是进行贸易保护的恰当方法。换言之，反托拉斯只是维护市场竞争秩序的方法，更重要、更高的市场经济要求是与反托拉斯的实际作用不相符合的。

第三，欧盟委员会的举措充分说明欧盟反托拉斯法对于消费者利益和中小企业权益的关注。消费者和中小企业有一个共同点，即都是市场的弱者，对于市场竞争都十分敏感，极易受到市场力量的挤压。所以，在欧盟反托拉斯实践中，广大消费者和中小企业的呼声总是能带动欧盟委员会的反托拉斯举措。

如今，在数字经济背景下，市场衍生出了新的垄断形式，产生了新的垄断方式。首先是价格平价协议。价格平价协议是卖方与某电子平台达成协议，承诺在该电子平台上收取的价格不会超过在其他平台上收取的价格。这一协议克服了信息不对称的问题，有效阻止了"搭便车"的行为。但是，这一协定有可能导致平台通过减少佣金的方式阻止竞争平台进入市场，还有可能导致平台之间或者消费者之间形成共谋，提高产品价格。同时，由于产品价格缺乏差异性，消费者无法通过价格辨别产品质量。因此，价格平价协议存在潜在的反竞争效果。其次是算法合谋。算法合谋是指竞争对手之间为了共同的利润最大化进行的默示合谋。随着技术的发展，算法可以评估客户信息、预测客户需求、推送相关产品，企业可以根据信息及时调整价格、生产产品、促进交易。在这一过程中，消费者付出了更大的消费代价。算法合谋可能会导致垄断的发生，阻碍竞争市场的发展。最后是拒绝数据开放。数据有效反映了消费者信息，促进企业更好决策和更好发展。但同时，企业容易产生排他行为，提高进入门槛，阻碍市场竞争。

对此，欧盟各国制定了相应的应对措施。首先是反垄断协议规定。广义的反垄断协议规定是限制供应商在其他电子平台上提供更低的价格。狭义的反垄断协议规定是限制供应商在自由平台上提供更低的价格。其次是对算法合谋的规定，包括明示算法合谋、默示算法合谋、轴辐合谋、自我学习算法。无论是何种算法合谋，都是通过算法这一工具，企图控制价格和市场，形成一定的垄断效果。目前，欧盟主要通过市场监管和分析，判断企业是否存在垄断行为，并通过判定结果决定是否施行处罚。最后是对数据开放的规定。数据信息纷繁复杂，有的信息可以共享，促进创新；有的信息不能共享，比如隐私。对此，欧盟法院创造性地提出了"必要设施"理论。通过"必要设施"的信息分享，既可以避免信息垄断，又可以避免信息泄露。

（三）新加坡

新加坡的反托拉斯监管法律为新加坡《竞争法》，执法机构为新加坡竞争与消费者委员会。

新加坡《竞争法》最初于2004年实施，后经数次修订，目前最新版本为2018年5月的修订版。新加坡《竞争法》分为正文和附录两部分，正文共有七章一百余条，附录有四个。下面从新加坡《竞争法》的适用范围、规制对象、违反新加坡《竞争法》的法律责任及其管辖等重要方面进行概述。

1. 适用范围

新加坡《竞争法》采用结果发生地原则，不论实施垄断的协议、实体、行为发生地是否在新加坡境内，凡是影响新加坡境内市场竞争的垄断行为，均属于新加坡《竞争法》的适用范围。

新加坡《竞争法》对政府、法定实体、代表政府或法定实体工作的人员三类特殊主体规定了原则上排除适用，但经新加坡贸易和工业部部长批准，仍可以依据新加坡《竞争法》对法定实体、代表法定实体工作的人员进行追诉。

2. 规制对象

新加坡《竞争法》规制三种垄断行为，即排除、限制或扭曲竞争的协议（简称"排除竞争的协议"），滥用市场支配地位的行为和显著降低竞争的并购。同时，考虑实际情况，新加坡《竞争法》在附录3和附录4中针对三种垄断行为规定了排除适用的情形；针对排除竞争的协议和并购，新加坡《竞争法》分别单独规定了集体豁免和不被视为并购的情形。

3. 违反新加坡《竞争法》的行政责任及其管辖

（1）新加坡竞争与消费者委员会的职权。

依据新加坡《竞争法》对三种垄断行为进行规制的主管机关为新加坡贸易和工业部下属的新加坡竞争与消费者委员会。该委员会拥有三个权力：一是准立法权。该委员会可以在新加坡的政府公报上发布指引，对新加坡《竞争法》进行解释。经新加坡贸易和工业部部长批准，该委员会可以依据该法制定具体监管规定。二是行政调查权，包括取得文档或信息的权力、调查权、不经授权进入被调查对象经营场所的权力、经授权进入被调查对象经营场所的权力。三是执法权，包括在正式决定做出前采取临时性措施、经过调查做出正式决定和执行正式决定的权力。

（2）临时性措施和正式决定的执行。

在对排除竞争的协议、滥用市场支配地位的行为正式做出行政决定前，新加坡竞争与消费者委员会基于紧急情况，为了避免对受害者造成严重的、不可恢复的损害或为了保护公共利益，可以采取其认为合适的临时性措施；涉及并购时，除上述目的外，为了避免对并购的调查造成干扰或为了避免影响并购垄断行为认定后行政决定的执行，该委员会也可以采取其认为合适的临时性措施。

新加坡竞争与消费者委员会做出认定垄断行为成立的正式决定后，会向相关主体发布指令，要求该主体采取措施弥补、减轻、消除违规行为带来的不利影响，并避免其再次发生；对于排除竞争的协议，要求修改或终止协议；对于滥用市场支配地位的行为，要求修改或停止该行为；对于预期并购，一是禁止并购的实施和生效，二是要求并购相关方修改或终止协议；对于并购，一是对并购进行分拆或修改，二是要求并购相关方修改或终止协议。

新加坡竞争与消费者委员会在做出认定垄断行为成立的正式决定后，有权对因故意或疏忽导致的违规处以行政罚款，罚款金额不超过经认定的营业额的10%，有权要求当事人签订法律上可实施的协议，协议条款由委员会指定；有权要求当事人处置相关业务、资产或权益，处置方式由委员会指定；有权要求当事人提供履约担保，履约条件由委员会指定。

（3）行政决定的救济和强制执行。

若对新加坡竞争与消费者委员会的行政决定不服，可以在规定期限内向新加坡竞争上诉委员会提起复议；若对复议结果不服，可以在规定期限内向新加坡高等法院提起行政诉讼；若对行政诉讼结果不服，可以在规定期限内向新加坡上诉法院提起上诉，新加坡上诉法院的二审判决或裁定为终局性的。

新加坡地区法院负责该委员会行政决定的强制执行。

(4) 自我约束性承诺。

在新加坡竞争与消费者委员会做出正式决定前，该法赋予市场主体主动向该委员会承诺采取相关措施、消除或减轻对市场竞争带来的实质性影响的选择。该承诺经该委员会接受后生效，该委员会接受承诺后将不再做出构成垄断行为的行政决定，市场主体需切实履行该承诺。

**4. 违反新加坡《竞争法》的刑事责任及管辖**

(1) 需承担刑事责任的行为。

该法列举了需承担刑事责任的四种犯罪情形：拒绝提供信息、损毁或伪造文档、提供虚假或误导性的信息、阻挠该委员会职员的执法。

(2) 刑事责任。

包括罚金和监禁，罚金金额一般不超过1万新加坡元，监禁期限一般不超过12个月。

(3) 管辖。

对违反新加坡《竞争法》的犯罪行为，经新加坡公共检察官和该委员会主席授权，该委员会职员可以启动刑事追诉程序，由新加坡地区法院负责审判。

**5. 违反新加坡《竞争法》的民事责任及管辖**

(1) 民事责任及救济。

在新加坡竞争与消费者委员会认定存在垄断行为且该行政决定为终局性后，受害者在两年的民事诉讼时效内可以向法院提起诉讼，寻求民事救济。救济手段包括申请禁止令或法庭宣告、民事损害赔偿、法院认为合适的其他救济手段。

(2) 管辖。

以民事责任的管辖依据为新加坡民事诉讼程序规定。

**6. 新加坡反托拉斯实践**

2018年，新加坡发生了一起重大反垄断案件。案件主体是东南亚市场上举足轻重的两家打车服务平台公司 Grab 和 Uber，其起因是 Grab 将收购 Uber，而 Uber 将获得 Grab 20%的股份。此次合并交易将严重影响到东南亚市场的竞争秩序，两家强强联合的结果是其他中小型企业的经营困难。新加坡竞争与消费委员会对其进行了严格的调查，并给予了相应的罚款处罚。新加坡竞争与消费委员会还要求其维持其交易前的定价算法和司机佣金比例，保证一定的市场秩序；要求其取消一些排他性协议，保证竞争的良好发展。同时，新加坡竞争与消费委员会还听取新加坡民众提供的建议，完善其措施方案。这一反垄断案件的顺利进行，避免了东南亚市场打车服务平台的垄断趋势，维持了市场竞争秩序，促进了经济良好发展。

（四）中国

为控制垄断的不良发展，中国制定并实施了《中华人民共和国反垄断法》，该法于2008年8月1日正式实施。随着反垄断实践的发展，《中华人民共和国反垄断法》经历了历史的考验，于2021年1月2日进行了修订草案公开征询意见，并于2021年1月31日结束。至此，中国《中华人民共和国反垄断法》得到完善和发展，逐步符合新时代经济发展需要。

《中华人民共和国反垄断法》内容详细，范围广阔，包括各类反垄断行为的界定、相应处罚的明确、权益人和执行机构的相关责任。这一法律是反垄断实践的根本依据，是反垄断实践的基础动力，是反垄断发展的根本保障。

在《中华人民共和国反垄断法》十多年的实施过程中，中国调查并处理了大量的反垄断案件。首先是境内的反垄断案件，其典型案例是通信行业。中国移动曾被一名北京律师指控其依据强大的市场垄断地位乱收取"月租费"并对顾客进行差别服务。中国电信和中国联通均曾被指控在互联网接入市场实行价格垄断。这三家中国通信行业巨头，非常容易出现并实现价格垄断，政府对其一直予以高度关注，以法律为准绳，以市场良好运行为方向，始终监管着它们，维护着消费者的权益和社会福利获得。另外，地区性的反垄断案件也是非常典型的。如贵州茅台和四川五粮液在酒品行业实行价格垄断，上海黄金饰品行业协会及天宝凤龙、亚一等五家金店控制市场黄金饰品和铂金饰品价格，广州合生元等六家乳粉企业实行价格垄断，等等。中国政府都对其处以相应的罚款处罚。其次是境外的反垄断案件。如日本汽车零部件厂商在中国市场实行价格垄断，奔驰、一汽-大众、奥迪等汽车厂商在中国市场都有一定的垄断行为等，中国政府都对其进行了一定的调查和处理，违反规定的行为都受到了相应处罚。最后是境内外混合的反垄断案件。如可口可乐曾想收购汇源集团，但被政府出面制止了。韩国三星和LG以及中国台湾地区奇美、友达等六家国际大型液晶面板制造商在中国大陆市场实行价格垄断行为，受到了中国政府的严厉处罚。

随着互联网技术的发展，市场涌现出了许多新兴产业，如电子商务、网络新媒体、电子商务物流、外卖服务平台、交通出行服务等以互联网为基础的产业。这些新兴产业衍生了其他许多的产业，极大地促进了社会经济发展，改善了人民生活。但是，这类以互联网为基础的数字经济也极有可能出现和实现垄断。如阿里巴巴作为电子商务的巨头，以淘宝、支付宝等软件为依托，以大量用户为基础，实现了超强的市场地位。政府对其始终给予高度关注，在其收购银泰集团有限公司股权时出面制止，在其蚂蚁金服上市时出面制止，在其发生违规市场行为和损害消费者权益时出面阻止。另外，阅文集团收购新丽传媒控股有限公司股权时、深圳市丰巢网络科技有限公司收购中邮智递有限公司时，政府也出面予以制止和给予相应处罚。尽管由于经验、技术等原因，数字经济的反垄断实践还存在着不足，但中国政府定当始终如一地当好中国市场的守护者角色。

中国反垄断有着丰富的实践经验和非常成功的案例，随着改革开放40多年来的发展变革，中国反垄断形成了自己的特点和优势。虽然国内外有一些不同的声音，如欧盟曾对中国对汽车行业的反垄断提出质疑，美国曾向世卫组织投诉中国的反垄断行为，但是，每个国家面临的市场条件和国家条件是不一样的，任何时候都需要实事求是的思考和处理方式。不同的反垄断实践经验带来的是不同的反垄断措施，即使是借鉴其他国家的反垄断经验，也需要先节合本国实际情况再实施。

## 二、政府管制

### 1. 政府管制的原因

从经济学的角度来看，垄断的资源配置效率是不足的，它影响了社会福利和消费者价值获得。同时，由于垄断者的市场地位过高，可能会阻碍市场的正常运行，一旦发生动荡，极有可能造成严重的经济事故，危害经济生活的发展。因此，各国政府对垄断一直是高度关注的，会适当发挥"看得见的手"的作用，对垄断进行一定的干预，防止事故发生，保证经济的良好运行。

此外，垄断已经逐渐脱离了市场"看不见的手"的控制，逐渐发展为由垄断企业自由控制市场。无论是市场进退等机制，还是竞争对手的发展，垄断企业都有着强大的话语权。这破坏了市场竞争的初衷。垄断极大地满足了企业利润最大化的需求,这一满足却是建立在危害消费者权益和社会福利之上。

因此,必须有一只"看得见的手"对垄断进行控制调整,而这只手显然是政府。

**2. 政府管制的定义**

政府管制,即政府为避免垄断带来的危害,对垄断进行一定的限制,以保障市场的良好运行。政府管制在垄断方面发挥了明显的作用。政府的反垄断管制包括实施反托拉斯法和实施经济监管。反托拉斯法通过法律明文规定对市场垄断行为进行管理和限制。经济监管包括控制产量、价格、市场进入机制、一定的垄断服务质量等。

政府管制是政府对市场进行干预的一种行为,是"看得见的手"。但政府管制不仅仅只针对垄断,在其他方面也有广泛而基础的作用。政府管制始终与市场共存,市场的良好发展离不开政府的有效控制。没有政府管制,将导致市场的安全进行得不到保障、市场的矛盾问题得不到解决、市场的运行场所得不到支持、市场的人员交流得不到支持等问题出现。

但是,政府在垄断上的明显发展和作用使得政府管制与垄断成为代表性的有形和无形的(即政府与市场的)研究模型。其中,对自然垄断的政府管制是较为典型的。

**3. 政府管制的相关模型**

(1) 自然垄断企业的基本特征和存在条件。

自然垄断企业有着巨大的经济规模,在整个市场需求范围内,其平均成本曲线是向下倾斜的。这说明,如果一个市场由一家企业提供服务,就可以实现最低平均成本。比如电信企业,如果一个城市的通信服务只由一家企业提供,那么所有家庭实现最低成本;如果一个城市有多家通信企业提供服务,那么所有家庭的平均成本都将会有所增加。自然垄断企业的存在合理性,根本原因就在于此。

(2) 没有监管的自然垄断企业的利润最大化。

如图4-17所示,其表现了自然垄断企业的需求和成本条件。自然垄断企业一般都会有大量的资本投入,进而产生巨大的资本成本。如通信领域的建设发电厂、安装输电线路、提供地方电话服务或有线电视信号等,交通运输领域的铺设铁轨、建设铁路运输中心、提供铁路运输服务等,电力领域的安装煤气管道、设备购买、提供服务等。在图4-17中,自然垄断企业根据边际成本等于边际收益的利润最大化原则（长期边际成本曲线 LMC 与边际收益曲线 MR 相交）生产产量 $Q_0$，并确定价格 $P_0$，从而获得上方的矩形阴影所代表的经济利润。但是，如果依据社会福利获得和消费者权益为尺度，自然垄断企业决定的产量和价格所产生的经济效率是不足的，因为消费者支付了高于生产产品边际成本的价格。

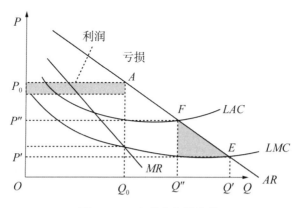

图 4-17 自然垄断的监管

（3）政府监管下的自然垄断企业价格和产量的决定。

政府监管下的自然垄断企业可以根据边际成本确定价格或者根据平均成本确定价格。但是，根据边际成本确定价格会使自然垄断企业形成亏损。如图 4-17 所示，在政府监管下，自然垄断企业的产量要符合市场需求，从而得到价格等于边际成本的产量。在这一要求下，自然垄断企业只能提高产量到边际成本曲线和需求曲线相交点（E 点）的产量 $Q'$，并确定价格 $P'$。这十分有利于消费者获得消费者剩余，因为其价格比自然垄断企业根据最大化利润决定的价格低很多，更多的福利由消费者享受。但是，自然垄断企业却造成了明显的亏损。这是因为其产出水平 $Q'$ 和监管价格 $P'$ 的成本低于自然垄断企业的平均成本，如图 4-17 下方的三角形阴影所示。

为避免自然垄断企业亏损倒闭，政府一般会根据平均成本确定监管价格。在图 4-17 中，需求曲线和长期平均成本曲线相交于 F 点，确定产出量 $Q''$ 和价格 $P''$。相比没有被监管的自然垄断企业，政府监管下的自然垄断企业提高了经济资源配置效率，促进了社会福利的获得。当然，政府监管下的自然垄断企业只能得到正常利润，并不能达到利润最大化。另外，由于消费者支付该产出的边际价值（即边际效用价值，亦即自然垄断企业的边际收益）高于自然垄断企业的边际成本，社会福利还存在可提高的空间。

（4）政府对自然垄断企业的补贴。

对于通过财政补贴亏损的自然垄断企业，政府也可以根据边际成本确定监管价格，自然垄断企业由此依然能够获得正常利润，可以维持其生产经营。例如，公交系统和地铁系统等民生保障领域的低价运营服务以及新能源汽车、太阳能运用等科技创新领域的迅猛发展的背后都是国家的大力财政补贴支持。但是，补贴也存在着一定的问题。补贴是从国家财政方面拨款，这表示政府需要缴纳更多的税款或者背负债务以及放弃某些项目的发展。

**4．政府管制的意义**

没有政府管制的垄断企业在追求利润最大化的原则下会制定高于边际成本的价格，影响社会福利和消费者福利。有政府管制的垄断企业，如果依据边际成本确定价格，企业会产生亏损，为保证生产生活，政府需要进行额外的补贴；如果依据平均成本确定价格，企业仅能获得正常利润，不能激励企业发展。

显然，政府管制的垄断企业比追求利润最大化的垄断企业更符合多数人的利益，更符合社会长远发展利益。无论企业是依据边际成本确定价格，还是依据平均价格确定成本，政府都可以根据市场实际发展情况和市场真正需求选择合适的方法进行监管。政府这只"看得见的手"的作用是能够控制垄断和调整市场，但也要注意张弛有度、方法恰当，以有效且有用的方法解决问题。

政府管制的根本目的是保证经济良好运行和促进社会福利。当垄断企业出现危害市场经济的垄断行为时，政府需要出手制止，如反托拉斯的实践。当垄断企业的经济影响力举足轻重时，政府需要出手管制，如在粮食、水电、通信等经济领域。虽然有时由于经济政策的不足，监管可能会产生一些不好的结果，但是，政府管制依然是一种必要的手段，是可以在特定情况下促进经济发展的。随着时间和经验的发展，政府管制会更为完善和有效。

## ❊ 本章小结 ❊

市场配置是可经营性资源的基础性配置,这和传统经济学是一样的。区域产业经济的市场结构与传统市场结构具有相似性,包括完全竞争市场、垄断竞争市场、寡头垄断市场以及完全垄断市场。

完全竞争市场,又可以称为纯粹竞争市场或者自由竞争市场,是指一个行业中有非常多的供应产品的厂商,并且这些厂商都以相同的方式向市场提供无差别的产品的市场。由于市场中的厂商和消费者数量众多,因而在这样的竞争环境中,单个厂商和消费者的决策均无法影响到市场的价格,他们只能是价格的接受者。

完全垄断市场,就是指整个产品市场中只有唯一的厂商在提供产品的市场形式。形成完全垄断市场的条件主要有三个:第一,只有唯一的厂商在市场上生产和销售产品;第二,这个厂商供应的产品没有任何相似的替代品;第三,行业的高进入壁垒导致其他厂商几乎不可能进入该产品市场。

垄断竞争市场,即多个卖家使用存在差别的产品竞争相同的顾客群体的市场结构。垄断竞争企业是完全竞争企业的一个进步。与完全竞争企业相比,垄断竞争企业是和其他竞争企业竞争差别产品的市场企业。

寡头垄断市场,又称为寡头市场,是指整个产品市场被少数几个厂商控制了产品的供给和销售的一种市场组织形式。在国内外的一些行业中,寡头市场是一种普遍的市场组织形式,比如白家电行业、手机行业、汽车行业、运动用品行业等,都是被少数几家厂商控制着市场的行业。

不同的市场结构特征决定了价格机制、供求机制和竞争机制。对于区域政府来说,在尊重市场机制的基础性作用的同时,更要了解市场的不足,从而采取一定的措施以弥补市场的不足。

## 思考讨论题

1. 形成完全竞争市场的条件是什么?
2. 对于完全竞争市场中的厂商,花钱做商业广告进行营销是一种好的策略吗?
3. 在短期和长期垄断竞争中,消费者的需求价格弹性有什么区别?

4. 为什么完全垄断企业要实行价格歧视的策略？举出生活中存在的价格歧视的例子。

5. 寡头垄断市场的价格刚性现象如何用弯折的需求曲线进行解释？

6. 请描述垄断竞争市场结构的特点。

7. 请画出政府监管下的自然垄断的模型。

8. 为什么垄断竞争相对于垄断是一个帕累托改进？

9. 区域政府既要利用市场也要管制市场，对此你如何看？

10. 阅读下列材料，根据所学内容分析最初的中国电信市场形成完全垄断市场的原因。

## 自然垄断：中国电信行业的变化

中国的电信化起步于20世纪60年代，到20世纪八九十年代进入了大规模的尝试性应用阶段，之后随着互联网的兴起进入了快速建设时期。在2006年后，由于信息化融合，移动互联网、大数据和云计算等新技术的出现，中国电信行业进入规模爆发式的增长阶段。截至2011年12月底，全国电话用户达到12.7亿户，跃居全球首位；相比2000年增长了10.4亿户，累计增长454%。其中固定电话用户达2.85亿户，较2000年增长1.41亿户。移动电话用户达9.86亿，较2000年增长8.97亿，用户增长超过2000年用户总数10倍以上。此外，3G电话用户达到1.28亿户。同时中国网民数量达到5.13亿人，其中手机网民的规模达到3.6亿人，互联网普及率达到38.3%。中国电信业近20年间发展迅速，经历了多次改革，从一家独大的自然垄断逐步向竞争市场过渡，形成了现在的3家基础电信企业全业务运营竞争的格局。

在1987年中国实行改革开放政策以前，中国的通信业（主要是电话）都是由邮电部独家垄断经营的。当时，中国电话资费由月租费和通话费组成，用户基数小导致收益过低，从而使得电话业的盈利甚少乃至亏损，所以其发展只能依靠国家投入。而电信业是一个高技术、高投入的产业，因而其发展又需要大量的资金投入。但那个时候国家财政一直处于不理想的情况，于是国务院出台了165号文件，同意收取电话初装费，以此来缓解电信业建设资金不足的问题。当时，电话初装费大多数都在5000元左右，再加上昂贵的电话资费，对于普通老百姓而言，电话是一种奢侈的消费。

由于邮电部既是国家电信政策的制定者和监督执行者，又是国家唯一授权的经营者，所以在很大程度上阻碍了国家电信体制的转型进程。为了摆脱邮电部政企不分所带来的市场混乱局面，1988年国家提出了"三步走"的电信改革方案，即第一步将施工、器材与工业等支持系统分离；第二步将电信业务管理与政府职能分离；第三步进行邮电分营和电信业重组。这样才推动了中国电信业现代化的进程。

1994年7月，中国联通有限责任公司经国务院批准成立，打破了"老中国电信"的垄断地位。1995年，中国电信进行企业法人登记，从此逐步实行政企分离。1999年2月，国务院批准中国电信改革方案，将原中国电信拆分成新中国电信、中国移动和中国卫星通信三个公司，将寻呼业务并入联通。同时，网通公司、吉通公司和铁通公司获得了电信运营许可证，形成"数网竞争"的经营格局。2002年5月，国务院对电信行业又进行了南北拆分重组，北方九省一市划归中国网通，成立了新的中国电信集团公司。

由于竞争机制的引入，电信行业资费大幅度下降，加之电话初装费的取消，使得大众都能消费得起，这样电信市场容量就变得很大。从2001年开始，中国手机用户就以每年上亿的速度迅速增加，而这些增加的手机用户中，有将近80%来自中国移动。中国移动无疑成了移动通信的新垄断者。为了平衡电信企业之间的市场势力，2008年6月，六大通信运营商整合为电信集团、联通集团和移动集团。

通过回顾中国电信行业的发展，不难看出，电信行业的建立需要大量的固定资本投入，使其成为一个自然垄断行业。最初只能由国家进行投资，并只有邮电部有运营资格。由于电话的资费昂贵，虽然存在着潜在的巨大市场，却无法开发。当然那个时代还有计划经济制度上的原因导致电信行业运营绩效差。

到了20世纪90年代，随着经济不断增长、经济活动越来越活跃、人们的收入持续增加，对电信服务的需求也在增加，这意味着即使电信业投入巨大，当所面临的市场不断扩大时，这个市场也允许存在第二家或者第三家公司开展经营，而且仍然是有效率的。但问题是，中国特有的利益集团阻止了第二家固定电话业务公司的出现。虽然以前的铁通和网通想借助于中国电信的网络来开展固定电话尤其是长途固定电话业务，可是无法实现。原因很简单，接通的权力掌握在中国电信手中，多制造几次接通故障，消费者就不愿意再使用铁通和网通的业务了。

另外，移动通信业务慢慢发生了变化。最早只有中国移动通信公司经营，然后中国联通加入进来，再后来中国电信也加入进来。当然，这些也都是在政府的主导下完成的。但是，它还是反映了一个事实：规模经济的要求和不断扩大的市场容量使得自然垄断慢慢被消解。移动通信同样需要大量的投入，在最初市场容量有限时，一家公司足矣。随着市场需求不断扩大，它可以容纳多家需要大规模投入的企业同时营业，因此联通加入了进来，中国电信也加入了进来。

当中国电信市场采用市场机制，并引入第二家电信公司——联通公司时，消费电话或者手机有了替代性的选择，这样电信行业价格就普遍被拉低。由于资费被拉低，更多的百姓可以消费电话和手机了，于是电信行业的市场容量继续不断扩大。人们对于手机、电话的强烈需求，使得其他电信企业有了进入的空间，这样就出现了"数网竞争"的格局。但是电信行业的特殊性，即网络之间不兼容，导致市场份额小的公司最终逃不了被收败的命运。最终中国电信行业由三家势力相当的企业主宰。

（资料来源：文健东主编《〈西方经济学〉精要与案例解析》，高等教育出版社2013年版。）

# 第五章 区域产业政策

产业政策是区域政府超前引领的重要方式,特别是在可经营性资源决定的市场机制面前,区域政府一般无法直接作为微观主体参与市场,只能通过政策规划引导产业的发展,使可经营性资源实现优化配置。本章首先对区域产业政策的类型和作用进行阐述,然后以此为基础比较研究各国产业政策的实践,最后阐述中国及典型地方的产业政策类型和影响。

## 第一节 区域产业政策概述

### 一、产业政策定义

在1970年的经济合作与发展组织大会上,"产业政策"一词被正式提出。产业政策一般是指与产业有关的一切国家的法令及政策的总和。林毅夫认为,只要会影响产业发展的政策都叫产业政策。[1] 从中观经济学的角度来探讨产业政策,产业政策是指区域政府通过干预微观经济的手段来改变区域产业结构的经济政策,它包含了所有政府有意影响产业发展而实施的政策,通过产业规划、产业结构调整、产业投入、产业补贴等来引导产业发展的各种措施、方式的总和。

张维迎认为从广义的角度对产业政策界定太过于宽泛,他指出:"产业政策是政府对私人物品生产领域进行的选择性干预和歧视性对待,其手段包括市场准入限制、投资规模控制、信贷资金配给、税收优惠和财政补贴、进出口关税和非关税壁垒、土地价格优惠等。"[2] 邓仲良和张可云认

---

[1] 林毅夫:《新结构经济学——重构发展经济学的框架》,载《经济学(季刊)》2011年第10期,第32页。

[2] 张维迎:《为什么产业政策注定会失败?》,载《中国连锁》2016年第11期,第84～86页。

为,从狭义的概念上进行理解,产业政策仅指影响产业内或产业间要素配置的相关政策,是用来提高特定产业生产经营效率和市场竞争力的政策。①

虽然广义的产业政策与狭义的产业政策在概念界定上有较大区别,但从政策实施、预期目的和与政府的关系上来说,二者存在三个共有的特点。第一,产业政策实施的有限性。究其根本,产业政策始终是针对特定产业发展而制定的政策,主要涉及的是产业内资源的合理配置。第二,产业政策具有较强的目的性。国家实施产业政策,主要是为了优化产业发展结构,实现资源的合理配置,促进经济的高质量发展。第三,产业政策强调政府的主动性。产业政策是政府主动对市场进行干预,以改变资源配置的手段。

## 二、区域产业政策类型

一般来说,产业政策主要分为四种类型:产业组织政策、产业结构政策、产业技术政策、产业布局政策。

### (一)产业组织政策

冯飞鹏和韦琼华指出,产业组织政策通常是指为了能够获得良好的市场秩序、干预产业结构、控制市场竞争以及调节企业间的关系,由政府部门通过法律手段制定的一种公共政策。其实质是协调市场竞争与规模经济之间的矛盾,以维持市场的秩序,促进有效市场竞争态势的不断形成。② 产业组织政策产生的依据主要在于:仅仅依靠市场的力量,不能有效避免市场内的过度竞争,也不能防止大规模企业获取利润的非正当手段。在此情况下,政府必须发挥"看得见"的力量,制定相应的市场规制以规范市场行为。

从产业政策取向来看,区域政府的组织政策主要有两大类:第一类是限制垄断竞争,鼓励自由竞争的促进政策(如反垄断、反托拉斯、反不正当的竞争政策),此类政策主要致力于维护市场秩序。这一政策的出台和实施一般要依靠国家层面,完全依赖地方区域政府一般难以完成。第二类则是大力鼓励发展专业化、规模化经济的产业政策,此类政策一般是为了

---

① 邓仲良、张可云:《产业政策有效性分析框架与中国实践》,载《中国流通经济》2017年第10期,第89~99页。
② 冯飞鹏、韦琼华:《产业政策的内涵、思想渊源及其在国家发展中的作用研究》,载《乐山师范学院学报》2019年第4期,第84~91页。

限制过度竞争而发挥范围经济和规模经济效用。

从产业政策的主要对象来看,产业组织政策可以分为市场结构控制政策和市场行为控制政策两种。市场结构控制政策主要从市场结构入手,限制或禁止市场垄断行为,如降低市场进入壁垒等。市场行为控制政策则从市场行为角度对市场不公正交易行为进行控制,区域政府一般依赖工商监管措施、市场监管措施来执行相关政策。

### 1. 产业组织政策的目标

产业组织政策的目标主要可分为一般目标和具体目标。其中,一般目标主要是实现市场的有序竞争,提高产业内部资源配置的效率。具体目标主要包括:产业内技术进步较快;不存在过多的销售费用;产品质量较高,服务水平具有多样性,能够适应大众的消费水平要求;自然资源能够被有效使用;市场供给主要应由达到规模经济的企业承担,企业具有较高的开工率;产业内不存在长期获得超额利润或亏损的情况,各产业的资本利润率较为均衡;等等。

### 2. 产业组织政策的手段

实现产业组织政策的手段主要有直接改善产业内不合理的资源配置、控制市场结构、控制市场行为三大类。此外,从政策手段的属性看,还可以将产业组织政策的手段分为法律手段、经济手段和行政手段。

### 3. 产业组织政策的核心内容

(1) 反垄断和反不正当竞争政策。

基本内容主要有:分割已经形成垄断的企业;严格禁止欺诈行为;大力扶植中小微企业的发展,并为中小微型企业的发展营造一个公平的市场竞争环境;严格限制企业间的横向与纵向合并,以防止因生产过度集中而形成新的市场垄断;限制价格共谋行为,鼓励市场内公平竞争;禁止非法的价格歧视;禁止搭配销售和排他性交易。

(2) 产业合理化政策。

产业合理化政策旨在促进产业内规模经济的形成、改善产业的组织结构、建立产业大批量生产方式和增加产业利润、实现产业振兴的基本政策。产业合理化主要表现为产业组织经营的合理化、高效化,通过对流通的改组,以实现产品的规格化、专业化、标准化。

(3) 直接规制政策。

直接规制政策的实施对象主要是自然垄断性产业。该政策实施的主要目的是防止重复的投资以及过度市场竞争导致的资源低效配置,以保证产品稳定的供给、工作的收入分配、稳定的物价以及健康发展的产业。直接规制政策主要包括进入规制、设备规制、退出规制、数量规制、价格规制、质量规制等。

直接规制在一定程度上限制了企业经营发展的自主权,不仅不利于经营者创新力的发挥,还容易导致官员职权的滥用,甚至出现"权钱交易",不利于政府行政的廉洁和高效。所以政府部门应当缩小直接规制的对象范围,如需采用直接规制,则必须充分注重政府行政的公正、廉洁和高效,否则就极易使公众利益最大化的目标偏移。

### (二) 产业结构政策

#### 1. 产业结构政策的概念界定

产业结构政策主要是指政府部门为了影响与推动产业结构的优化调整而制定的促进经济增长的产业政策。产业结构政策既是实现经济增长的内在要求,也是国家间经济发展战略的体现。制定和实施产业结构政策,不仅是发展中国家实现经济赶超世界目标的必由之路,而且是发达国家保持自身竞争优势地位的重要法宝。

#### 2. 产业结构政策的基本内容

产业结构政策是区域政府为了实现不同产业之间资源的合理配置而制定的法律制度。该产业政策的目标是通过技术的进步来促进产业结构的高级化和合理化。其核心内容是对产业发展的顺序进行选择,首先是基础设施产业,其次是主导产业以及支柱产业。从具体内容看,产业结构政策通常包括新兴产业保护政策、主导产业的扶植和培育政策、战略产业扶植政策、夕阳产业的援助和调整政策。

产业结构政策主要有两大类型:产业援助政策和产业调整政策。其中,产业援助政策的目标是实现产业结构的高度化;产业调整政策的目标是实现产业结构的合理化。合理化是高度化的基础,高度化是合理化的一种高级表现形式,无论是合理化还是高度化,都离不开技术创新的支持。没有持续不断的技术创新,产业结构的合理化和高度化就会失去动力和物质基础。因此,产业结构政策的核心是推动产业技术的创新。

#### 3. 区域战略产业扶持政策

区域战略产业指的是新兴产业,即未来能够成为主导产业或支柱产业的产业。战略产业首先是一种新兴产业,但并非所有的新兴产业都可以成为战略产业。战略产业的扶植政策是产业结构政策的主导方面和关键组成部分。它的特点是着眼于未来的产业优势,直接服务于产业结构高度化。离开了战略产业的扶植政策,就不可能实现产业结构合理化、高度化的目标。在国际竞争越来越激烈的今天,战略产业扶植政策显得尤其重要。

政府在制定和实施战略产业扶植政策时,必须要防止出现两类失误。

(1) 战略产业的选择失误。在做战略产业的选择前,政府需充分借鉴发达国家的相关经验教训,并密切关注高新技术领域的前沿发展动态,根据获取的最新信息,及时对战略产业的定位进行相应修正,尽量避免全局性的选择失误。

(2) 效益低下、资源浪费的失误。通过分析可知,政府为扶植战略产业所做的投入与产出往往不能成正比,存在着效益低下与资源过度浪费的问题。因此,在制定产业扶植政策时,需要尽可能发挥企业的活力与研究开发的自主性;发挥市场机制在政府资源投入中的调节功能;发挥专业机构对公共财政资金使用的指导、监督作用。

**4. 夕阳产业调整政策**

夕阳产业主要是指在经历了幼小期、成长期、成熟期之后,发展进入衰退期的产业。夕阳产业的特征一般是:产品需求量、销售量以及技术进步率大幅下降且创新无望,而由另一新兴产业提供的替代品却同时出现需求与销售额上升的趋势。夕阳产业调整对策是产业结构高度化过程中具有重大现实意义的基本政策,其基本立足点是帮助夕阳产业实行有秩序的收缩、撤让,并引导夕阳产业的资本存量向高增长率产业部门有效转移。

夕阳产业调整政策的主要措施有五种。

(1) 加速设备折旧。政府通过制定和实施夕阳产业设备的报废量、报废时间表,采取促进折旧的特别税制,对因设备报废而产生的损失提供部分补偿等政策措施,来加速其设备折旧。

(2) 市场保护、援助。政府可以通过限制竞争品进口剧增对夕阳产业实施一定的保护,还可以通过价格补贴和参与采购、促销活动,对夕阳产业实施援助。

(3) 促进转产。政府可以通过立法协助夕阳产业选择适宜的转产方向,提供转产所需的设备贷款,发放转产补贴等措施,加速夕阳产业的转换。

(4) 技术与经营支持。政府通过协调专利与技术推广部门的相关工作,对夕阳产业转产的目标领域提供相应的技术和经营指导、咨询与援助。

（5）转岗培训。即充分利用政府所掌握的公共教育与培训设施等资源，对失业人员提供技能培训服务。

（三）产业技术政策

1. 产业技术政策概念界定

产业技术政策旨在通过法律规范等手段，促进产业技术的进步和创新，以提高整个产业的技术水平。该政策主要包括对基础性产业技术的扶持、对落后性产业技术的淘汰、对技术成果转让的鼓励。产业技术政策具体包括技术引进制度、技术创新制度、高新技术与风险投资激励制度、技术规划制度、技术成果转化制度及设备更新、改造制度。

2. 产业技术政策的地位

（1）作为产业政策体系的重要组成部分，产业技术政策的地位与产业组织政策、产业结构政策和产业布局政策是相同的。

（2）对特定产业而言，在产业发展的幼小期和衰退期，产业技术政策具有决定其前途和命运的作用。

（3）在未来的国际经济竞争中，充分发挥政府在弥补市场失灵缺陷时的作用，以促进技术创新，将成为检验各国政府执政能力的尺度之一。

3. 产业技术政策的重要性与必要性

（1）产业技术政策的重要性。第一，产业技术的大规模发展，使产业技术面临大量的投资风险。此外，随着技术开发成本的不断提高，国家对技术的管理已经成为重要课题。第二，随着经济全球化的发展，国家之间的产业技术差距越来越大，如果政府不采取相应措施，将会严重影响国家秩序的建立。

（2）产业技术政策的必要性。第一，由于技术成果具有公共产品的性质，技术开发的成本与收益不成正比，个人收益率总是低于社会收益率。此外，基础研究的回报率往往极低，以及技术开发的难度增加、投资规模日益扩大等因素，都不可避免地造成私人投资的不足。第二，社会的高速发展越来越依赖大规模且高效的技术创新。如果单靠市场机制自发调节作用，将会导致技术开发投资不足或重复投资的问题。为了实现技术资源的有效开发和合理配置，防止技术创新的中断，确保产业技术的持续进步，国家就必须以适当的政策手段对技术开发与推广应用进行有效的指导、组

织、扶植。

**4. 产业技术政策的内容和手段**

（1）产业技术的政策内容。一是确定产业技术的发展目标和具体计划，包括制定各种具体的技术标准、技术发展规划，公布重点发展的核心技术和先期淘汰的落后技术项目清单；二是技术进步促进政策，包括技术引进政策、技术扩散政策、技术开发扶植政策。

（2）产业技术的政策手段。一是直接干预手段，主要是政府对产业技术开发和应用推广的直接投资、主持和参与特定产业技术开发项目等；二是间接干预手段，主要是政府对产业技术的发展前景、战略目标等提供指导，以及对产业技术开发提供相应的补助金、税制优惠和融资支持。

### （四）产业布局政策

**1. 产业布局政策概念界定**

产业布局政策又称产业地区分布政策，指的是一个国家或地区调整地区之间经济发展不协调的法律规范。通过对各个落后地区的产业布局的调整，促进落后地区产业经济的发展，实现地区间产业发展的平衡。

**2. 产业布局政策的手段**

（1）拟定国家重点发展区域、重点产业，以及重点区域和产业的发展模式和思路。

（2）通过国家强有力的手段，重点扶持交通、能源等基础设施领域，以推动产业的高速发展。

（3）充分运用外在推力，激发产业发展的活力与地区发展的潜力。

（4）通过实施相应的经济政策，以实现吸引包括劳动力、资金、技术在内的各种生产要素为当地经济的发展服务，"搞活"本地区经济。

## 三、区域产业政策的影响

### （一）产业政策对微观市场主体的影响

**1. 产业政策与企业融资**

从理论上来说，受到产业政策扶持的企业会获得较多的资金支持，具有相对宽松的外部融资环境。连立帅等认为，与未受产业政策激励的行业相比，受到产业政策激励的行业获得银行贷款融资和股权融资的机会较高。① 总体而言，产业政策在很大程度上促进了企业融资环境的改善，但仍有证据表明民营企业存在融资难的困境，中央政府与地方间的利益博弈并未得到很好的改善。

### 2. 产业政策与企业投资及其投资效率

学者对产业政策与企业投资及其投资效率之间的关系存在不同的看法。黎文靖和李耀淘认为，产业政策并没有明显地促进企业投资额度的增加，相比于国有企业，产业政策虽然在一定程度上能增加民营企业的投资，但与此同时也会造成民营企业的投资效率的降低。② 此外，何熙琼等认为，受到产业政策支持的企业能更为容易地获取银行贷款，投资效率也会得到相应的提升。③ 王克敏等提出，由于政府与企业之间存在信息不对称，会形成资源误置，引发公司过度投资，进而降低资源的综合配置效率。④

### 3. 产业政策与公司治理

关于产业政策与公司治理，现有文献相对较少。祝继高等提出，银行关联董事的监督动机与能力会受到产业政策的影响，银行关联董事的监督能力在产业政策支持和不支持的行业中存在显著差异。⑤ 在晋升锦标赛的绩效激励机制下，地方政府出于资源控制需求动机，为了维持对核心行业和重点领域的领导力，会借助产业政策，通过民营企业国有化来控制更多企业和资源。国有化后的企业绩效表现会相对更差。

### 4. 产业政策与企业生产经营

产业政策对企业生产经营的影响主要表现在企业规模、现金持有数

---

① 连立帅、陈超、白俊：《产业政策与信贷资源配置》，载《经济管理》2015 年第 12 期，第 1～11 页。

② 黎文靖、李耀淘：《产业政策激励了公司投资吗》，载《中国工业经济》2014 年 5 期，第 122～134 页。

③ 何熙琼、尹长萍、毛洪涛：《产业政策对企业投资效率的影响及其作用机制研究——基于银行信贷的中介作用与市场竞争的调节作用》，载《南开管理评论》2016 年第 5 期，第 161～170 页。

④ 王克敏、刘静、李晓溪：《产业政策、政府支持与公司投资效率研究》，载《管理世界》2017 年第 3 期，第 113～124 页。

⑤ 祝继高、韩非池、陆正飞：《产业政策、银行关联与企业债务融资——基于 A 股上市公司的实证研究》，载《金融研究》2015 年第 3 期，第 176～191 页。

量、多元化经营、成长性以及价值链升级等方面。陆正飞和韩非池提出，受到产业政策支持和鼓励的公司成长性更强，现金持有量更多。[1] 陈信元和黄俊提出，受政府干预越严重的地区，企业会更倾向于实施多元化经营，且国有控股上市公司更倾向于实行企业多元化经营，但是多元化经营降低了企业的经营绩效。[2] 杨兴全等指出，与受到产业政策扶持的企业相比，没有受到产业政策扶持的企业将会比受到产业政策扶持的企业获得较少的政府补助和税收优惠，且往往会更加偏向于多元化经营。[3] 唐荣指出，产业政策主要利用信贷机制和市场竞争机制助推企业实现价值链的转型与升级，这种推动效应在严格执行产业政策的硬约束地区更为显著。[4]

### 5. 产业政策与企业进入、退出

当前关于产业政策与企业进入、退出的研究大多从政府补贴的视角展开，主要聚焦于战略性新兴产业、制造业、光伏产业等行业。梁琦等指出，由于经济欠发达地区的补贴政策力度较大，吸引了许多低效率企业的进入，一定程度上影响经济欠发达地区的可持续发展。[5] 吴利华和申振佳通过构建政府补贴与企业行为的动态博弈模型，发现政府补贴能够吸引企业进入战略性新兴产业，但大多数企业并没有将政府补贴用于创新发展，而是投入与产业发展无关的其他领域。[6] 何文韬和肖兴志通过对光伏产业震荡的发生机制、不同时机进入光伏产业企业的生存差异及其影响因素进行分析，发现企业生产率、政府补贴、技术创新等因素会显著影响企业生存，企业的技术创新行为显著降低了企业的退出风险。[7]

---

[1] 陆正飞、韩非池：《宏观经济政策如何影响公司现金持有的经济效应？——基于产品市场和资本市场两重角度的研究》，载《管理世界》2013 年第 6 期，第 43～60 页。

[2] 陈信元、黄俊：《政府干预、多元化经营与公司业绩》，载《管理世界》2007 年第 1 期，第 92～97 页。

[3] 杨兴全、李庆德、尹兴强：《货币政策与公司投资效率：现金持有"双刃剑"》，载《云南财经大学学报》2018 年第 9 期，第 45～58 页。

[4] 唐荣：《产业政策促进企业价值链升级的有效性研究——来自中国制造企业微观数据的证据》，载《当代财经》2020 年第 2 期，第 101～115 页。

[5] 梁琦、李晓萍、吕大国：《市场一体化、企业异质性与地区补贴——一个解释中国地区差距的新视角》，载《中国工业经济》2012 年第 2 期，第 16～25 页。

[6] 吴利华、申振佳：《产业生产率变化：企业进入退出、所有制与政府补贴——以装备制造业为例》，载《产业经济研究》2013 年第 4 期，第 30～39 页。

[7] 何文韬、肖兴志：《进入波动、产业震荡与企业生存——中国光伏产业动态演进研究》，载《管理世界》2018 年第 1 期，第 114～126 页。

### 6. 产业政策与企业技术创新

通过分析可以发现，产业政策对企业的技术创新可能存在积极与消极的反应。一方面，产业政策的实施可以缓解企业在创新过程中资金短缺以及激励不足等问题，优化资源配置效率，进而促进企业创新；另一方面，产业政策能够给企业提供人力、物力、财力等资源支持，在为其创造内在条件的同时，也会导致许多企业"寻扶持""寻补贴"的行为，产生逆向选择效应，从而抑制企业创新。王文倩和周世愚认为，产业政策通过缓解融资约束增强了企业对技术创新的研发投入强度，但其在通过降低企业的资本配置效率时，也对企业的技术创新效率产生了抑制作用。①

### 7. 产业政策与企业全要素生产率

目前，关于产业政策和企业全要素生产率关系的研究存在两种截然不同的看法：一类研究认为，产业政策对企业全要素生产率具有正向的促进作用，政府补贴能够通过促进企业增加研发投入和扩大投资规模，进而实现规模经济等路径，提高企业生产率水平，政府补贴对企业生产率的影响效果与企业获得的补贴收入密切相关。任曙明和吕镯以中国装备制造企业为研究样本，发现政府补贴通过平滑机制缓解了企业的融资困难，从而促进制造业全要素生产率的持续增长。② 另一类研究认为，产业政策对企业全要素生产率具有抑制作用。张莉等提出，重点产业政策会将资源从非重点行业配置到重点行业，从而产生企业过度投资、投资效率降低等现象，最终使得企业全要素生产率下降。③

## （二）区域产业政策对区域经济的影响

### 1. 产业政策与产业结构的调整与优化升级

孙早和席建成研究发现，产业政策的实施效果不仅取决于中央政府赋予地方政府的双重任务目标，而且受制于不同区域的经济发展水平和市场化进程。区域政府在促进产业升级时，需要兼顾地区经济的发展水平，产

---

① 王文倩、周世愚：《产业政策对企业技术创新的影响研究》，载《工业技术经济》2021年第8期，第14-22页。
② 任曙明、吕镯：《融资约束、政府补贴与全要素生产率——来自中国装备制造企业的实证研究》，载《管理世界》2014年11期，第10～23、187页。
③ 张莉、程可为、赵敬陶：《土地资源配置和经济发展质量——工业用地成本与全要素生产率》，载《财贸经济》2019年第10期，第126～141页。

业政策的实施效果实际上就是地方政府从特定约束条件出发,在两者间权衡取舍的结果。①

### 2. 产业政策与产业生产效率

邵敏和包群采用广义倾向评分匹配方法,分析补贴收入水平的补贴对企业生产率的影响差异。结果表明,区域产业政策对产业生产率的影响存在一个临界值,当补贴力度小于临界值时,政府对产业的补贴能够促进企业生产率水平的提高;当区域政府补贴力度在该临界值水平上逐步提高时,这种促进作用也由显著变为不显著。② Aghion 等认为,产业政策效率的发挥不仅受制于设计的合理,还受制于管理方法,设计合理以及管理正确的产业政策能够促进市场内的有序竞争,从而提高行业生产率。③ 戴小勇和成力为认为,区域产业政策的普惠性不仅能够提高企业的生产效率,而且有利于改善企业间的资源配置效率。④

### 3. 产业政策与资源配置

张莉等利用 2007—2015 年城市层面工业用地出让的面板数据,对重点产业政策对于资源配置的影响效应进行了评估,研究发现重点产业政策能够起到配置资源作用,即区域政府会利用其掌握的资源来支持和落实重点产业政策。⑤

## 四、区域产业政策有效性分析

### (一) 区域产业政策有效性论

关于区域产业政策有效性问题,赞成者和反对者都试图从不同国家、不同区域推行的或成功、或失败的产业政策寻找理论依据和经验证据。然而,无论是在理论探索还是经验证据方面,关于产业政策的有效性问题目

---

① 孙早、席建成:《中国式产业政策的实施效果:产业升级还是短期经济增长》,载《中国工业经济》2015 年第 7 期,第 52~67 页。

② 邵敏、包群:《政府补贴与企业生产率——基于我国工业企业的经验分析》,载《中国工业经济》2012 年第 7 期,第 70~82 页。

③ Aghion P, Cai J, Dewatripont M, et al. "Industrial policy and competition". *American Economic Journal: Macroeconomics*, 2015 (4), pp. 1–32.

④ 戴小勇、成力为:《产业政策如何更有效:中国制造业生产率与加成率的证据》,载《世界经济》2019 年第 3 期,第 69~93 页。

⑤ 张莉、朱光顺、李夏洋等:《重点产业政策与地方政府的资源配置》,载《中国工业经济》2017 年第 8 期,第 63~80 页。

前都没有形成具有广泛共识的结论。关于产业政策的争论主要源于对政府与市场关系认识的不同。

一是坚持区域产业政策"无效论"。新古典经济学家是产业政策"无效论"的支持者,他们认为市场自发竞争可以推动经济的发展。在理论上,新古典经济学通过一系列严格的验证,证明了最有效的资源分配方式不需要任何政府的干预,产业政策的实施只会影响公平效率的产生。新古典经济学家认为产业政策主要受到两方面影响。首先,由于政府的失灵,产业政策沦为寻租的工具。现实中,政府由于自身认知能力有限、信息不对称以及激励不足等问题导致"政府失灵",使得产业政策不能达到预期效果,企业出现"寻扶持""寻补贴"以及短期决策行为等现象,部分行业甚至出现过度投资、产能过剩、政府认知能力的限制、追求短期利益、信息不足和激励扭曲的现象。[①] 其次是政治因素的影响,由于政府也是以自身利益最大化为目的的"经济人",政府的干预不仅无用,反而会导致价格机制扭曲,降低市场配置效率。

二是坚持区域产业政策"有效论"。与市场主义者不同,政府主义者主张"有为政府",认为市场并不是万能的,有时也会出现失灵的现象,因此,政府应充分发挥其作用以应对市场失灵,并利用要素禀赋的比较优势,以实现产业技术的创新,促进产业的转型升级。[②] 并且,由于市场机制自动纠正合作失败、战略失败、系统失败等问题,需要政府制定和实施相关的产业政策。此外,为了扶持和培育新兴产业以及调整产业的结构,政府需要出面制定相关的产业政策。如果能制定和实施合适的产业政策,则可以在一定程度上弥补市场自身的不足以及市场失灵,从而推动经济发展。

## (二) 区域产业政策有效性的维度边界

### 1. 区域产业政策有效性的维度

(1) 时间维度。首先,产业政策对产业发展具有中长期的影响。由于不同产业以及企业对要素配置结构的响应均存在滞后性,故产业政策对经

---

① 侯方宇、杨瑞龙:《产业政策有效性研究评述》,载《经济学动态》2019年第10期,第101~116页。
② 杨阔、郭克莎:《产业政策争论的新时代意义:理论与实践的考量》,载《当代财经》2020年第2期,第3~13页。

济增长和产业发展的政策影响不是货币政策的短周期性。① 其次，产业政策有效性的条件存在阶段性。由于每个产业在发展过程中都存在生命周期现象，一般会经历导入期、成长期、成熟期、衰退期，不同时期对要素的需求是不同的，故产业政策对要素配置的有效性条件也不相同。

（2）空间维度。由于不同国家和地区经济发展的不平衡性，以及不同地理空间要素禀赋条件的差异，因而产业发展呈现空间异质性。然而，产业政策的产业空间布局旨在实现要素资源与产业发展的空间匹配，因此，仅靠市场机制下的要素流动会导致规模不经济。并且，由于劳动力、技术等要素投入结构存在空间依赖性，尽管市场机制使得大城市对劳动力和企业产生分类与选择效应，但大城市产业的多样性仍然可以聚集不同技能水平的劳动力。此外，劳动力也倾向于选择与自己技能水平匹配的环境，进而使得空间分类效应与技能互补性抵消，结果非但没有使大城市产生挤出效应，反而集聚了更多劳动力，导致产业发展与要素需求可能错配，因此需要相关政府部门在此时加以纠偏。

（3）产业维度。由于不同产业对要素配置存在差异性，产业政策的有效性必然会受到不同产业选择偏好的影响。如从市场需求以及产业成本需求看，交通成本较高的产业将会偏向靠近消费市场；从信息交流的偏好看，产业的研发部门一般倾向于选择多样化的城市。此外，由于产业内要素的投入与产出的关联性，产业边界模糊性较强，使得产业政策有效性的发挥还会受到相关联产业的干扰与影响。

（4）政府维度。中国产业政策的最大特色在于，产业政策指的是一个多层次的架构管理模式。其中，中央政府层面的产业政策主要服务于国家发展战略，为国家层面战略性产业的发展提供政策支持；地方政府层面的产业政策更多偏向于具体政策的实施。因此，中央与地方的产业政策的关切点是不同的，政府部门在制定产业政策时应区分为中央、地方两个层面，并随着不同层级逐步递进、细化。

**2. 产业政策有效性的条件**

（1）公平竞争的制度环境。产业政策应注重引导企业实现差别化发展，通过加强对高生产效率企业的支持，以鼓励更多企业参与竞争，促使

---

① 邓仲良、张可云：《产业政策有效性分析框架与中国实践》，载《中国流通经济》2017年第10期，第89~99页。

良序竞争的市场环境的产生。当市场处于过度竞争状态时，会导致企业的创新成本降低，削弱企业对技术以及产业创新的激情，甚至会出现逃逸竞争效应以及熊彼特效应。此外，由于企业创新对象的路径依赖性，大多数企业倾向于在自己熟悉的领域内创新，在没有利益驱动的情况下，更谈不上关注其他产业以及与国家公共发展相关的产业。因此，一定要协调好企业发展路径的依赖性与社会整体效益的关系。

（2）政策工具的多样化与系统性。随着产业结构的不断调整，企业之间技术差距逐渐缩小，此时仅仅依靠单一的税收返还、财政补贴等政策不仅不能激励企业为提高市场活力而奋斗，反而会使低生产效率企业滞留市场。此外，任何事物都存在双面性，产业政策也不可避免地会存在一定的局限性，因此，产业政策工具应当多样化并具有系统性，只有这样才能应对不断变化的市场环境。

（3）完善的沟通反馈机制。作为市场大环境中的微观客体，在应对市场环境变化时，企业能够及时做出调整。此外，市场也是不同产业主体供需关系的集合体，通过构建政府、市场、企业之间的沟通反馈机制，能够增加产业政策的有效性，实现资源与企业需求的匹配。

## 第二节　典型国家的产业政策

### 一、新加坡的产业政策

新加坡于1965年独立，是"亚洲四小龙"之一，是资本主义发达国家，其凭借着地理优势，成为亚洲重要的金融、服务和航运中心之一。新加坡的产业政策大体经历了出口导向工业化、技术升级、经济多元化发展、知识密集型经济发展和科技创新阶段五个阶段。

**1. 出口导向工业化（1965—1978年）**

20世纪60年代末，西方国家纷纷对国家的产业结构进行调整，在新的国际分工模式下，大量闲置资本和过时技术亟待转移。在新的机遇下，新加坡凭借其独特的地理位置，逐渐朝转口贸易方向发展，其在这一时期的人口总量得到一定程度的增长，失业率却居高不下，经济结构较为单一。为了打破这一局面，从1960年开始，新加坡实行进口替代战略，开始依靠外资，一直持续到1964年。在这期间，新加坡政府于1961年成立了经济发展局，专门负责制定和实施招商引资战略和经济战略。1967年成立国家产能中心。1968年成立新加坡开发银行，致力于为工业融资。与此同时，为了鼓励出口，新加坡还成立了裕廊工业区管理局，以实现技术和资金的引进。1969年，新加坡生产力与标准局成立，该局的主要职责是对标准进行鉴定以及研究开发，并于2002年更名为新加坡标准、生产力与创新局。1971年成立金融管理局，用于管理新加坡的货币市场、债券市场等。在以适应出口为导向的政策下，新加坡大力发展劳动密集型的制造业，形成了交通设施与石油钻井设备生产、炼油以及电子产品与电脑组装三大主导产业，1971年这三大产业总产值占比为43.6%。

### 2. 技术升级阶段（1979—1984年）

1978年，新加坡基本实现了全民就业。与此同时，新加坡也面临劳动力市场紧张、国内制造成本高、贸易保护主义兴起等问题，因而到新加坡投资的企业相应减少。为了应对上述问题，1979年，新加坡出口导向型工业化阶段开始向高技术、高附加值产业转型。为了提高企业生产工艺，新加坡大力引进人才，实施了为期3年的工资增加政策[①]，并大力开展工人培训以提高劳动力生产效率，成立了技能发展基金；大力吸引外资，促进资本密集型制造业的发展。此阶段的发展被称为新加坡的"第二次工业革命"，用提高劳动成本的办法迫使企业实行产业转型。

### 3. 经济多元化发展阶段（1985—1998年）

20世纪80年代，由于世界发达国家对船舶和石油的需求量减少以及各种资源的短缺，新加坡的经济发展受到一定程度的影响。从这次经济下滑中，新加坡政府意识到，由快速工业化所带来的机会已经消失，大力发展高附加值的产业是大势所趋。在20世纪90年代初，为使新加坡竞争力实现提升，新加坡政府发布了《新加坡·新的起点》文件。为此，新加坡制定了"战略经济计划"，为制造业2000计划、国际商务中心计划、区域化2000计划、国家技术计划、IT2000展望与国际信息基础设施计划、本地企业2000计划、产业群基金、共同投资等项目的实施铺平了道路。这些政策和措施，为今后经济发展定下了"全商务中心"的基调，并将制造

---

① 汪明峰、袁贺：《产业升级与空间布局：新加坡工业发展的历程与经验》，载《城市观察》2011年第1期，第66～77页。

业以及服务业作为未来发展的主导性产业。此外，为了引进精密仪器制造、化学工业等资本密集型产业，并大力发展金融和服务产业，新加坡政府制定了一系列优惠政策。[1] 在此期间，新加坡还成立了亚洲债券市场，在开放金融业的同时，促进了国内金融市场的发展。

**4. 知识密集型经济发展阶段（1999—2014年）**

20世纪90年代末期，世界各国在进一步发展金融产业的同时，把重心投向光伏产业、生物科学、信息技术等知识密集型产业。2006年，新加坡决定大力发展太阳能产业，并开展价值10亿新加坡元的国家创新挑战项目。2011年，新加坡大力开展太阳能装机补助计划，对商业等领域的太阳能装机进行补贴。[2] 此外，为了大力发展生命科学产业，新加坡政府分别成立了生物医药研究理事会以及科学工程研究理事会，加大对生物医学研究的扶持力度。2000年纬壹科技城创建，并制定了"产业21计划"，该战略发展计划将目标瞄准生物医药产业。为了大力发展信息技术产业，新加坡政府将信息技术产业作为国家战略性新兴产业，设立科学研究奖学金。2000年，由于需要为国家发展培养高专业知识的人才，新加坡政府开始实施"世纪信息通讯计划"。

**5. 科技创新阶段（2014年至今）**

随着技术的不断升级，金融科技高速发展，新加坡政府把握机会，加大在科技创新方面的研发力度。2014年，新加坡政府发布了"智慧国家2025"计划；为了对金融科技发展的政策进行研究，2015年成立了金融科技与创新小组；2016年，与新加坡金融管理局（MAS）联合成立了金融科技发展办公室，截至2019年年末，新加坡金融科技企业获得的投资额超过10亿新加坡元。此外，全球知名的高科技公司纷纷落户新加坡，并在新加坡设立创新研究室，这些高科技公司和金融机构的进入加速了新加坡新一轮的产业升级。

---

[1] 王勇、顾红杰：《新结构经济学视角下新加坡的产业升级路径和启示》，载《现代金融导刊》2020年第7期，第72～76页。

[2] 蒋海勇：《中国与新加坡扶植光伏产业的财税政策比较》，载《经济师》2015年第5期，第17～19页。

## 二、法国的产业政策

### 1. 核电产业政策

法国化石资源十分匮乏,单纯依靠水电无法满足法国经济发展的需求,但法国拥有丰富的铀资源,因此大力发展核电产业以应对资源匮乏是大势所趋。法国的核电产业发展经历了三个阶段:第一阶段是起步阶段。1945年,法国成立原子能委员会,负责对核反应堆进行研究与开发,并于1956年在马库尔建成首台G1核电机组。为了对核安全进行监管,1961年,法国政府制定了《反大气污染法》,并在1966年制定了《关于适用放射性保护的欧洲原子能基本标准法令》。第二阶段是法国核电产业的快速发展阶段。由于能源的匮乏,法国80%以上的能源需要进口。20世纪70年代石油危机爆发,给法国经济发展造成了威胁,为了提高能源供应的安全性,法国确定了大力发展核电的"能源独立"战略,通过大规模发展核电来取代化石能源的使用,减小对能源进口的依赖。第三阶段是核电产业的完善阶段。20世纪80年代核事故频发,核安全受到世界各国的重视,法国制定了一系列措施以确保核电站的安全性,如法国政府在2006年制定了《放射性材料和废物可持续管理规划法》与《核透明与安全法》。

### 2. 生物技术产业政策

生物技术产业是21世纪的新兴产业。近年来,世界各国以分子生物学为基础,不断加大对生物技术产业的开发。法国生物技术产业的发展主要有两个特点:第一,加大对生物技术的资金投入。2001年政府制定的《2002年生物技术发展计划》将1亿欧元的国家拨款用于研究与创办新企业,并对生物技术领域创新的企业给予不少于5亿欧元的补助。[①] 第二,加大架设技术平台力度。为了对生物科技进行研究开发,法国政府设立了数十个孵化器,并创建了"基因谷",吸引了众多知名的新兴生物技术公司在此汇聚。

### 3. 新能源产业政策

法国的风力发电潜能在欧洲排名第二,并且法国南部具有丰富的太阳能资源,因此,从资源的角度,法国发展可再生能源的潜力巨大。法国较

---

① 王明明、李静潭:《美国、欧盟和日本生物技术产业政策研究》,载《生产力研究》2006年第10期,第173~174页。

早提出节能理念,1974 年设立了第一个节能设计标准 RT1974,随后相继推出 RT1988、RT2000、RT2005 等标准。① 在海洋新能源开发方面,法国设立低碳能源研究所,对技术、经济以及与海洋能源相关的所有环保技术问题进行研究。赵燕提出,2020 年法国的海洋可再生能源占比达到 3.5%。② 在第二、第三代生物燃料研究方面,2008 年法国建立了"日光—生物技术"科研平台。在风能研究与开发方面,2004 年法国西北方图尔镇的 8 座风力发电机组正式运转,2010 年法国首个风能发电场开始实施建造。2017 年,法国对可再生能源的公共支持资金达 57 亿欧元(其中太阳能为 31 亿欧元,风能为 15 亿欧元)。

**4. 科技产业政策**

为改善国家技术地位与科学水平不相称的情况,加快科研成果的转化,法国于 1999 年颁布了《技术创新与研究法》,并成立了"I - SOURCE"基金,通过实施"科研税收信贷"政策,给企业的科研活动适当的税收减免,并于 2005 年年初成立 OSEO 集团。该集团由国家全资工商机构科研创新署与独立的股份制公司合并而成,通过政府财政的支持促进科技产业进一步发展。

## 三、以色列的产业政策

**1. 私募股权产业基金政策**

作为目前私募股权基金产业比较成熟的国家之一,以色列的私募股权基金产业经历了四个阶段。首先,在萌芽前阶段(1970—1989 年),随着高科技行业的兴起,以色列积累了一定的创新能力。政府对创新活动提供相应补贴,并希望国内私募股权基金产业发展加强与美国的联系。其次,在萌芽阶段(1989—1992 年),技术革命的继续以及有能力的人才不断移民到以色列,为私募股权基金的发展积蓄力量。与此同时,政府在 1992 年推出了英巴尔计划,调整税收和公司法,继续为私募股权基金产业提供研发补贴并与美国建立知识链接。再次,成长阶段(1993—2002 年),1996 年以色列风险投资协会成立。在这一时期,以色列政府针对私募股

---

① 朱俭凯:《法国绿色产业政策与影响》,载《理论界》2015 年第 3 期,第 26~29 页。
② 赵燕:《法国绿色经济和绿色生活方式解析》,载《社会科学家》2018 年第 9 期,第 49~55 页。

权基金产业的研发、技术孵化等提供了一系列政策支持,并于 1992 年年底出台了 Yozma 计划。到 20 世纪 90 年代末,风险投资产业逐渐发展成为以色列的支柱型产业,吸引了较多的国外金融机构进驻以色列。最后是成熟阶段(2003 年以后),随着成功投资案例数量的增加,以色列吸引了较多国内外投资者入驻。在这一阶段,以色列政府基本没有推出新型的产业政策,但政府仍然较为重视和美国资本市场的对接。

### 2. 科技产业政策

从 20 世纪 80 年代开始,世界各国逐渐重视对技术的创新。以色列政府于 1985 年颁布《产业创新促进法》,希望未来增加对高科技产品的开发,并于 2011 年对《产业创新促进法》进行修订,同时对科技产业创新提供资金支持。《产业创新促进法》是以色列政府制定的适用范围最广、规模最大的一项创新扶持政策。[①] 该法律对符合规定的中小企业提供 30%～66% 的研发所需资金支持。此外,为推动本国中小企业的创新能力,以色列加强与国际间的合作。1993 年年底,以色列与加拿大建立加拿大—以色列产业研发基金,旨在促进两国的中小企业合作进行产业技术的研究和开发。

### 3. 新能源产业政策

为缓解能源短缺问题,实现可持续发展,以色列政府于 1989 年制定了《能源资源法》,与此同时还设立了次级法规,如《能源资源法规(电加热炉的能源标签)》等。此外,为了节约能源使用,以色列政府于 2004 年发布了 Energy Master 计划,并于 2011 年发布了详细规划《国家能效计划——降低电力消耗 2010—2020》。

## 四、美国的产业政策

美国作为实行自由主义市场经济的典型国家,许多学者认为美国并没有实施产业政策。但从经济思想史和政策史的角度出发,从 18 世纪独立到现在,美国一直不同程度地实施着产业政策,并对美国经济发展起到了重要作用。通过分析发现,美国的产业政策主要经历了六个发展阶段。

### 1. 产业政策理论衍生阶段(1776—1945 年)

在美国建国初期,由于英国大量倾销制造品,美国国内企业纷纷破产

---

① 耿燕:《以色列促进产业研发政策研究》,载《产业与科技论坛》2016 年第 21 期,第 100～102 页。

倒闭，经济发展面临巨大的威胁。为了解决当时的发展困境，美国财政部部长汉密尔顿于1791年提交了《关于制造业的报告》，在该报告中强烈反对农业立国思想，强调制造业的重要性，并针对制造业的发展提出了一系列扶持政策，如提供基础设置支持、关税保护以及政府补贴等十一条基本政策。这是美国第一次真正意义上提出产业政策思想，也是产业政策理论提出的重要标志。

**2. 基础科学研究阶段（1945—1979年）**

这一阶段，美国政府的产业政策主要集中在与国防相关的基础研究上。1945年，报告《科学：无止境的前沿》指出了基础研究的重要性。此后，美国公共财政资助的重点逐渐转移到基础科学研究上。1947年，美国政府颁发了《国家安全法案》，并成立国防部、中央情报局、国家安全委员会、国家安全局、国家科学基金会、原子能委员会和国立卫生研究院等机构，国会以国防名义注入大量资金以支持科技产业的创新活动。①

**3. 技术创新阶段（1980—1999年）**

20世纪80年代，日本和德国的迅速崛起，使美国意识到技术创新对一个国家竞争力提升的重要性。此后，美国政府出台了一系列产业技术政策，旨在推动应用性技术的开发应用与推广：1980年出台了《技术创新法》《大学和小企业专利程序法》；1981年通过《经济复兴税收法》，实行25%的研究开发税收减免政策，放宽反托拉斯法对企业间研发合作活动的限制；1982年通过《小企业创新发展法案》；1984年通过《国家合作研究法》；1986年通过《联邦技术转移法》；1988年通过《综合贸易与竞争法》，与此同时，设立了美国商务部的国家标准与技术研究院，并实施《制造业扩展伙伴计划》《先进技术计划》；1992年通过《再投资法》和《加强小企业研究与发展法》。

**4. 战略性新兴产业与技术人才培养阶段（2000—2007年）**

随着经济的发展，美国开始注重对战略性新兴产业的扶植以及对人才进行培养，即通过优先领域的扶持和创新人才的培养来提高国家竞争力。在战略性新兴产业方面，美国政府于2001年出台了《国家能源政策报告》和《国家氢燃料研究计划》，将新能源列为战略性新兴产业的优先领域。

---

① 沈梓鑫、江飞涛：《美国产业政策的真相：历史透视、理论探讨与现实追踪》，载《经济社会体制比较》2019年第6期，第92～103页。

在技术人才培养方面，2007年发布了《美国"竞争"法》，明确了基础研究和人才培养对于国家竞争力提升的重要性，并提出了构建多层次的产业技术创新人才培养体系。

5. **制造业阶段（2008—2016年）**

2008年金融危机过后，为了确保美国在第三次工业革命的领导地位，制造业复兴和再工业化逐渐成为政府的主要目标。通过分析，可以发现这些政策呈现新的特点：坚持以"振兴制造业"为核心的"再工业化"战略。2010—2014年，美国政府出台了《国家先进制造战略规划》、《制造业促进法案》、《先进制造伙伴计划》、国防部《制造技术项目战略规划》、《振兴美国制造业与创新法案》等政策，大力支持高端制造业的发展。在2014年10月发布的《加速美国先进制造业发展》（AMP 2.0）报告中，美国政府不仅强调要加快与先进制造业的合作，而且细化了具体方案。

6. **产业安全和制造业阶段（2017—2021年）：产业安全和工业化产业政策**

特朗普执政期间，其在科技和产业领域推出了大量新政策，这些政策也呈现新的特点：第一，坚持传统产业与新兴产业两手抓的战略。在高技术产业方面，美国政府于2018年启动了为期10年的"国家量子计划"，发布了《国家量子倡议法案》，通过对量子领域的支持，从而保证美国在量子信息领域的领先地位。在国家航天方面，为了确保美国在航空技术领域的世界领先地位，美国政府于2018年发布了《国家航天战略》。在电子信息领域，2017—2019年，美国政府每年在网络与信息技术研究发展项目上投入资金超过50亿元。此外，特朗普政府还放宽了政府对无人机的监管力度，大力推进纳米技术的研究与开发，推动人工智能领域新技术的研发等。在传统产业方面，2018年，为了减少钢铁和铝的外部竞争压力，美国政府对欧盟、加拿大和墨西哥的钢铝产品征收关税，并放宽对天然气出口的限制。[①] 第二，更加重视产业安全以及关键性技术的保护。美国政府于2018年发布了《美国国家生物防御战略》，全面评估生物防御的需求，持续监测国家生物防御战略的实施情况。第三，特朗普政府实施了一系列贸易保护措施。为了保护美国的制造业，2017年，美国宣布退出跨太平洋伙伴关系协定；为了保护美国煤炭、石油等能源产业的发展，2017

---

① 郑彦辉：《美国产业政策的特征分析》，载《经济论坛》2018年第12期，第84～86页。

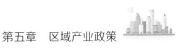

年，美国宣布退出《巴黎气候协定》；为了给美国企业减负，2017年美国颁布了《减税和就业法案》，将企业所得税税率降低至21%。

## 五、各国产业政策的比较

### 1. 产业政策的共性

新加坡、法国、以色列、美国四国均重视政府在产业发展中的重要性，将产业政策作为提升产业竞争力的重要工具，根据经济发展不断调整与优化产业政策体系，以推动产业升级。一是政府都较为重视技术创新以及新能源开发在提升国家竞争力方面起到的作用。各国政府通过建立健全的法律体系和在立法层面的努力，以保障产业技术创新以及新能源开发的快速稳定发展，并提供多种形式的资金保障和支持，如政府提供的税收优惠等。二是注重人才培养体系的建设。为了适应时代发展对高技能人才的需求，各国采取一系列措施以吸引优秀人才集聚，致力于打造创新人才高地，吸引更多高素质创新人才为国家发展做贡献。三是产业政策的适用性。各国的产业政策制定和实施均符合本国的发展，根据不同时期国内发展的重心，制定不同的产业发展战略规划，以确定产业发展目标，明确发展方向和重点。

### 2. 产业政策的差异

一是产业政策的干预力度不同。美国政府更为注重财政货币政策等间接干预手段的作用，充分发挥市场竞争主体的积极性。因此，美国的产业政策是"无名有实"，通过政府间接调控以确保美国的竞争地位。法国、新加坡、以色列的产业政策是"有名有实"，采取"政府引导型"经济发展模式，通过政府出台的产业政策以指导相关产业的发展。二是产业政策的主要着眼点不同。美国的产业政策致力于促进制造业的发展，以实现美国工业化的领先地位。法国的产业政策主要着眼于新能源的开发与利用，由于其独特的地理位置，国内可再生能源发展潜力巨大，法国也是较早提出节能理念的国家。三是产业政策服务对象存在差异。美国、法国、新加坡的产业政治注重产业的集中化发展，从而提升产业整体的竞争力，因此，三国的产业政策往往倾向于大企业利益。而以色列的产业政策注重协调市场秩序，通过设置规则以规范大企业的市场影响力，与此同时支持中小企业创新。

## 第三节 中国产业政策的历史变迁

### 一、计划经济时期的产业政策

要了解计划经济时期的产业政策,首先就要了解计划经济的概念。计划经济制度是泛指在现行生产资料土地公有制的规定基础上,根据现行社会主义基本社会经济规律和制定国民经济发展有效性计划按一定比例实行发展经济规律的基本要求,由经济国家按照市场经济、社会文明建设与经济发展的战略统一基本计划原则来组织管理发展国民经济的一种社会主义经济制度。

由中国新民主主义革命过渡时期到中国社会主义革命时期,中国开始实行"一化三改,一体两翼"。"一化"是一个主体,即逐步加快实现一个国家的特色社会主义现代工业化。"三改",即逐步基本实现对传统农业、手工业、资本主义工商业的现代社会主义综合改造,这也就是"两翼"。在国际环境异常严峻的背景下,苏联等国家发展重工业的示范让我们认识到,重工业是一个民族的脊梁,发展国防科技是摆在中国面前的迫切任务。因此,中国集中力量发展重工业,实施重工业优先战略。诚然,这个发展战略也直接使得国家把极其有限的社会资源力量集中在最迫切需要发展的工业方面,从而迅速建立起了较为完备的现代工业生产体系,也逐步基本实现了中国新民主主义向特色社会主义的巨大转变。第一个五年计划基本建立了中国社会主义现代工业化的理论基础,也使得计划经济体制在中国完全确立。

1956年,周恩来主持编制《关于发展国民经济的第二个五年计划的建议》,并于当年9月递交中国共产党第八次全国代表大会讨论审议通过。1958—1962年,国家重点开展"第二个五年计划",其主要规定的五项基本工作任务分别是:加强工业经济建设以提高重工业技术为经济中心,提升原本国民经济的工业技术含量;努力巩固和发展扩大农村集体所有制和加强全民劳动所有制;在巩固原本中国社会主义经济改造开放获得的重大成就的重要基础上,进一步加快发展现代工业、农业和传统手工业,同时相应地加快发展交通运输业和手工商业;努力积极培养经济建设专业人才，加强人民科学技术研究建设工作，增强人民国防力量，提高人民生活物质水平。

"二五"期间，受1958年中共八大后期的冒进主义思想运动的影响，中国产生了一系列"风风火火"的社会活动，如"大跃进"、大炼钢铁、人民公社。这些活动严重背离了当年毛泽东在党的八大全会上所确定的正确的四条基本路线，表现在推进国民经济政治社会体系建设上急于求成；在生产关系上急切希望实现和平过渡；搞乱了社会主义自由生产分配；国民经济社会管理体制过于单调统一。"二五"计划制定的不合理的指标，给中国的重工业建设和人民生活带来了较大的影响，造成农业、轻工业、重工业发展极度不平衡，使中国一度陷入经济严重困难的局面。"二五计划"期间，在"以钢为纲"发展方针政策的指导下，重工业的经济总产值增长了两至三倍，而农业、轻工业的总产值却下降了23%。

由于第二个"五年计划"的重大失误，为了使"三五"计划能够有一个更好的发展起点，中央政府计划决定把1963年至1965年作为一个调整和恢复计划过渡时期，从而及时提出了"调整、巩固、充实、完善"的八字方针。从1966年开始实施第三个国家五年计划（1966—1970年）。

1964年年初，中央政府开始研究制定"第三个五年计划"，指导思想由"解决温饱问题"转变为"注重战备"。要从大规模作战准备和早期作战准备入手，把国防建设放在首位，加快"三线"建设。第三个五年计划实际上是在冷战背景下实施的经济建设和战备计划。20世纪60年代初，国际形势严峻，国际空间骤然变冷，中苏关系恶化，中国周边环境日益恶化。从战备需要出发，按照党中央提出的"备战，备荒，为人民服务"的战略方针，"三五"规划以国防建设为重点。"三五"规划的具体任务是：把国防建设放在首位，加快三线建设，逐步转变产业布局；发展农业，逐步改善人民生活。重视国防建设，加快三线建设，是实施"三五"计划的重要特点。

"三线建设"是中国生产力布局由东向西的战略性调整，建设重点在西南和西北。从沿海到内地分为一、二、三线区域，在西北、四川、云贵、西藏、湖北、湘西等地建设新的工业基地。数以万计的知青、劳动人民的努力为西部落后地区注入了工业化能量，拉进了与东部工业城市的差距，奠定了西部深厚的工业基础。"二线建设"为中国留下的物质遗产，至今仍是中国实施西部大开发、推行"一带一路"的基础，换句话说，

"三线建设"就是西部大开发的"前奏曲"。

在计划经济时期,"三线建设"可以说是计划经济的典型产物。在党和政府的指挥下,百万建设兵力西迁,大批工厂、企业、高校、科研院所纷纷进驻,一批批建筑材料不断向三线转移。"三线建设"形成了一大批国有企业。

1970年2月,国务院召开全国规划工作会议,开始部署"第四个五年计划"(简称"四五"计划),最后以草案形式发布了"四五计划"。这一时期的产业结构政策是:抓紧战备,加强国防工业;农业机械化;加快石油资源开发;发展钢铁机械工业;发展轻工业,达到区域自给自足的水平;发展交通运输业;将行业置于"三大线"战略之后;划分十个经济合作区。但是,"四五"计划的执行受到"文革"活动的干扰。

根据"三五"和"四五"的经验和教训,学者陈东林指出:制定规划的先决条件是稳定的政治环境和充分的科学论证、调查研究;规划的制定必须尽可能符合经济规律和生产力水平,不能只凭人们的主观意愿和积极性。虽然存在着规划不合理、国民经济结构不适应、经济效益不高等重大问题,但应该看到,在当时的困难条件下,"三五"和"四五"计划依旧完成了。一大批骨干企业、重点工程和基础设施建设相继完成,国民经济总量比过去有较大幅度的增长,没有出现"大跃进"后三年严重倒退的经济困难。此外,"三五"和"四五"计划也是中国建立独立、相对完整的产业体系的重要阶段。

"五五"计划应分两个阶段进行分析。1976年至1978年为第一阶段。1978年12月22日,在中共十一届三中全会后进入第二阶段。

在第一阶段中,虽然自下而上的改革开放压力在中国经济的各个领域不断出现,但总体上仍然沿着中国原有的经济体制方向发展。1978年,党的十一届三中全会重新确立了实事求是的思想路线,实行了围绕党和国家各项工作战略重点的重大战略转移,实现了新中国成立以来的伟大历史转折。农村实行家庭联产承包责任制后,农业生产大幅增长,农村经济呈现新的发展势头。"五五"期间,国民经济年均产值快速增长7.84%,最高每年为11.7%,最低为1.7%;其中深加工农业产业和养殖业的总产值平均每年大幅增长8.1%,农业产业和养殖业的总产值平均每年大幅增长5.1%,工业化和制造业的总产值平均每年大幅增长9.2%。这三年的经济调整取得了巨大的成就,为今后的经济发展奠定了坚实的基础。党的十一届三中全会首次明确提出：实现四个现代化，需要大幅度提高社会生产力，这必然要求在许多方面改变与生产力发展不相适应的生产关系和上层建筑，改变一切不适合的管理方法、行动方法和思想方法。因此，这是一场广泛而深刻的革命。"五五"计划之后，中国的五年经济发展战略计划又一次翻开了崭新的一页。

## 二、改革开放以来的产业政策

中国改革开放以来的产业政策可以划分为四个发展阶段：改革开放初期（1978—1990年）、全面推进改革开放时期（1991—2001年）、深化改革开放时期（2002—2011年）和全面深化改革开放时期（2012年至今）。

改革开放初期，也称为体制转轨时期。这一时期，中国国民经济社会发展水平低，正在从传统计划经济体制向现代市场经济体制转变，社会主义市场经济管理体制尚未完全基本确立。1979—1982年，实行"计划经济为主，市场调节为辅"的工作方针。这个时期的主要问题是产业结构比例失衡，特别是工业与农业、轻工业与重工业之间的比例严重失调。所以该时期的主要政策目标就是调整经济结构重大比例关系。于是，中国政府采取措施优先发展农业等基础产业、大力扶持轻纺工业发展，但同时控制轻纺工业速度过快扩张。党的十一届三中全会后，中国政府在中国农村进行经济体制改革，实行家庭联产承包责任制，保障生产经营自主权；大幅度提高农产价格，减少价格"剪刀差"现象，逐步实现粮食价格合同价。在轻工业方面，1979年开始实行压缩重工业、鼓励发展轻工业的方针。首先是实现投资转向，不断降低重工业投资，增加轻工业投资。比如，1981年重工业基本建设比1978年减少约三分之一，轻工业投资则增加了约四分之三。在发展轻纺工业方面，从资金、外汇、资源、基建、技改、运输六个方面全面保证。自1982年开始，中国轻工业得到了长足的发展。与此同时，中国政府不断出台对于关乎国计民生的基础产业特别是能源、交通、原材料领域的产业扶持政策：1978年，提出把发展燃料、动力、原材料工业和交通运输业放在突出地位；1979年，按照"调整、改革、整顿、提高"的方针加强能源、交通等基础设施的建设；1985年之后，通过"减税让利"扶持煤炭、铁路、民航、石油等基础工业发展，在产业组织上开始对煤化、冶金等实行包干责任制。这一阶段的产业政策主要是产业结构调整政策和产业组织改革政策（主要是联产责任制和包干制），到1990年三次产业结构得到优化，农业GDP比重降到27.1%，第三产业比重上升到31.5%，第二产业内部结构也得到优化，轻工业、能源、交通、邮电得到大力发展。

1991—2001年是全面推进改革开放时期。这一时期的中国在经济体制上实行社会主义市场经济体制，经过"六五""七五"时期的发展，工农业发展趋于稳定，农业、轻工业发展较快，第三产业发展迅速，虽然没有完全解决产业结构问题，但已经缓解了瓶颈产业对经济增长的制约，为"八五""九五"时期经济体制全面改革、经济高速发展打下了良好的基础。因此，在此期间，中国要实现的主要目标是经济体制全面转轨和经济增长方式巨大转变。为了实现这一目标，中国实行了一系列的产业结构政策和产业组织政策。

1992年，党的十四大明确提出了加快建立中国特色社会主义市场经济体制的基本目标以及实现经济高速增长、在20世纪末实现小康社会的战略任务。因此，"放开搞活"是经济发展的主旋律。1994年，中国政府陆续颁布了《九十年代国家产业政策纲要》（简称《纲要》）及一些专门型的产业政策。《纲要》明确提出的产业政策包括：大力发展农业和农村经济，加强基础设施和基础工业，加快发展机械电子、石油化工、汽车制造和建筑业，提高出口效益，增强国际竞争力。《纲要》提出的产业组织政策包括：引入市场机制促进企业合理竞争，鼓励规模经济发展和专业化协作，形成合理的产业组织结构；将市场结构引入大型企业集团竞争、中小企业竞争以及大、中、小型企业之间的竞争。鼓励企业跨行业、跨部门、跨地域兼并、相互持股。逐步将企业推向市场，完善市场主体结构，发挥市场价格机制、竞争机制和市场供需机制作用。中国从1994年起，进行财税体制改革调整，通过"减税让利"、专项资金设置、吸引外资、发行国债等方式加大对基础设施建设投资。1995年颁布了《指导外商投资方向暂行规定》和《外商直接投资导向目录》，明确通过目录形式大力引导外资、港资、台资在国内产业的投资方向。1997年9月，"十五大"报告明确提出要进一步"完善国家产业政策"，随后，中央经济工作会议又强调要强化产业政策的引导作用，从而提高资源配置效率。1999年，中国国务院颁布《制止工商投资领域重复建设目录》（简称《目录》）等，《目录》涉及钢铁、有色金属、煤炭、黄金、石化、化工、医药，建材、电子、机械、电力等行业的固定资产投资项目，要求各级政府投资主管部门审批，银行等金融机构不予贷款。《目录》对这些行业的产业结构调整和优化发挥了重要作用。为促进产业结构战略性调整，促进产业升级，提高产业内外竞争力，政府于2000年修订了《当前国家重点鼓励发展的产业、产品和技术目录》，重点发展涉及28个领域、526种产品、技术及基础设施领域，成为各级区域政府结构调整、产业升级、投资项目审批的重要依据。2001年，中国国务院发布《第十个五年计划纲要》，提出继续将推进产业结构的优化调整升级作为重中之重。

2002—2011年是深化改革开放时期，中国长期以来的主要矛盾是满足人民日益增长的物质文化的需要和落后的社会生产之间的矛盾，但发展到这一时期，这一矛盾已经基本上得到解决，全国大部分地方已经解决了温饱问题，甚至有部分地方已经进入小康社会。同时，中国在国际上的经济地位也在不断上升，于2001年加入WTO。在这段时期，中国的产业结构还存在以下几个问题：三次现代产业结构失衡，具体表现为第三产业尤其特别是现代服务业总量占比整体过低；第二产业中的重化工业整体占比过高而高新技术和食品高加工业整体占比低。除了产业结构的不平衡，产业地域分布的不平衡也不断受到关注。因此，如何继续优化产业结构，实现产业丰富化、产业高度化、产业结构高层次化成为产业政策主题，鼓励技术创新成为推动产业优化升级的重要举措；实现产业结构平衡的同时政策引导产业区域发展，实现产业分布平衡。自2001年的"十五"计划《纲要》首次提出建立"国家创新体系"和"国家知识创新体系"以来，2002年国家经贸委等几个部委联合发布了《国家产业技术政策》，2003年商务部牵头制定了《关于进一步实施科技兴贸战略的若干意见》，大力支持发展电子信息产业、通讯产业等高新技术产业的发展，对这些产业的产品在出口信贷、出口信用保险、便捷通关、检验检疫等方面给予政策支持。对于高新技术产品，主要采取出口退税政策若支持其发展。2004年，中国对笔记本电脑、印刷电路等97种高新技术产品继续实行17%的出口退税政策。2005年，国家发改委出台了《可再生能源产业发展指导目录》，提出要发展风能、太阳能、生物质能、地热能、海洋能和水能六个领域具备规模化推广利用的可再生能源项目，要求各级政府进一步制定和完善技术研发、项目示范、财政税收、产品价格、市场推广等方面的优惠政策。对后来的新能源产业的发展发挥了重要作用。高新技术产业政策措施，大人促进了高新技术产业的发展，2006年，我国高新技术产业产值

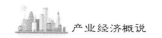

超过 31.56 万亿元，为 GDP 贡献了约 5%。

  在产业区域布局政策上，早在 2002 年中国政府就已经注意到东北等老重工业基地的发展问题，提出了东北振兴的四项政策措施，主要从财政税收方面给予支持。与此同时，中国政府也注意到东西部发展的差距，要求加强中西部协调互助，在产业发展互通有无，共同发展。2004 年出台《关于进一步推进西部大开发的若干意见》，明确要求通过产业政策、财政政策和投资政策促进西部地区的发展。

  中国一直是一个传统的农业国家，其重要特征是劳动密集型产业。但是低成本、高质量的现代农业的农产品涌入，大大警醒了中国农业与农村的未来发展，必须重视与合理调整农业产业结构、生产方式和农产品贸易结构。随着中国外贸法规的完善、透明度的提高和投资环境的改善，吸引了众多外商前来中国进行投资，从事农业农产品的合作和开发，这使得农业由粗放型增长方式向集约型增长方式转变，农业的科技含量不断增加，农业经营企业之间的科技交流日益增多。某种意义上，以加入 WTO 为标志的深化改革开放，大大促进了中国农业产业的专业化、技术化和专业化。

  除了农业，这一时期尤其注意现代服务业的发展。2007 年国务院颁布了《国务院关于加快发展服务业的若干意见》，确定了包括财税政策、信贷政策、土地政策和市场政策在内的政策体系。极大促进了我国服务业的发展，促进了我国现代服务业的规模扩大、结构改善和观念创新和体制、机制创新，为后来的现代服务业发展打下了良好的基础。2008 年金融危机爆发，为了有效应对危机的不利影响，中国根据产业经济影响的大小，先后制订了汽车、钢铁、纺织、装备制造等十大行业的调整计划，运用货币金融和财政产业政策工具，刺激需求，扩大内需，促进产业技术升级，优化产业发展结构的同时，提倡大力发展包括配送、仓储、信息、快递等现代物流为核心的生产性服务业以及包括乡村旅游、休闲旅游为核心的文化旅游产业。2009 年 3 月，国务院政府工作报告指出：长期制约我国经济健康发展的体制性、结构性矛盾依然存在，要进一步进行体制改革和结构调整，加强汽车、钢铁、造船、石化、轻工、纺织、有色金属、装备制造、电子信息、现代物流等重点产业调整和振兴规划，推进结构调整和优化升级，并再次提出要加快发展现代服务业，特别是金融保险、现代物流、信息咨询、软件和创意产业的发展。2011 年 3 月，国务院《政府工作报告》依然认为产业结构不合理，特别是农业基础仍然薄弱，城乡发展不协调，提出要加快建立现代产业体系，推动产业转型升级。《政府工作报告》明确指出要改造升级制造业、加快培育发展包括新一代信息技术产业等在内的战略性新兴产业，要大力推动节能环保、新能源，生物、高端装备制造、新材料、新能源汽车等产业的发展，同时要大力发展服务业，特别强调要发展生产性服务业和生活性服务业。

2012年至今，是全面深化改革开放阶段，以实现"中国梦"为目标的建设中国特色社会主义的新阶段已然到来，明确提出社会主要矛盾是人民日益增长的美好生活需要与物质生产的不平衡不协调之间的矛盾。这一矛盾影响到产业发展领域。这段时期我国产业政策的主要目标仍然是要解决产业发展中不平衡、不协调、不可持续问题，以及要如何应对全球化发展可能面临的新问题，进一步推动产业转型升级，实现经济高质量发展。2012年，中共十八大报告指出我国经济发展中的"不平衡、不协调"等问题，要着力构建现代产业发展新体系，培育开放型经济发展新优势，要大力发展现代服务业和战略性新兴产业，依靠现代服务业和战略性新兴产业，通过科技进步、劳动者素质提高、管理创新驱动，发展节约型经济、循环经济和绿色经济，提出实施创新驱动发展战略。要求以需求为导向，推动战略性新兴产业、先进制造业健康发展，加快传统产业转型升级了推动服务业特别是现代服务业发展壮大，合理布局建设基础设施和基础产业，着力发展现代信息技术产业体系。

这一阶段的前期阶段主要面对产能过剩问题，采取的对策主要是对内过剩产能化解、创新驱动和对外转移。因此，在内部通过环保、生态、安全等硬约束手段，制约对环境、生态等有重大影响的低效能、高能耗产业进行"关停并转"；对外通过跨区域转移产能，提出"一带一路"倡议，某种意义上与此相关。2013年，《政府工作报告》提出要以节能减排为目标，加快推进绿色发展、循环发展、低碳发展，提出要降低碳排放。2014年，《政府工作报告》提出要通过环保、生态、技术标准等手段约束产能过剩行业的发展，同时，也提出要通过创新创业平台，发挥新能源、新材料、新一代信息技术、大数据、集成电路、先进制造等新兴产业的引领作用。2014年12月，中央经济会议进一步指出传统产业过剩过多，要发挥现代服务业、新产业和小微企业的作用，因应生产智能化、小型化专业化趋势。2015年，《政府工作报告》提出制造强国的步伐，要加快制造大国转向制造强国的步伐，通过对高端装备、信息网络、集成电路、新能源、新材料、生物医药、航空发动机、燃气轮机等领域实施重大项目，将一批新兴产业培育成主导产业。提出"互联网＋"行动计划，将移动互联网、云计算、大数据、物联网等与现代制造业结合，推进电子商务、工业互联网和互联网金融的健康发展。2016 年，中国中央经济会议提出供给侧改革，提出深入推进"三去一降一补"，深入推进农业供给侧结构性改革，着力振兴实体经济，促进房地产市场平稳健康发展。2017 年，中共十九大提出供给侧改革和高质量发展、激发市场活力的重要主题。2018 年，中央经济会议提出以供给侧为主线实现制造业高质量发展，形成强大的国内市场。可以看出，从 2012 年到现在，产业发展政策前期的主要目标是降产能，后期的主要目标是高质量发展。围绕高质量发展提出的《战略性新兴产业目录》是各级政府产业发展政策的重要指针。

## 三、中国产业政策的特点

中国产业政策有四个特点。

（1）随着中国经济体制从计划经济体制向市场经济体制的转变，产业政策逐渐从制定资源配置政策发展到以投资为导向的产业发展政策。进入 21 世纪，经济全球化浪潮席卷中国，产业分类被进一步细化，投资导向型产业政策则转变为以产业目录为基础的、功能性更强的产业政策，对国家产业发展的指定性变为指导性，计划性逐渐转为市场性。虽然如此，但产业政策在帮助政府在产业发展的可为、有为性等方面仍发挥着重要作用。

（2）产业政策工具从单一转变为多样化，以满足实现产业发展需要更有效地配置资源。计划经济时期，产业政策工具单一，表现为以行政法规为主要政策工具。改革开放初期，随着政府职能的转变，产业政策主要通过财政分配、土地分配和公共服务来实现。深化体制改革后，产业政策工具由单一转向多元化，将产业政策的落实辅以金融政策工具、人才政策工具、土地政策工具等多种手段，从而更有效地为产业发展落地配置资源。

（3）通过产业政策实现产业转型升级。中国的产业转型升级不是靠市场推动的，而是靠产业政策推动的，不管是改革前还是改革后，都是如此。从以第一产业为主转为第二产业为主，从第二产业发展到现代服务业的发展，每一个阶段都是靠产业政策推动的，这也是政府超前引领的重要表现。当前，产业政策的重点则是关注高附加值、高竞争力的战略性新兴产业。

（4）农业是中国产业政策的重中之重。作为一个拥有14亿人口的大国，农业关乎国计民生，是国家稳定发展的前提基础，所以农业产业政策一直是中国产业政策的重点之一。各种类型、各种层次的农业产业政策使中国农业不断走向集约化、专业化、组织化、生态化，从传统资源农业不断走向现代资本农业，使农民的农业逐渐变成产业工人的农业。

## 四、典型地区产业政策的变迁

### （一）温州

要想了解温州的整个产业政策，就一定要着眼于温州新型工业化的产业结构，从温州整个产业结构长期发展的变化演变过程来看，有三条产业发展的重要路径：首先是巩固原有的重型工业生产基础，如重型服装、皮鞋等传统产业；其次是温州的重型皮革业和重型打火机业等产业，这些都是承接整个产业结构转移的重要路径；最后是现有产业的转型升级，如化工、电子电器等产业。总之，温州的下游产业结构模式比较传统，产业结构升级相对缓慢，路径依赖性强。它们大多数来源于原有的机械工业生产基础，具有明显的特点。

（1）传统轻工业占很大比重，资源型重化工业基础薄弱。温州市可开发资源少，重工业发展滞后，但轻工业比重较大。因此，温州重化工业园区经济的快速发展主要依赖于一些轻工业（其中包括新型轻工业和一些重化工配套传统产业）。1978年后，温州重化工业比重逐年稳步提高，重工业规模发展迅速态势正在转好，但其实从严格意义上来讲，温州重工业的规模发展最大的行业是指与重工业配套的装备工业，本质上还是轻工业。

（2）大、中、小型企业规模占比不断升高，企业发展处于实现规模化快速发展的新阶段。新中国成立以来，温州大型国有企业集体及大型民营企业成功实现转制经营发展的不多，无法具备杭州、宁波等大中型民营企业的根本基础发展条件。

（3）中国工业资源分布广泛，结构分散。在2016年国家工业统计信息体系最新确定的46类重点工业技术企业中，温州企业有33个隶属行业，占71.7%。全市现有电气产品制造业、鞋革辅料制造业、通用电子装备配件制造业、电力电池生产设备供应业、塑料产品制造业、服装辅料制造业、交通运输装备配件制造业、化工原料及其他化工产品冶炼制造业、金属制品冶炼行业（包含黑色炭及金属制品冶炼）、轧钢制品加工业前十大支柱行业的总产值累计超过100亿元，年均实现工业产值大约占全市规模以上工业市场总产值的四分之三。前十大支柱产业中，大部分产业属于新兴传统产业，如电子、鞋类、服装、塑料制品、汽车、摩托车以及零部件等，而在这些新兴经济优势产业中，生物化学、医药、通讯、电子仪器等所占的比重仍然较低，对新兴工业国民经济的增长贡献有限。

（4）外向型产业格局逐步形成。中国加入WTO后，温州工业企业面临的仍然是国内市场产品过剩的背景，因此，温州转向积极开拓国际市场，形成了一定规模的外向型经济。温州的出口产品主要依靠民营自营出口，外企带动出口能力相对较弱。2008年，在金融危机的冲击下，出现了内需大于外需的局面。许多外向型企业逐渐放弃国外市场，转而开拓内地市场。

（5）中小企业生产困难，而重点地区骨干企业经济发展相对稳定。温州企业重点地区骨干企业具有规模整合效益支撑优势、资金整合实力支撑优势、科技整合研发能力优势、市场整合开发能力优势、品牌整合经营能力优势。这些大型金融骨干企业对抗金融风险的承担能力强，金融危机对其影响不大。

很长一段时间，温州市把工作重点精力转向推进现代农业服务的发展、科技自主创新、工业新型经济体的高质量快速发展，加快改革开放市场经济的发展和培育现代农业新型农村新增长动能，和实施农业乡村经济振兴发展战略任务。为了使温州市的具体政策款项能够得到更好的落实，政策的制定者进行了多方面的修改。2008年，制定了五大产业政策1.0版，构建形成以现代服务业、工业、开放型经济、农业、人才为主体的"5+X"产业政策体系。2020年，温州在"5+X"产业政策体系上又增加了数字经济、战略新兴产业、自贸创区建设、稳外贸及世界温州人家园总部等各项政策。

为充分鼓励中小企业开展技术改造，修订后的相关产业政策补贴条款历经多次修改，明确对工业生产机械设备和工业信息化等总投资500万元以上的企业技术改造产业项目，一年内按照总投资的20%比例给予不低于超过400万元的技术补贴。与旧补贴政策实施相比，补贴的实际计算收入比例和补贴上限分别比往年增加了5%和100万元。为了有效吸引更多总部级的金融机构企业入驻，修订后的国家现代金融服务业奖励政策逐步扩大了服务奖励和营业补贴的适用范围。对新批准设立的各级国家和有关地方商业金融机构一级商业分行、保险公司证券一级商业分行应当进行一定奖励，对于由现有二级商业分行升级为一级商业分行的，按照公式计算奖励和补贴金额。为有效鼓励国家农业技术龙头企业创新发展，修订后的国家农业奖励政策另有规定，对被政府认定的国家农业技术龙头企业每年给予100万元～300万元的创业奖励。与去年旧版类似的奖励政策措施相比，奖励补助金额已经增加了一倍以上。为了有效促进中国进口商品贸易的健康发展，修订后的中国开放市场经济贸易政策中还增加了一项新条款：在客户满足一定补助条件后，给予进口货物代理进口运费金额辅助补贴和进口运费辅助补贴，最高补助金额分别为300万元和100万元。①

（二）顺德②

顺德是中国制造业的重要基地之一，在全球经济的影响下，有高涨期也有遭遇寒流侵袭的时期。在房地产"肆虐"的时代，顺德制造业遭受了巨大的打击：产能过剩、消费疲软、出口下滑的同时，成本却在上升，原本的优势产业如今却面临改革开放以来的最大挑战。政府制定的产业政策需要精准发力才能挽救顺德于水深火热之中。

北方"煤改电"优惠政策的积极驱动，让多年来一直毫无经济起色的空气能产业悄然兴起，如雨后春笋般迅速发展壮大起来。空气能产业凭借着顺德两家企业独有的配套技术资源优势，长驱直入地抵达北京的市场，顺德成了"煤改电"中最大的受益者。在中国600多家航空能源生产企业中，顺德就有200多家，可见顺德航空能源在全国的产业地位。根据林毅夫的新一代结构主义经济学发展理论，一个国家地方的实体经济的巨大发展潜力取决于两个重要经济指标：一个有效的地方市场和一个非常有发展前途的地方政府。从资本市场配置层面上来看，顺德大型企业和公司根据不同要素资源禀赋的价格比较性和优势综合选择前沿技术和新兴产业，完

---

① 李显：《温州产业政策正式迎来2.0版！》，载《温州商报》，2020年8月2日。
② 本文关于顺德产业政策心声阐述中所引用的数据，全部来自顺德顺商发展研究会编著的《解密顺商》，广东人民出版社2013年版。

成了整个新兴产业链的基本资源配置,在国内外资本市场的同类产品中,产品线均具有明显的降低成本和价格比较性的优势,而同类产品线在需求端的幅度突然扩大是因为顺德这个大型新兴产业链,从而建立了一个有效的资本市场。林毅夫指出,新兴产业所在的国有资金市场规模和投资风险通常比中国原有新兴产业大。需要新的企业金融管理制度或者安排措施来帮助动员更多的金融资本,并有效地控制与分散金融风险。需要用政府这只"看得见的手",在填补市场要素空缺的机制层面上充分吸取有一定希望的产业政府扶持政策、激励机制措施和市场要素合理分配的经验教训,并通过有效和稳定的产业政策快速提升建立中国新兴产业的核心竞争力。在新一轮能源产业发展的道路中,政府必须有所作为,通过研究制定合理的能源产业政策,并使这些产业政策能够精准整合发力,才能为能源产业化的发展之路加油、加气、提速,从而尽快形成有效的能源市场。

但在顺德这个以工业立区的地区,经过改革开放以来40多年的发展,已形成了八大行业和某些特色行业,包括家用电器、机械设备、电子信息、纺织服装、精细化工、包装印刷、家具制造、生物医药和汽车配件、珠宝首饰、金属材料等。

家电设备制造业经过30多年的快速发展,在顺德形成了庞大的家电设备产业整体集群,已经发展成为中国最大的家电设备生产制造基地之一,有5家家电类的上市公司、12个中国驰名商标、33个广东省著名商标、23个中国名牌家电产品。顺德逐渐形成了以品牌企业为中心的家电生态圈和完整成熟的产业链。顺德也因此成为目前全球家电相关零部件的主要供应商和生产基地。

顺德的装备制造业发展有着雄厚的技术基础。高端制造装备和工业智能制造装备工业制造两个领域在广东省乃至覆盖全国各地均占有重要战略地位,是广东先进现代装备技术制造业的重要支柱产业基地。全区已拥有3000多家国内机械设备专业制造龙头企业,这些企业正朝着高效、智能、自动化、精密化、高级化五大方向快速发展,产品链和价值链不断向着中高端产业延伸。近年来,顺德高新区一直深入推动先进机械装备产业提质增效发展,顺德先进机械设备产业规模不断扩大:自2015年起,该产业规模连续四年突破2000亿元,机械装备产业龙头地位凸显。顺德已基本形成了以机电工程装备业、建材工程机械业、塑料工程机械业、锻造工程机械业、木工工程机械业、节能低碳减排等产业优势工程机械装备制造产业发展为主导的新型现代工程机械装备技术制造业、环保与新材料能源机械装备制造产业、印刷业与包装工程机械装备产业、机器人装备制造业等产业。顺德已是目前全球最大的家用空调泵和压缩机专业生产研发基地，空调泵和旋转式空调压缩机国际市场占有率每年超过30%；机器人制造产业已发展形成一个完整的产业链，产业市场规模每年保持30%以上的年均增长速度，成为华南、华东地区最大的机器人集成系统产业解决模式方案产业集群；塑料机械制造产业已发展形成一个门类齐全的大型塑料机械研发制造以及产业服务体系；木工机械制造行业已发展成为中国最大的木工机械研发制造和售后销售服务基地之一。

顺德家具制造产业整合集群是中国最早、体量最大、供应链及配套服务体系最为完备的家具产业整合集群之一。顺德是"中国家具贸易之都"和"广东家具国际采购中心"，在世界家具行业有着广泛的影响力。区内共有涉及中国家具及其相关传统产业的出口企业16376家，其中，涉及家具相关制造出口企业约5000家，家具相关原辅材料装备制造业及贸易出口企业约7000家。顺德龙江镇后又被誉为"中国家具制造重镇""中国家具材料之都""中国家具电子商务之都"，是中国最大的家具原材料批发生产和物流配送中心，也是中国最大的高档家具材料批发市场。

（三）深圳

深圳市是粤港澳大湾区中最重要的组成部分之一。粤港澳大湾区是指由香港、澳门两个特别行政区和广东省的广州、深圳、珠海、佛山、中山、东莞、肇庆、江门、惠州九市组成的城市群，是中国重要的湾区之一。深圳是一座创新之城，发行了新中国第一只股票，敲响了中国土地拍卖的"第一把锤子"，深圳从经济特区成立之初就率先破旧立新，以"第一"探索中国改革、发展、创新之路。目前，面对转型发展期，深圳市出台了《经济特区国家自主创新示范区条例》和促进创新的"十大行动计划"，再次实现了创新的华丽转身，成为中国经济新常态下创新发展的先锋，成为人们心目中的"创客资本"。

深圳的产业结构具有"三优先""四支柱"的特点。"三优先"，即经济增长以新兴产业为主，对全市GDP增长的贡献率为40.9%；行业以先进制造业为主，占行业70%以上；第三产业以现代服务业为主，占全市GDP的60.5%，现代服务业在服务业中的比重已上升到70%以上。

深圳四大支柱产业是：①文化创意产业。"文化立市"战略最早在深圳确立。2015年，深圳市文化创意增加值为1757.14亿元，平均增长13.1%。深圳也是中国第一个获得"设计之都"称号的城市，工业设计、平面设计等设计行业远远领先于中国其他省市。深圳还获得了国际单项体育联合会最多的设计奖。主要工业园区包括深圳国家动漫产业基地、平面设计之都创意产业园、中芬设计园等。① ②高新技术产业。深圳推进创新"十大行动计划"，新增了许多国家级高新技术企业，其高新技术企业的总量约占广东省的一半，深圳市是全国高新技术成果产业化的重要基地。② ③现代物流产业。深圳物流业营收超过百亿元，全国绝大部分的供应链管理公司的总部都聚集在深圳，例如菜鸟网络、美国UPS、德国汉莎、各大保税物流园区等都"落户"深圳。③ ④金融产业。金融业是深圳四大支柱产业之一，增加值占全市GDP的比重达15%。深圳总资产、外币存贷款余额居全国第三位，VC/PE机构近5万家，注册资本3万亿元。在2021年全球金融中心指数中，深圳排名第八，是名副其实的国家金融创新中心。④

除了"三优先""四支柱"之外，深圳还有包括生物产业、新能源产业、互联网产业在内的战略新兴产业和未来产业。未来产业也是深圳一个非常重要的组成部分。未来产业的多元化对深圳的产业结构提出了更高的要求。政府应依靠产业政策，积极调整产业结构，促进产业结构优化升级，在共同发展的状态下，促进支柱产业、新兴产业和未来产业稳步发展，再次推动深圳经济发展。

### （四）青岛

新中国成立70多年来，特别是改革开放以来，青岛经济呈现几何级增长。随着经济总量的增长，青岛的经济结构和产业结构也发生了更深层

---

① 深圳市政协文化史和学习委员会编著：《深圳四大支柱产业的崛起：文化》，中国文史出版社2010年版。

② 深圳市政协文化史和学习委员会编著：《深圳四大支柱产业的崛起：高新技术》，中国文史出版社2010年版。

③ 深圳市政协文化史和学习委员会编著：《深圳四大支柱产业的崛起：物流》，中国文史出版社2010年版。

④ 深圳市政协文化史和学习委员会编著：《深圳四大支柱产业的崛起：金融》，中国文史出版社2010年版。

次的变化。青岛的产业结构在不同阶段发生变化。1949—2018 年，青岛市三次产业结构比重由 22.7∶52.7∶24.6 调整为 3.5∶41.2∶55.4；经济进入新常态后，经济增长的动力逐步转向新的动力。① 以"新技术、新产业、新模式、新业态"为代表的"新兴经济"基因孕育成长，成为引领产业结构转型升级的新增长点，推动"青岛制造"向"服务青岛"的转移升级。

新中国成立之初，政通人和，百废待兴。青岛工业基础薄弱，技术水平落后。当时的三次产业比重为 41.6∶38.3∶20.1。② 为了尽快恢复生产，青岛实施了优先发展重工业、大力加强基础工业的战略部署。改革开放初期，青岛率先实施农村改革，农村经济活跃并开始增长。农业在国内生产总值中的份额逐渐增加。第一产业增加值年均增长 11.1%，占国内生产总值的比重由 22.7% 提高到 26.6%。同时，第二产业占国内生产总值的比重降至 48.3%，下降 4.4 个百分点，第三产业比重略有上升 0.5 个百分点。③ 国有企业改革时期，城市经济体制改革的重点是国有企业改革。随后，国家相继出台宏观调控政策，1996 年年底基本实现了经济"软着陆"，经济结构战略性调整进入了以科技和信息产业为导向，适应经济全球化需要，带动整个产业结构全面升级的新时期，产业带动型增长格局形成并得到加强。第二产业和第三产业的协调发展支撑着青岛的经济发展。2008—2018 年，国家加强宏观调控，供给侧结构性改革不断深化，结构优化升级成为主旋律，青岛产业结构进一步调整。青岛市第三产业比重提高，产业结构由"二三一"向"三二一"转变，逐步由工业经济向服务经济转变。④ 产业结构调整已进入工业化后期。青岛新经济促进经济发展，引导产业优化升级。"互联网+"、大数据、云计算、物联网等信息技术在青岛的各项工业领域中得到运用，并成为拉动产业结构转型升级和经济平稳较快发展的强力引擎。第三产业中服务业的兴起，也成了青岛经济的新

---

① 新经济增加值省第一！权威解读青岛经济转型 70 年。https://www.gingdao news.com/made/content/2019 - 08/30。

② 新经济增加值省第一！权威解读青岛经济转型 70 年。https://www.gingdao news.com/made/content/2019 - 08/30。

③ 王晓文、李树超：《青岛市产业结构优化调整对策研究》，载《安徽农业科学》2013 年第 41 期，第 1362 - 1364 页。

④ 新经济增加值省第一！权威解读青岛经济转型 70 年。https://www.gingdao news.com/made/content/2019 - 08/30。

增长极。改革开放以来，第三产业在青岛经济结构调整中迅速发展，基础产业明显加强，瓶颈制约得到极大缓解，商业、餐饮、交通等传统产业稳步发展，新兴服务业迅速崛起。

## 五、中国产业政策的主要形式

### （一）五年规划

五年规划分为国家五年规划和各地方、各单位的五年规划。国家五年规划是地方五年规划纲要性文件，对地方五年规划有统领、指导和约束作用。中国五年计划，后来更名为五年规划，是中国国民经济计划的重要组成部分，属于长期计划。其主要是对国家经济发展目标、重大建设项目、生产力布局和国民经济的重要比例关系进行规划，为国民经济的长远发展确定目标和方向。

回顾五年规划的历史，不仅能描绘新中国成立以来经济发展的大体脉络，也能从中探索中国经济发展的规律，通过对比与检视过去，从历史的发展中获得宝贵的经验，从而指导未来的经济发展。

第一个五年计划的中国，新生的社会主义政权如何突破资本主义国家的重重包围是执政者们最关心的问题。于是，中国开始了自己的探索，颁布了第一个五年计划，重点推进重工业的建设和发展，通过指令和计划使得重工业能够集聚更多的资源以推动经济的发展。"一五"到"五五"计划这20多年，是中国用来探索经济发展态势"探头"的时期。这期间路途坎坷，但中国善于从失败中总结经验教训，积累了丰富的经验。在改革发展的时期，"六五"到"十五"这5个五年计划中，中国逐渐开启了中国特色社会主义，敲开了计划经济体制改革的大门，同时也促进了社会主义制度本身的不断成熟、规范、完善和发展。五年计划不但促进了国家战略目标的稳步实现，而且正确引导了市场资源的合理有效配置，充分发挥了政府管理的作用。"五年计划"一词在2006年被修改为"五年规划"，其原因是为了明确五年规划的实质是指明经济社会发展的基本方向，描绘出社会主义总体的发展蓝图。规划改变了原来"计划"注重以约束性指标规定计划目标的方式，逐渐变为通过方向性指引促进政府职能的转变，以预期性指标激发市场的活力，进一步强化公共服务、社会治理、资源环境等方面的目标，在编制五年规划时便能更加具有方向性、指引性，并具有

第五章 区域产业政策

一定的弹性和适应性。

（二）产业规划

所谓产业规划，是指综合运用各种理论分析工具，从当地实际情况出发，充分考虑国际、国内和区域经济发展趋势，对产业定位、产业体系、产业结构等进行的科学规划，充分考虑区域现有的产业链、产业空间布局、经济社会环境条件及当地产业发展现状。一般来说，科研机构或规划部门在进行产业规划时，要调查研究当地经济发展现状、资源条件、优势劣势、机会威胁，以便确定发展策略，提出产业定位、产业体系、产业链发展目标体系，并围绕产业发展计划拟建项目、制度保障和实施方案等等。因此，产业规划有其规范化的方法。首先，要分析经济发展阶段和产业结构，澄清当前产业存在的问题，预测未来发展方向。其次，要根据全球、区域或周边城市产业转移、区域政策和当地产业特点，分析产业发展的机遇、挑战、优势和劣势。再次，要根据现状和发展条件，提出产业发展的总体战略，如结构升级、集群化、高新技术、区域协调分工等，并根据一定的标准确定优势（或主导）产业及其战略。最后，根据目前的产业布局和"发展连片、入园企业"的原则，确定"点、轴、带、圈、区"的总体布局，或提出优势产业的布局意向，明确各片区的产业类型和规模。

产业规划必须告诉当地产业未来要做什么、怎么做，甚至由谁来做。其中，"怎么做"要从国内外产业发展趋势、市场容量、技术水平等方面论证区域产业发展的必要性、可行性。区域产业规划一般要处理好三个关系：一是区域产业规划和其他规划的协调性，在明确区域总体战略的基础上，进行区域产业结构调整和产业发展布局的总体布局和规划，一般要协调好产业规划与当地土地开发、生态保护、民生问题和生态环境建设等方面的关系。二是产业专项规划内部各模块之间的关系，主要是在明确区域产业规划的前提下，要处理好主导产业、后续产业和配套产业之间的顺序关系，以及处理好优势企业发展、产业发展、产业集群和产业生态发展之间的关系。三是要处理好产业规划和产业园区规划之间的关系。对于很多地方来说，产业园区是产业的重要载体，是产业集聚的主要场所，也是产业生态发展主阵地，产业园区规划在产业规划中的地位非常重要，但是，产业规划不等于产业园区规划，二者有交叉重叠的地方，产业园区规划应

是在产业规划的基础上进行的区域分布规划。

## ❋ 本章小结 ❋

产业政策是区域政府超前引领的重要方式,特别是在可经营性资源决定的市场机制面前,区域政府一般无法直接作为微观主体参与市场,只能通过政策规划引导产业的发展,使可经营性资源实现优化配置。产业政策始终是针对特定产业发展而制定的政策,主要涉及产业内资源的合理配置。第一,产业政策具有计划性,是在市场配置资源基础上的计划配置。第二,产业政策具有较强的目的性。国家实施产业政策,主要是为了优化产业发展结构,实现资源的合理配置,促进经济的高质量发展。第三,产业政策强调政府的主动性。产业政策是政府主动对市场进行干预,改变资源配置的手段。

一般来说,产业政策主要分为四种类型:产业组织政策、产业结构政策、产业技术政策、产业布局政策。产业结构政策主要是指政府部门为了影响与推动产业结构的优化调整,而制定的促进经济增长的产业政策。产业组织政策通常是指为了能够获得良好的市场秩序、干预产业结构、控制市场竞争以及调节企业间的关系,由政府部门通过法律手段制定的一种公共政策。产业技术政策旨在通过法律规范等手段,促进产业技术的进步和创新,以提高整个产业的技术水平。主要包括对基础性产业技术的扶持、对落后性产业技术的淘汰、对技术成果转让的鼓励。产业技术政策具体包括技术引进制度、技术创新制度、高新技术与风险投资激励制度、技术规划制度、技术成果转化制度及设备更新、改造制度。产业布局政策又称产业地区分布政策,指的是一个国家或地区调整地区之间经济发展不协调的法律规范。

区域产业政策对宏微观经济主体、区域经济发展都有重大影响,但这也引起了产业政策"无效"和"有效"之争,前者认为市场才是有效的,产业政策本质上没有效率;后者则认为产业政策是有效的,可以弥补市场的不足。坚持以市场配置为主的产业政策是中观经济学的重要观点。中国各个地方的产业发展、转型升级主要靠地方的产业政策对路;中国不同历史发展阶段的产业发展,也是依靠各个历史阶段出台了合适的产业政策。

第五章 区域产业政策

### 思考讨论题

1. 你认为目前的产业政策对于区域经济发展有哪些促进作用？
2. 区域产业政策是否应该针对具体产业制定，为什么？
3. 地方政府的产业政策与中央的相关产业政策应该如何协调？
4. 简要概述产业政策的特点、产业政策存在的必要性。
5. 产业政策有效性的条件是什么？
6. 产业政策对国家发展的影响是什么？
7. 中国产业政策具有哪些特点？
8. 简要概述中国产业政策与新加坡、法国、以色列、美国产业政策的异同。
9. 中国产业规划在产业发展中的作用是什么？
10. 阅读下列材料并讨论：海宁市的产业政策有哪些得失？为什么？

#### 海宁市产业政策分析

近年来，海宁市政府为了促进地方产业的发展，出台了大量扶持性政策，这些政策大致可分为两类：一是税收优惠性扶持政策，二是财政奖励性扶持政策。

#### 2005—2006 年度海宁市财政奖励性扶持资金兑现情况

工业技改贴息 2005 年兑现 1725 万元，2006 年兑现 1559 万元；工业园区 2006 年兑现 148 万元；标准厂房贴息 2006 年兑现 113 万元；节能奖励 2006 年兑现 128 万元；发电奖励 2005 年兑现 1518 万元，2006 年兑现 230 万元。中小企业奖励 2006 年兑现 182 万元。商贸流通奖励 2005 年兑现 389 万元，2006 年兑现 364 万元。外经贸奖励 2005 年兑现 2391 万元，2006 年兑现 3484 万元。著名商标等 2005 年兑现 334 万元，2006 年兑现 547 万元。财政扶持资金 2005 年兑现财政奖励 6344 万元，2006 年兑现财政奖励 6628 万元。农业产业化 2005 年兑现财政补助 791 万元，2006 年兑现财政补助 689 万元。科技奖励 2005 年兑现财政奖励 1708 万元，2006 年兑现财政奖励 1782 万元。

可以看出，海宁市 2006 年兑现的总财政奖励资金要大于 2005 年，增加了 654 万元。这些资金主要用在了第二和第三产业。在对农业方面的扶持上，2006年则比2005年减少了202万元。因此，如果去掉农业扶持金额，2006年的扶持力度比2005年的更大。

## 海宁市财政扶持政策有效性评价

通过对近年来海宁市财政政策绩效的调查和分析，我们认为，海宁市近几年实行的财政扶持政策对地方产业的成长和地方经济社会的发展起到积极的促进作用，具体可以从七个方面得到反映。

（1）在品牌建设方面。海宁市针对品牌建设的财政扶持政策极大地调动了企业争创名牌的热情，催生了一批知名品牌。2007年8月，浙江斜桥榨菜食品有限公司、白领氏皮业有限公司和浙江宏达经编股份有限公司三家企业，分别获得了海宁市政府100万元"中国驰名商标"品牌重奖。在短短一年时间里，海宁市先后有四家民营企业的四个品牌荣获"中国驰名商标"，位居浙江省前列。再如，海宁皮革城现在已经是中国皮革品牌集散地，更是海宁皮革品牌的发祥地与聚宝盆。以"雪豹""蒙努""三星"真皮衣王为龙头，涌现出"白领氏""圣尼""森奴""雷豹"等一大批在全国有影响力的皮革服装知名品牌。"蒙努"率先向"中国名牌"产品发起冲刺，为海宁首次夺得两项"中国名牌"桂冠，标志着海宁皮革服装行业开始有了自己的名牌商品。

（2）在吸引内资和外资方面。海宁市的财政扶持政策增强了国内外投资的吸引力，对于扩大投资，提升产业结构起到积极作用。2006年上半年，全市上下齐心协力，攻坚克难，以巩固中国港台、主攻日韩、拓展欧美为方针，利用外资取得新进展。资料显示：2006年上半年，全市实现合同外资15435万美元，实到外资8191万美元，两项指标均列嘉兴五县二区第二位。利用外资主要呈现以下几方面的特点：一是外商独资企业增多。1—6月份，全市新批外商独资企业16家，合同利用外资14084万美元，占全市总额的91%，实际利用外资5234万美元，占全市同期实际利用外资的64%。二是利用外资方式呈现多元化。1—6月份，民营企业利用外资项目10项，合同利用外资1285万美元。如浙江天通控股有限公司引进日本三菱综合材料技术株式会社共同投资开发粉末成形压力机项目，大大提高了全市的装备机械水平。新批增资项目15项，合同利用外资5106万美元，占全市总额的33%。三是外商投资大项目依然占主导地位。1—6月份，总投资在1000万美元以上的项目12

项，投资总额24790万美元，合同利用外资12650万美元，占全市总额的82%。四是开发区仍是招商引资的主战场。1—6月份，两个省级开发区合同利用外资14589万美元，实际利用外资5088万美元，分别占全市总额的95%和62%。2007年8月，海宁市举行引进市外内资项目集体签约仪式。共有总投资45.8亿元的25个项目分别落户经发区、农发区、尖山新区、马桥街道等地。此次签约项目的特点是投资金额大，产业突破了皮革、纺织等传统产业，在汽配、机械等领域表现抢眼。尤其是亚洲包装中心海宁基地、西子重工等一批优质项目分别注入尖山新区、农发区等地。目前，在海宁落户的台商经编生产企业有12家，合同利用台资6537万美元，另有数十家有投资意向的台商正在洽谈有关事项。全市现有各类经编生产企业173家，产业链经济总量达30亿元人民币，拥有500多台国际先进水平的经编设备，占全国同类产品总量的20%左右。台资落户海宁，为提升经编产业档次，起到了催化作用。2007年9月26日，海宁市召开2007年投资说明会。来自日本、马来西亚、澳大利亚、中国台湾地区、中国香港地区等国家和地区的客商以及境外公司驻中国代表机构代表共80余人出席本次投资说明会。说明会当天，共签约投资项目22项，总投资达到5.55亿美元，合同利用外资2.46亿美元。

（3）在促进经济增长方面。财政扶持政策加速了产业规模扩张，增加了出口，促进了海宁经济的快速发展。例如，2006年5月份，海宁市以28.4%的产值增速位列嘉兴各县（市、区）工业增长之首；在出口交货方面，当月，海宁市实现出口交货值18.13亿元，同比增长31.7%（见表1）。

表1 2006年海宁市与嘉兴各县（市、区）主要经济指标完成情况比较

单位：亿元

| | 工业总产值 | | | | 工业生产性投入 | | | 内资引进 | |
|---|---|---|---|---|---|---|---|---|---|
| | 当月 | 同比 | 累计 | 同比 | 当月 | 累计 | 同比 | 累计 | 同比 |
| 全市 | 208.13 | 21.5 | 912.82 | 21.0 | 39.86 | 153.94 | 40.0 | 28.07 | 52.9 |
| 市区 | 45.73 | 19.3 | 205.91 | 20.3 | 12.39 | 54.37 | 54.0 | — | — |
| 南湖区 | 19.97 | 14.1 | 92.83 | 16.7 | 3.56 | 16.57 | 50.6 | 9.42 | 221.5 |
| 秀洲区 | 25.76 | 23.7 | 113.09 | 23.5 | 3.65 | 17.21 | 78.2 | 2.19 | 107.5 |

续表

| | 工业总产值 | | | | 工业生产性投入 | | | 内资引进 | |
|---|---|---|---|---|---|---|---|---|---|
| | 当月 | 同比 | 累计 | 同比 | 当月 | 累计 | 同比 | 累计 | 同比 |
| 嘉善县 | 23.80 | 18.1 | 102.74 | 20.7 | 6.13 | 24.68 | 26.7 | 5.81 | 47.0 |
| 海盐县 | 20.46 | 14.0 | 95.92 | 12.8 | 2.17 | 11.96 | 9.5 | 1.96 | -42.0 |
| 海宁市 | 42.75 | 28.4 | 183.55 | 28.6 | 6.65 | 23.93 | 16.1 | 2.95 | 86.4 |
| 平湖市 | 36.12 | 25.9 | 154.62 | 27.3 | 2.31 | 14.61 | 28.8 | 0.73 | 11.6 |
| 桐乡市 | 39.28 | 19.5 | 170.07 | 14.0 | 10.22 | 24.40 | 98.7 | 3.78 | 4.0 |
| 嘉兴经 | — | — | — | — | 2.24 | 12.16 | 67.4 | 0.51 | 14.2 |

又如，2007年一季度，海宁市经济基本延续了2006年以来较好的发展势头，国民经济保持平稳发展运行态势。据市统计局初步测算，全市一季度实现生产总值57.62亿元，同比增长15%，比嘉兴平均水平高出1.5个百分点，比全省高出0.4个百分点。一季度，海宁市工业生产平稳增长，全市规模以上企业实现总产值120.84亿元，同比增长21.9%。

工业扶持政策对海宁市工业企业的快速发展产生了重要的推动作用。例如，海宁市实施"兴海工程"战略，特别对形成一定生产经营规模的兴海工程企业给予政策扶持，促使企业进一步上规模、上档次，充分发挥其在带动区域经济发展、调整产业结构过程中的龙头作用。经过近年来的培育，海宁市"兴海工程"入围企业的数量、规模、质量均有了较大的提高。2006年，全市"兴海工程"入围工业企业已达到84家。2006年全市84家"兴海工程"工业企业累计实现销售收入243.7亿元，占规上工业的48.3%，同比增长18.6%，实现利税21.82亿元，占规上工业的61.6%，同比增长0.8%。全年累计销售收入超亿企业79家，其中超20亿2家，5亿—10亿5家。2006年，全市规模以上企业1142家，工业总产值513.4亿元，利税35.4亿元，利润21亿元。"兴海工程"工业企业自身发展优势也日益明显，主要体现在：一是海宁市内80%以上的新产品开发都是由"兴海工程"以上企业完成的。二是"兴海工程"以上企业在皮革、经编等产品的出口比例高达50%以上。三是创新能力比较强，大部分"兴海工程"企业都建立了技术开发中心，技术创新的意识较强，新产品开发能力强。

（4）在促进外向经济发展方面。外经贸扶持政策对海宁市"三外"

(外经、外贸、外资)工作的快速发展产生了重要的推动作用。以 2006 年为例，海宁市"三外"工作当年度全部位列全省十强。2006 年，全市外资企业 369 户，累计实现销售收入 194.19 亿元，同比增长 33.99%；实现利税 21.31 亿元，同比增长 31.14%，2006 年外资企业交纳税收 5.80 亿元，占地方财政收入的 11%。实践证明，引进一个"龙头"外资企业能够带动一个产业，起到以外引外、以点带面的作用，尤其是加快了 2 个省级开发区和 3 个省级特色工业园区的外资企业实现量的突破、特别是质的提高。具体表现为：①对外贸易取得新突破。全市自营进出口额首度突破 20 亿美元，完成自营进出口总值 23.9 亿美元，同比增长 29%，其中，出口 19.2 亿美元，同比增长 30%。出口总额首次跃居嘉兴各县（市、区）第一，列全省各县（市、区）第八位。②利用外资再创新高。全市新批外商投资项目 99 个，合同利用外资 3.7 亿美元，实际利用外资 2.43 亿美元，比去年同期增长 5%，利用外资两项指标均列嘉兴各县（市、区）第二位，外资综合考核得分列全省各县市、区第八位。③外经合作取得新进展，全市新批境外投资项目 8 个；境外机构带动出口 2.17 亿美元。

开展对加工贸易的增量奖励后，海宁市最大的加工贸易企业蒙努集团及长虹皮件 2006 年加工贸易出口额分别达到了 1.19 亿美元和 5325 万美元，同比增幅为 88% 和 122%。2006 年，全市加工贸易出口累计 56504 万美元，同比增幅 33%，占全市总出口的比重为 29%。特别是蒙努集团近几年正进入快速发展轨道，2006 年全年出口累计 1.88 亿美元，同比增幅 72%，增长势头非常迅猛。

对企业境内外参展实行摊位费补贴政策大大增强了企业的参展积极性，据不完全统计，2004 至 2005 年，海宁出国参展的企业数分别达到 162 家和 241 家，2006 年达到了 300 多家。企业通过参展，展示和宣传自己的产品，巩固与老客户的关系，建立与新客户的联系，最终达到推销产品，抢占市场份额的目的。

电子商务和网站建设奖励政策的实行更好地引导了企业通过网络开展国际贸易，以更加方便快捷的方式，获取客户和订单。2004 年海宁市全年共有近 100 家企业新建了公司的网站，150 家企业开展了电子商务工作，到 2005 年又新增了 200 多家企业。特别是阿里巴巴业务的开展，为企业创造了一个良好的商务平台，对国际贸易的发展带来了新的生机。

（5）在科技创新方面。海宁市科技部门通过政策引导与扶持努力提高区域创新能力，推动产业结构优化升级，科技创新取得显著成效。2005年通过全国科技进步先进县市考核并获优秀；2006年成功创建省科技强市，在2006年公布的全省科技综合实力排名中，海宁市居全省第14位、嘉兴市第1位。具体绩效体现如下：①财政科技资金的投资导向作用明显。市财政科技投入的增长，带动了企业科技投入，加大对高新技术产业化发展的支持，2006年23家省级以上高新技术企业工业总产值74.7亿元，同比增长16%；利税总额9.4亿元，同比增长6%；研发经费支出3.7亿元，同比增长12%。②工业技术不断进步。天通公司的"抗电磁干扰（EMI）MnZn铁氧体TS5、TS7、TS10材料及磁芯"项目荣获省科技进步一等奖，卡森公司"牛皮装潢革"项目获得省科技进步二等奖。新高纤维和东华大学联合开发的"新型聚酯PTT/PET长丝的纺丝技术、针织、染整关键技术及系列新产品开发"项目加快了新型纤维面料产品的开发步伐。海利得公司开发的"涤棉复合高强工业长丝和有色高强涤纶加捻工业长丝"填补了国内空白。"应用于光接入网的波长不敏感耦合器（WINC）""基于微机电系统技术的可调光学衰减器"等项目的技术水平处于国际领先。③循环经济研究进展较快。卡森集团和温州大学联合开发的"制革清洁生产技术及装备的研究开发"项目形成了全套制革清洁生产工艺，建成日处理能力3700吨/天的综合污水处理系统，处理后达到一级排放标准；"一种可实现灰碱液废铬液处理回用零排放的制革技术及其处理装置"已申请国家发明专利。"制革污泥无害化及其资源化研究"项目已建成日处理规模为20吨小试生产线，该研究申请国家专利2项。④海宁市科技创业中心于2006年6月启动建设后，取得了初步成效，累计引进高技术领域孵化企业9家，其中博士生或归国留学人员等高层次人才领办或创办的占5家；引进博士、硕士、归国留学人员等20多名。截至2006年年底，已有6个项目实现从实验室成果到商品的突破（列入国家科技型中小企业技术创新基金项目1项）；申请专利30多项，其中发明专利3项、PCT国际专利1项；实现销售626万元，上缴税金37万元。⑤专利专项资金。2004—2006年，海宁市共申请专利1305项，其中发明77项，实用新型240项，外观设计988项，分别是前三年的4.64倍、2.48倍、1.88倍、8.10倍。

（6）在商贸流通方面，政府扶持政策使商贸流通业整体发展水平不断提高。首先，通过鼓励企业做优做强，提升了商贸企业的档次。例如，政府对华联大厦扩建项目、海宁宾馆、龙祥大酒店改造项目的政策支持，使企业扩大了经营规模，改善了购物环境，提升了企业档次。其次，通过发展新型业态，培育新的增长点。主要是推进了"千镇连锁超市、万村放心店"工程。通过对海宁大厦、海港超市、农工商超市等企业的政策支持，企业配送中心建设取得了新进展，推进了农村连锁店工程的实施，截至2006年年底，全市连锁经营企业共开设连锁门店62个，其中镇级16家，镇级实现连锁超市100%全覆盖，村级开设门店33个，覆盖率为18%。再次，通过对参展企业展位费的补助，共有33家企业参加了全国工业博览会、全国食品博览会，充分展示了海宁市产品的特色，扩大了企业的影响。最后，专业市场提升改造势头猛后劲足。2006年全市市场年成交额比上年增长5.92%。其中，两大龙头专业市场——海宁中国皮革城、海宁中国家纺装饰城年成交额占全市市场成交总额的76%。

（7）财政对企业上市的扶持政策，使海宁市企业上市工作取得了较大成效。截至2007年10月，海宁市拥有4家上市公司，数量居嘉兴市首位。一直以来，海宁市委市政府立足长远，非常重视现代企业制度建设、股份制改造以及企业上市工作。2004年，海宁市制订并贯彻落实《海宁市鼓励和引导企业上市的若干意见》，对上市企业的奖励从2004年的100万元增加到2006年的300万元，买壳上市的则重奖500万元。同时，相关部门扎实做好企业上市各项推动工作，培育组建股份公司，加强对企业上市的培训等，并进一步加大宣传力度，营造"企业争取上市、政府推进上市"的良好氛围。1997年，钱江生化成为嘉兴市乃至浙北第一家上市公司后，海宁市不断加强其他企业的股份制改革，天通控股、卡森实业、宏达经编3家企业相继成功上市。此外，海利得以完成各项上市前期工作并成功上报证监会，洁华环保、锦达已完成上市辅导验收，还有海宁中国皮革城、兄弟化工多家企业也在进行上市准备。

最后，海宁市的财政扶持政策，客观上对于促进就业、增进社会和谐起到了积极作用。海宁市三大支柱产业皮革、经编和家纺大都是劳动密集型产业，吸纳了大量就业人口。近年来，得益于财政扶持政策的支持，这三大产业均快速增长。特别是经编业和家纺业近5年年均增长率均在40%以上，大大促进了就业，促进了社会和谐。

## 海宁市财政扶持政策存在的主要问题

海宁市近几年的财政扶持政策对于海宁市企业的发展、品牌的建设、内外资的吸引、科技的创新、工业经济的发展、企业上市、经贸发展等产生了积极效应。但该政策也存在一些问题，如财政扶持政策领域过多、范围过广，从而使得财政扶持资金难以发挥引导作用；财政扶持额度较大，从而带来较大的财政支出压力；财政支持企业的政策没有主要放在提高自主创新能力和促进经济增长方式的转变上；对环保性企业没有体现更大的支持力度；一些有效的财政措施还没有发挥出应有的作用。

这里，我们根据调研所掌握的情况，重点指出四大问题。

（1）在大力发展循环经济、培育战略产业和新的经济增长点方面政策的力度还不够。如前面所述，发展循环经济、走集约化发展道路成为新形势下海宁可持续发展的必然选择。近年来，海宁也涌现了像电子、太阳能等成长快、前景好的新型产业，但大多规模小、且生产的都是配件，企业零散且不规范，行业的整体竞争力不强。目前，针对这样的产业，财政虽然有意要加大扶持力度，但在投入量和投入方式上存在不足。

（2）目标、重点、结构不尽合理。相对于对企业做优做强，海宁市现有的财政扶持政策在扶持企业做大规模上过于突出，进而导致结构不尽合理。目前，海宁市绝大多数财政扶持政策的实际受惠主体只能是大型企业，比如重点技改项目，行业龙头企业补贴，省级新产品、技术创新奖励，省级名牌产品和著名商标奖励等。在经济发展的一定阶段，这些扶持政策对于引导企业做大规模、促进技术创新、重视品牌建设等具有重要作用。但是，当政策的引导功能发挥到一定程度后，对于大企业的奖励和扶持更多的是锦上添花，其政策效益显然会受到影响。因此，在新的发展阶段，面临着不同发展环境，财政扶持政策目标有待重新确定，扶持的着力点和扶持结构需要进一步调整完善。

（3）对企业公共信息服务平台建设的扶持力度不够。在运用政策措施支持中小企业发展的同时，要注重营造有利于中小企业发展的公共服务平台和发展环境，这是促进中小企业长远发展、健康发展的重要条件。政府应该拨出专款扶持为一些企业提供各种市场信息、产业信息、政策信息的服务平台建设。从调查的情况看，这方面是个薄弱环节。

（4）财政扶持专项资金下拨后的监管工作机制尚不健全，对专项扶持资金重前期的申拨审核，而资金下拨后的使用情况检查并没有真正到位。

（资料来源：张国平等《海宁市主导产业动态能力实证分析与地方财力互动关系研究》，海宁市科技局重大科技项目研究报告，2007，https：//maxbook118.com/html/2016/0503/41936223.shtm. 有删节）

# 参考文献

## 中文参考文献:

[1] 蔡雅珺. 芝加哥学派竞争理论及其对我国反垄断的启示[J]. 甘肃行政学院学报, 2004 (2): 57-59.

[2] 陈信元, 黄俊. 政府干预、多元化经营与公司业绩[J]. 管理世界, 2007 (1): 92-97.

[3] 陈云贤, 顾文静. 中观经济学: 对经济学理论体系的创新与发展[M]. 北京: 北京大学出版社, 2015.

[4] 戴文益. 论我国地区产业结构规划基准: 地区优势产业导向及原则[J]. 上海经济研究, 1994 (4): 23-28.

[5] 戴小勇, 成力为. 产业政策如何更有效: 中国制造业生产率与加成率的证据[J]. 世界经济, 2019, 42 (3): 69-93.

[6] 邓仲良, 张可云. 产业政策有效性分析框架与中国实践[J]. 中国流通经济, 2017, 31 (10): 89-99.

[7] 丁煌, 马小成. 数据要素驱动数字经济发展的治理逻辑与创新进路: 以贵州省大数据综合试验区建设为例[J]. 理论与改革, 2021 (6): 128-139.

[8] 方易. 中国产业政策的有效性及其影响因素分析[J]. 贵州社会科学, 2014 (5): 72-77.

[9] 冯飞鹏, 韦琼华. 产业政策的内涵、思想渊源及其在国家发展中的作用研究[J]. 乐山师范学院学报, 2019, 34 (4): 84-91.

[10] 付文, 人口规模与人口结构对城市生产率的影响[D]. 南京: 南京财经大学, 2018.

[11] 傅家骥. 技术经济学科发展前沿问题探讨[J]. 科技和产业, 2004 (1): 18-20, 31.

[12] 高军苗. 产业组织理论的演变和发展：兼评让·悌诺尔的贡献 [D]. 昆明：云南大学，2016.

[13] 耿燕. 以色列促进产业研发政策研究 [J]. 产业与科技论坛，2016，15（21）：100-102.

[14] 郭彬. 鞍山市中小企业集群发展研究 [D]. 沈阳：东北大学，2007.

[15] 郭凯明，潘珊，颜色. 新型基础设施投资与产业结构转型升级 [J]. 中国工业经济，2020（3）：63-80.

[16] 国务院关于做好促进就业工作的通知〔2008〕5号文件，中央政府门户网站 www.gov.cn.

[17] 何盛明. 财经大辞典 [M]. 北京：中国财政经济出版社，1990.

[18] 何文韬，肖兴志. 进入波动、产业震荡与企业生存：中国光伏产业动态演进研究管理世界，2018，34（1）：114-126.

[19] 何熙琼，尹长萍，毛洪涛. 产业政策对企业投资效率的影响及其作用机制研究：基于银行信贷的中介作用与市场竞争的调节作用 [J]. 南开管理评论，2016，19（5）：161-170.

[20] 侯方宇，杨瑞龙. 产业政策有效性研究评述 [J]. 经济学动态，2019（10）：101-116.

[21] 胡春阳，余泳泽. 政府补助与企业全要素生产率：对U型效应的理论解释及实证分析 [J]. 财政研究，2019（6）：72-85.

[22] 黄乾，李竞博. 人口综合因素对产业结构升级的影响研究 [J]. 经济问题探索，2018（1）：130-137.

[23] 江飞涛，李晓萍. 直接干预市场与限制竞争：中国产业政策的取向与根本缺陷 [J]. 中国工业经济，2010（9）：26-36.

[24] 江霞. 贸易政策与中国产业结构优化研究 [D]. 沈阳：山东大学，2010.

[25] 蒋海勇. 中国与新加坡扶植光伏产业的财税政策比较 [J]. 经济师，2015（5）：17-19.

[26] 黎冉升. 企业集团化运作与融资约束 [D]. 昆明：云南财经大学，2018.

[27] 黎文靖，李耀淘. 产业政策激励了公司投资吗 [J]. 中国工业经济，2014（5）：122-134.

[28] 李灿，金丹，汪姣. 海南居民消费升级对产业结构变动的实证研究：基于 VAR 模型的分析［J］. 全国流通经济，2021（10）：122-128.

[29] 李锦涵. 新加坡的反垄断监管：新加坡竞争法概述［J］. 中国价格监管与反垄断，2021（5）：56-60.

[30] 李铭. 浅谈调整国民经济的两个"八字方针"［J］. 河北师范学院学报（社会科学），1979（4）：1-8.

[31] 连立帅，陈超，白俊. 产业政策与信贷资源配置［J］. 经济管理，2015，37（12）：1-11.

[32] 梁琦，李晓萍，吕大国. 市场一体化、企业异质性与地区补贴：一个解释中国地区差距的新视角［J］. 中国工业经济，2012（2）：16-25.

[33] 梁姗姗，杨丹辉. 矿产资源消费与产业结构演进的研究综述［J］. 资源科学，2018，40（3）：535-546.

[34] 林毅夫. 新结构经济学：重构发展经济学的框架［J］. 经济学（季刊），2011，10（1）：1-32.

[35] 刘凌菲，崔晓航. 从反反垄断论证反垄断的合理性［J］. 北方经贸，2020（2）：26-27，32.

[36] 刘小玄. 从进入壁垒分析垄断［J］. 经济论坛，2021（5）：5-15.

[37] 刘晓雯，刘程军. 双重环境规制、技术创新与产业结构升级：空间效应视角［J］. 现代管理科学，2021（6）：49-61.

[38] 刘颖. 现代企业集团化发展问题探讨［J］. 管理研究，2020（10）.

[39] 刘赟，莫斌. 货币政策、信贷规模与产业结构升级：基于银行竞争视角的分析［J］. 山西财经大学学报，2021，43（8）：43-56.

[40] 刘祖基，刘希鹏，王立元. 政策协调、产业结构升级及宏观经济效应分析［J］. 商业研究，2020（4）：56-67.

[41] 陆正飞，韩非池. 宏观经济政策如何影响公司现金持有的经济效应？：基于产品市场和资本市场两重角度的研究［J］. 管理世界，2013（6）：43-60.

[42] 罗明亮. 组织行为学［M］. 北京：电子工业出版社，2016.

[43] 骆革新. 对外贸易与产业结构升级：一个文献综述［J］. 经济研究导刊，2021（20）：60-62.

[44] 马克思. 资本论：第1卷[M]. 北京：人民出版社，1975.

[45] 马宇，张扬. 新中国70周年国家产业政策变迁[J]. 产业经济评论（山东大学），2019，18（3）：1-23.

[46] 潘士远，金戈. 发展战略、产业政策与产业结构变迁：中国的经验[J]. 世界经济文汇，2008（1）：64-76.

[47] 卡尔顿，佩洛夫. 现代产业组织[M]. 北京：中国人民大学出版社，2009.

[48] 钱雪松，康瑾，唐英伦，等. 产业政策、资本配置效率与企业全要素生产率：基于中国2009年十大产业振兴规划自然实验的经验研究[J]. 中国工业经济，2018（8）：42-59.

[49] 秦志林. 网络组织的演进形态及其对我国企业经营运作的启示[D]. 焦作：焦作大学，2003.

[50] 屈小芳，张瑜. 中国经济增长、对外贸易和产业结构优化关系研究[J]. 内蒙古统计，2020（6）：20-23.

[51] 任成媛. 人口结构、人力资本对产业结构升级的影响研究[D]. 大连：东北财经大学，2019.

[52] 任曙明，吕镯. 融资约束、政府补贴与全要素生产率：来自中国装备制造企业的实证研究[J]. 管理世界，2014（11）：10-23，187.

[53] 任艳珍. 需求结构与产业结构变动关系的研究：基于供给侧结构性改革的视角[J]. 华北金融，2019（11）：56-61.

[54] 阮平南，杨小叶. 网络组织形态及结构探微[N]. 战略与改革，2010（2）.

[55] 邵敏，包群. 政府补贴与企业生产率：基于我国工业企业的经验分析[J]. 中国工业经济，2012（7）：70-82.

[56] 沈梓鑫，江飞涛. 美国产业政策的真相：历史透视、理论探讨与现实追踪[J]. 经济社会体制比较，2019（6）：92-103.

[57] 石奇. 产业经济学：第3版[M]. 北京：中国人民大学出版社，2008.

[58] 史纪慧. 中国人口素质提高与产业结构调整互动效应定量研究[D]. 济南：山东财经大学，2014.

[59] 宋马林，陶伟良，翁世梅. 区域产业升级、政府创新支持与能源生

态效率的动态关系研究：淮河生态经济带的实证分析［J］．中国地质大学学报（社会科学版），2021，21（4）：119－132．

［60］宋梅，张文．典型国家主要清洁能源产业政策创新与市场发展［A］．国际清洁能源论坛（澳门）．国际清洁能源产业发展报告（2018）［C］．国际清洁能源论坛（澳门）：国际清洁能源论坛（澳门）秘书处，2018：35．

［61］孙依凡．中国反垄断法刑事制裁问题研究［J］．太原城市职业技术学院学报，2020（7）：160－163．

［62］孙早，席建成．中国式产业政策的实施效果：产业升级还是短期经济增长［J］．中国工业经济，2015（7）：52－67．

［63］唐聃．人口结构和产业结构的研究综述［J］．科技经济市场，2020（1）：109－111．

［64］唐荣．产业政策促进企业价值链升级的有效性研究：来自中国制造企业微观数据的证据［J］．当代财经，2020（2）：101－115．

［65］陶长琪，彭永樟，李富强．产业梯度转移促进技术势能集聚的驱动机制与空间效应［J］．中国软科学，2019（11）：17－30．

［66］纪红任，游战清，刘克胜，田贵平．物流经济学［M］．北京：机械工业出版社，2007．

［67］田秋生．劳动价格和劳动使用量并非纯市场行为［J］．南方日报，2009－05－20：A13．

［68］汪爱娥，包玉泽．农业产业组织与绩效综述［J］．华中农业大学学报（社会科学版），2014（4）：70－75．

［69］汪翠翠．关于价值链理论与产业成长的文献综述［J］．赤峰学院学报（自然科学版），2014，30（11）：96－98．

［70］汪明峰，袁贺．产业升级与空间布局：新加坡工业发展的历程与经验［J］．城市观察，2011（1）：66－77．

［71］王晶晶，王晓亮．中小企业产业集群的区域经济模式分析［J］．中国外资，2012（21）：68－69．

［72］王克敏，刘静，李晓溪．产业政策、政府支持与公司投资效率研究［J］．管理世界，2017（3）：113－124，145，188．

［73］王明明，李静潭．美国、欧盟和日本生物技术产业政策研究［J］．

生产力研究，2006（10）：173-174，294.

[74] 王巧玲. 技术创新影响产业结构升级的研究［D］. 烟台：烟台大学，2021.

[75] 王文倩，周世愚. 产业政策对企业技术创新的影响研究［J］. 工业技术经济，2021，40（8）：14-22.

[76] 王学军，王赛. 节能减排：优化双重结构与提高能源效率：兼析"十四五"期间产业结构、能源消费结构与能源效率关系［J］. 价格理论与实践，2021（2）：140-144，175.

[77] 王妍，王雅莉. "十四五"期间中国消费需求趋势及对总产品结构的影响［J］. 统计与决策，2021，37（11）：125-129.

[78] 王英琦. 地方政府行政垄断对区域经济影响研究［D］. 沈阳：辽宁大学，2019.

[79] 王勇，顾红杰. 新结构经济学视角下新加坡的产业升级路径和启示［J］. 现代金融导刊，2020（7）：72-76.

[80] 王云胜，曾建丽. 新常态下对外贸易结构对产业结构升级的影响［J］. 河北工业大学学报（社会科学版），2021，13（1）：12-20.

[81] 吴利华，申振佳. 产业生产率变化：企业进入退出、所有制与政府补贴：以装备制造业为例［J］. 产业经济研究，2013（4）：30-39.

[82] 项义军，蒋磊. 东北三省产业结构高度化和合理化的多维度测度［J］. 对外经贸，2021（1）：83-87.

[83] 谢希钢. 推进湖南中小企业集群发展研究［D］. 长沙：湖南农业大学，2004.

[84] 徐晓光，寇佳丽，郑尊信. 基础设施投资如何影响产业结构升级：理论框架与经验证据［J］. 深圳大学学报（人文社会科学版），2021，38（4）：67-78.

[85] 闫二旺. 网络组织的机制、演化与形态［D］. 天津：天津大学，2004.

[86] 闫昊生，孙久文，张泽邦. 土地供给与产业结构转变：基于地方政府经营城市的视角［J］. 经济学动态，2020（11）：100-114.

[87] 严花根. 行政垄断的实证分析：兼评公平竞争审查制度［J］. 对策研究，2018（10）.

[88] 杨洁. 数字经济背景下的反垄断应对：欧盟经验与中国路径 [J]. 西华大学学报（哲学社会科学版），2021，40（4）：68-75.

[89] 杨阔，郭克莎. 产业政策争论的新时代意义：理论与实践的考量 [J]. 当代财经，2020（2）：3-13.

[90] 杨兴全，李庆德，尹兴强. 货币政策与公司投资效率：现金持有"双刃剑"[J]. 云南财经大学学报，2018，34（9）：45-58.

[91] 杨绎，蒋岩波. 反垄断法地方实施制度的完善：基于美国的经验 [J]. 江西社会科学，2017，37（10）：227-235.

[92] 姚洋，郑东雅. 重工业与经济发展：计划经济时代再考察 [J]. 经济研究，2008（4）：26-40.

[93] 余东华. 美国反垄断政策的演进及对我国的启示 [J]. 亚太经济，2008（1）：42-45，49.

[94] 郧彦辉. 美国产业政策的特征分析 [J]. 经济论坛，2018（12）：84-86.

[95] 臧旭恒，徐向艺，杨蕙馨. 产业经济学 [M]. 北京：经济科学出版社，2005.

[96] 曾蕾. 中国森林资源枯竭型城市产业结构和就业结构研究 [D]. 北京：北京林业大学，2013.

[97] 翟简. 产业组织理论研究综述 [J]. 合作经济与科技，2018（24）：33-35.

[98] 张川，邓立治. 产业组织理论重要学派的观点和方法比较研究 [J]. 中国管理信息化，2013，16（3）：40-42.

[99] 张辉. 我国产业结构高度化的内在驱动机制研究，经济研究参考 [J]，2021（6）：109-127.

[100] 张莉，程可为，赵敬陶. 土地资源配置和经济发展质量：工业用地成本与全要素生产率 [J]. 财贸经济，2019，40（10）：126-141.

[101] 张莉，朱光顺，李夏洋等. 重点产业政策与地方政府的资源配置 [J]. 中国工业经济，2017（8）：63-80.

[102] 张丽娜，徐洁，庞庆华等. 水资源与产业结构高级化的适配度时空差异及动态演变 [J]. 自然资源学报，2021，36（8）：2113-2124.

[103] 张鹏飞. 道路运输市场结构理论研究与实证分析 [D]. 西安：长安

大学，2008.

[104] 张姝婧. 区域森林资源与林业产业的关系研究［D］. 杭州：浙江农林大学，2018.

[105] 张四灿，张云. 稳健货币政策、产业升级与中国经济波动［J］. 郑州大学学报（哲学社会科学版），2020，53（4）：52-56.

[106] 张维迎. 为什么产业政策注定会失败？［J］. 中国连锁，2016（11）：84-86.

[107] 张小筠，刘戒骄. 改革开放40年产业结构政策回顾与展望［J］. 改革，2018（9）：42-54.

[108] 张宇倬. 亚当·斯密"看不见的手"的深层反思与现实意义［J］. 财富时代，2021（3）：212-213.

[109] 张玉兰，崔日明，郭广珍. 产业政策、贸易政策与产业升级：基于全球价值链视角［J］. 国际贸易问题，2020（7）：111-128.

[110] 张宗坪. 对我国国民经济分类系统的探讨［J］. 西安统计学院学报，1989（1）：8-11.

[111] 赵扶扬，周慧珺. 产业结构与土地的宏观传导机制：一个中美之间的比较［J］. 金融评论，2020，12（5）：14-34，124.

[112] 赵钧. 产业结构升级与人口素质问题研究［D］. 北京：中共中央党校，2014.

[113] 赵燕. 法国绿色经济和绿色生活方式解析［J］. 社会科学家，2018（9）：49-55.

[114] 郑文琦. 中国烟草产业市场结构、行为、绩效与规制关系研究［D］. 上海：上海交通大学，2008.

[115] 郑小蓉，张胜. 三次产业的划分、比较、基准，四川大学学报（哲学社会科学版）［J］. 1991（2）：10-18.

[116] 郑渝川. 娱乐产业的"经济学"［J］. 现代商业银行，2014（1）：95.

[117] 郑孜青. 欧盟反垄断最新进展与影响［J］. 中国外汇，2021（10）：28-30.

[118] 钟廷勇，何玲，孙芳城. 产业政策对企业全要素生产率的影响研究［J］. 经济纵横，2019（12）：86-98.

[119] 周佰成, 迟雪丹, 王晗. 货币政策、产业结构升级与区域经济增长 [J]. 东北师大学报（哲学社会科学版）, 2020 (3): 50-63.

[120] 周柯, 张斌, 谷洲洋. 科技创新对产业升级影响的实证研究: 基于省级面板数据的实证分析 [J]. 工业技术经济, 2016, 35 (8): 85-92.

[121] 周文文. 人口老龄化对产业结构升级的影响研究 [J]. 江苏商论, 2020 (11): 129-134.

[122] 周璇, 陶长琪. 技术融合式创新对产业结构高度化的驱动效应研究: 基于垂直式知识溢出视角 [J]. 管理评论, 2021, 33 (7): 130-142.

[123] 周艳, 童勋. 网络组织的发展趋势 [J], 科学与管理, 2005 (3): 31-32.

[124] 朱俭凯. 法国绿色产业政策与影响 [J]. 理论界, 2015 (3): 26-29.

[125] 朱相宇, 彭培慧. 产业政策对科技服务业全要素生产率的影响 [J]. 华东经济管理, 2019, 33 (10): 66-73.

[126] 祝继高, 韩非池, 陆正飞. 产业政策、银行关联与企业债务融资: 基于A股上市公司的实证研究 [J]. 金融研究, 2015 (3): 176-191.

## 英文参考文献:

[1] AGHION P, CAI J, DEWATRIPON M, et al. Industrial policy and competition [J]. American Economic Journal: Macroeconomics, 2015 (4): 1-32.

[2] CHENERY H B, ROBINSON S, SYRQUIN M. Industrialization and growth: a comparative study [J]. Published for the World Bank, Oxford University Press, 1986.

[3] COLIN C. The conditions of economic progress [J]. Revue économique, 1951, 4 (6).

[4] LIN J, MONGA C, TE VELDE D W, et al. DPR debate: growth identification and facilitation: the role of the state in the dynamics of structural

change [J]. Development Policy Review, 2011, 29 (3): 259 -310.

[5] ROPKE W, FISHER A. Clash of progress and security [J]. Economica, 1935, 4 (13): 99.

[6] SMITH A. The Wealth of Nations: An inquiry into the nature and causes of the Wealth of Nations [M]. Harriman House Limited, 2010.

[7] SYRQUIN M. Resource reallocation and productivity growth [J]. Economic Structure and Performance, 1984: 75 -101.

[8] MOISES S. Patterns of development, 1950—1970 [M]. Oxford University Press for the World Bank, 1975.

# 后　　记

　　市场基础配置和区域政府超前引领是产业经济资源配置的核心，从而在产业经济发展中，区域市场的有效和政府的有为是产业经济发展的根本动力。传统经济理论通常会割裂区域政府的有为和市场的有效之间的关系，忽视甚至否定区域政府对产业经济资源的超前引领作用。对于中国经济发展的奇迹，传统的经济学理论始终存在解释的困惑，深感解释的乏力和无助。可以说，陈云贤教授的《中观经济学》及其相关理论体系的形成，正是在经济学这条道路行走的黑暗中划出了一道闪电，照亮了经济学前行的路，必将产生惊人的影响，吸引更多的人加入这个行列中来。笔者就是怀着对陈云贤教授的崇敬、怀着对"中观经济学"的好奇心、怀着对中国区域经济发展的热心进行《产业经济概说》一书的写作。本书以陈教授的《中观经济学》为理论出发点，对产业资源、产业组织、产业政策等重要领域进行了探讨，丰富了中观经济学的内容，算是为中观经济学理论添砖加瓦。

　　本书作为"中观经济学"系列教材之一，既有较强的理论性，也有较好的实用性，既可以作为学校各层次学生学习的教材，也可以作为各级区域政府加强理论自信、在实践中更好地发挥超前引领作用、提高区域产业竞争力等方面的行动指南，从而更好地为区域经济发展服务。

　　本书在写作过程中得到了陈云贤教授的指导，陈云贤教授前期无私奉献了许多有价值的思想观点和理论精华，在后期的修正中也给出了一些中肯且可以实施的建议。本书的写作也得到了顾文静教授的各种无私的帮助，她是陈云贤教授多年的学术合作者，对陈云贤教授的理论思想有着更深入、更全面的了解，因此，她对本书写作过程的指导和建议针对性很强，重点把握得很准。本书也得到研究生陈冰妮、朱婧、刘佳、许又水等同学的帮助，他们在搜集文献资料、文字校对等方面给予笔者很多的帮助。在此，一并表示感谢。

刘　楼

2021 年 12 月 22 日